EVIDENCIAS BÍBLICAS Y NO BÍBLICAS DEL LIBRO DE MORMÓN

EVIDENCIAS BÍBLICAS Y NO BÍBLICAS DEL LIBRO DE MORMÓN

QUE DEMUESTRAN SU VALIDEZ COMO ESCRITURA

La Tesis de un Laico

Por Joseph Dean DeBarthe

Editado por Pat Elliott Winholtz y Faye Shaw

Kravitz & Sons

Kravitz e hijos LLC
204 E Arlington Blvd, Suite B
Greenville, NC 27858

Publicado por Kravitz and Sons LLC.

ISBN: 979-8-89639-400-6 (sc)

ISBN: 979-8-89639-199-9 (e)

Número de control de la Biblioteca del Congreso: 2025914870

AGRADECIMIENTOS

Quiero dar las gracias a mi editora, Pat Elliott Winholtz, por entender lo que intentaba decir y ayudarme a expresarlo correctamente. También estoy en deuda con Faye Shaw, del Centro Cristiano para el Estudio y la Investigación del Libro de Mormón, por el tiempo y las habilidades editoriales que tan generosamente me proporcionó. Las útiles críticas y la orientación de estas dos mujeres me han mantenido en el camino "recto y estrecho". Sin embargo, a veces, como es de suponer, hemos tenido que transigir. En el mismo contexto, también debo dar las gracias a las personas que me permitieron libremente el uso de sus investigaciones. Su apertura y disposición a compartir información fueron una gran bendición. No hay que olvidar la amable atención de los miembros de mi clase de la escuela dominical Harvest Hills, que revisaron mi borrador preliminar de este libro. Por último, doy las gracias a María, mi esposa, por su paciencia a lo largo de esta larga empresa, y a usted, lector, por acompañarme en este viaje.

Joseph Dean DeBarthe
Septiembre, 2012

CONTENIDOS

INTRODUCCIÓN

¿Qué hay del Libro de Mormón? No se puede negar que es un libro controvertido. Muchos no lo aceptan como escritura. Creen que Joseph Smith, hijo, lo "escribió". También creen que es la única escritura que se ha escrito, pero en ninguna parte de la Biblia se hace esa afirmación. Esta creencia no es bíblica. De hecho, es justo lo contrario. La Biblia atestigua la existencia de otras escrituras escritas y específicamente una segunda escritura escrita sobre la tribu de José (Ezequiel 37:19). Este José es el mismo José de la túnica multicolor, el mismo José vendido como esclavo en Egipto y el mismo José que salvó a Egipto y a todas las tribus de Israel de la hambruna de siete años que se produjo.

Debido a su falta de conocimiento y educación, si Joseph Smith, hijo, hubiera escrito el Libro de Mormón, éste habría sido refutado hace años. En cambio, a medida que pasa el tiempo, se demuestra cada vez más que es correcto. Joseph Smith no pudo haberlo escrito por muchas razones, no siendo la menor de ellas el hecho de que era un hombre apenas alfabetizado. Sabía muy poco de las Escrituras y nada de hebreo. Sin embargo, el Libro de Mormón está claramente escrito por hombres muy cultos con una sólida formación en costumbres hebreas y técnicas de escritura, ninguna de las cuales conocía ningún estadounidense en el siglo XIX. Más información sobre este tema será explorada en las siguientes páginas.

Este libro fue iniciado por la dirección del Espíritu Santo y escrito para todo el cuerpo de Cristo. Algunos se preguntarán por qué deberían leerlo. Algunos lo leerán para tratar de refutarlo; otros lo leerán para aprender, y aún otros lo utilizarán para promover sus propias agendas. Sin embargo, usted debería leerlo y orar sobre él, pidiéndole a Dios a través de su Espíritu Santo que le dé un testimonio sobre su validez.

Necesitamos la dirección del Espíritu Santo porque siempre somos vulnerables al error. Incluso los profetas pueden ser engañados (2 Crónicas, capítulo 18). Satanás hará todo lo que pueda para evitar que logremos la unidad en nuestra lucha contra él. Durante años ha utilizado el plan de "divide y vencerás", y hemos caído presa de él. Es hora de que dejemos de pelearnos por nuestras mezquinas diferencias y empecemos a trabajar juntos por la salvación de toda la humanidad. La cosecha es abundante; es hora de recogerla, ¡Y podemos hacerlo! Con la ayuda de Dios a través de su Hijo Jesucristo y su Espíritu Santo, podemos lograr lo que de otro modo sería imposible por nosotros mismos.

Mi objetivo no ha sido escribir una obra erudita y, puesto que no tengo los conocimientos necesarios para ello, escribo desde un punto de vista laico. Mi intención es proporcionarle a usted, el lector, información útil. Espero proporcionar suficiente apoyo de la Biblia y otras fuentes para crear una preponderancia de pruebas que demuestren que el Libro de Mormón es auténtico. Lo que tengo en mente es crear un enfoque de "tuercas y tornillos", un conjunto de herramientas o un manual, que cualquiera pueda utilizar al debatir sobre el Libro de Mormón con la comunidad cristiana en general. Intento ayudar a la gente a entender lo que el libro tiene que ofrecer, y para aquellos que ya creen en él, una referencia que les ayude a apoyar su punto de vista. A los no creyentes, que conocen bien la Biblia, me gustaría ofrecerles algunas relaciones nuevas entre las escrituras que quizá no conozcan. Mi enfoque consiste en proporcionar un gran número de pruebas bíblicas y no bíblicas para demostrar que el Libro de Mormón es una escritura y que no fue escrito por Joseph Smith.

Asumo toda la responsabilidad por las opiniones aquí expresadas y oro para que el libro satisfaga sus necesidades. No sé cómo utilizará Dios este libro, pero confío en que lo utilizará para Sus propósitos. Le deseo lo mejor y oro para que permita que Dios, a través del poder de su Espíritu Santo, determine sus creencias y no el hombre, ni siquiera yo. Sin embargo, para empezar, ¿podemos estar de acuerdo en que las Escrituras son lo que el Espíritu Santo testifica que son?

Joseph Dean DeBarthe
Marzo 2012

CAPÍTULO 1

¿QUÉ NOS DICE LA BIBLIA SOBRE EL CARÁCTER DE DIOS?

¿Cree que la palabra de Dios es digna de confianza? Una de las mejores escrituras que he encontrado sobre Su fiabilidad es:

Isaías 55:11:

"así será mi palabra que sale de mi boca; no volverá a mí vacía, sino que hará lo que yo quiero, y será prosperada en aquello para que la envié."

Recuerde, Dios es omnipresente; por definición eso significa que existe en cada segundo del tiempo y en todos los lugares al mismo tiempo, en todo lo que ha creado.

Salmos 139:7-10:

"¿A dónde me iré de tu Espíritu? ¿Y a dónde huiré de tu presencia? Si subiere a los cielos, allí estás tú; Y si en el Seol hiciere mi estrado, he aquí, allí tú estás. Si tomare las alas del alba Y habitare en el extremo del mar, Aun allí me guiará tu mano, Y me asirá tu diestra."

Hay muchos ejemplos del cumplimiento de la palabra de Dios, empezando por la creación de este mundo

Génesis 1:2:

"Y la tierra estaba desordenada y vacía, y las tinieblas estaban sobre la faz del abismo, y el Espíritu de Dios se movía sobre la faz de las aguas."

Job 26:13:

"Su espíritu adornó los cielos; Su mano creó la serpiente tortuosa."

Génesis 1:3-5:

"Y dijo Dios: Sea la luz; y fue la luz. Y vio Dios que la luz era buena; y separó Dios la luz de las tinieblas. Y llamó Dios a la luz Día, y a las tinieblas llamó Noche. Y fue la tarde y la mañana un día.".

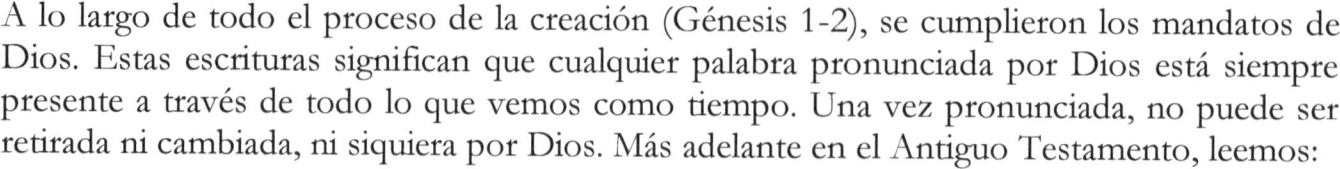
A lo largo de todo el proceso de la creación (Génesis 1-2), se cumplieron los mandatos de Dios. Estas escrituras significan que cualquier palabra pronunciada por Dios está siempre presente a través de todo lo que vemos como tiempo. Una vez pronunciada, no puede ser retirada ni cambiada, ni siquiera por Dios. Más adelante en el Antiguo Testamento, leemos:

2 Samuel 22:31:
En cuanto a Dios, su camino es perfecto; La palabra del Señor es probada: Es escudo para todos los que en él confían.

Una vez más, la Escritura nos habla de la verdad y la perfección de Dios. Él es incorruptible. Considere lo que dice Isaías:

Isaías 45:15-19 (La Biblia Viviente parafraseada):
En verdad, oh Dios de Israel, Salvador, obras de maneras extrañas y misteriosas. Todos los que adoran ídolos quedarán decepcionados y avergonzados. Pero Israel será salvado por Jehová con salvación eterna; nunca se sentirá decepcionado de su Dios por toda la eternidad. Porque Jehová creó los cielos y la tierra y lo puso todo en su sitio, e hizo el mundo para que se viviera en él, no para que fuera un caos. Yo soy Jehová, dice Él, ¡Y no hay otro! Proclamo públicamente promesas audaces; no susurro oscuridades en algún rincón oscuro para que nadie pueda saber lo que quiero decir. ¡Y no le dije a Israel que me pidiera lo que no pensaba darle! No, porque yo, Jehová, sólo hablo la verdad y la justicia. (Énfasis añadido)
Siguiente:

Isaías 45:22-23:
Mirad a mí y salvaos, todos los confines de la tierra: Porque yo soy Dios, no hay otro. He jurado por mí mismo, la palabra ha salido de mi boca en justicia, y no volverá, que ante mí se doblará toda rodilla, jurará toda lengua. (Énfasis añadido)
Puesto que Dios siempre dice la verdad y nunca se retracta, los nuevos mensajes siempre deben estar de acuerdo con todo lo que ha declarado anteriormente. ¿Por qué? Porque Él nunca cambia; por lo tanto, nunca está en desacuerdo consigo mismo.

Malaquías 3:6:
Porque yo soy el SEÑOR, no cambio;....

<u>Deuteronomio 32:4:</u>
Él es la roca, su obra es perfecta, porque todos sus caminos son rectos: un Dios de verdad y sin iniquidad, justo y recto es él.

<u>Salmos 25:10:</u>
Todos los caminos del Señor son misericordia y verdad para los que guardan su pacto y sus testimonios.

Además, también sabemos que Dios habla la verdad a través de sus santos profetas:

<u>1 Reyes 17:24</u>
Y la mujer dijo a Elijah: Ahora por esto sé que eres un hombre de Dios, y que la palabra del SEÑOR en tu boca es verdad.

El Nuevo Testamento también nos habla de la fidelidad de Dios:

<u>Mateo 24:35:</u>
El cielo y la tierra pasarán, pero mis palabras no pasarán.

En todas partes de la Biblia, el carácter de Dios es de honestidad, rectitud y cumplimiento. A lo largo de Su palabra hace muchas promesas y pactos. Mientras que muchas se cumplieron dentro del marco temporal de la Biblia, otras se han completado entre el final de la Biblia y hoy, y, como sabemos, aún quedan muchas por realizarse. ¿Podemos decir honestamente que las promesas no cumplidas dentro de los confines de la Biblia no pueden ser creídas o en las que no se puede confiar? Yo creo que no. La Biblia es clara: se puede confiar y creer en la palabra de Dios, tarde lo que tarde, porque Él es el Alfa y la Omega del tiempo. Mientras que nosotros estamos restringidos por el tiempo, Él no lo está. Por eso *Él conoce la respuesta incluso antes de que sepamos cuál es la pregunta, y mucho menos la respuesta.*

CAPÍTULO 2

¿QUÉ PROMESAS O PACTOS HIZO DIOS CON LAS DOCE TRIBUS DE ISRAEL?

A Abraham

Dios hizo muchos pactos con las Doce Tribus de Israel, pero la mayoría de ellos eran condicionales. Él requería la obediencia fiel a Su palabra para el cumplimiento de esos pactos. Aunque su pueblo le fallara, estaba dispuesto a volver a ellos siempre que decidieran obedecerle. Sin embargo, el primer pacto de Dios con Abraham, cuando le dio la tierra a él y a sus descendientes, fue incondicional (Ver Jeremías 16:14-15):

Génesis 15:18:
En el mismo día Jehová estableció un pacto con Abraham, diciendo: A tu descendencia he dado esta tierra, desde el río de Egipto hasta el gran río, el río Éufrates.

Jeremías 16:14-15:
Por tanto, he aquí que vienen días, dice Jehová, en que no se dirá más: Vive Jehová, que sacó a los hijos de Israel de la tierra de Egipto; Sino que vive Jehová, que sacó a los hijos de Israel de la tierra del norte, y de todas las tierras adonde los había arrojado; y los haré volver a su tierra que di a sus padres.
Entonces Dios cambió el nombre de Abram (Padre Exaltado) por el de Abraham (Padre de las Naciones):

Génesis 17:4-5:
En cuanto a mí, he aquí que mi pacto es contigo, Y serás padre de muchas naciones. No te llamarás Abram, sino que te llamarás Abraham, porque te he constituido padre de muchas naciones.

A continuación, Dios hizo otro pacto con Abraham, el pacto de la circuncisión:

Génesis 17:6-11:

"Y te multiplicaré en gran manera, y haré naciones de ti, y reyes saldrán de ti. Y estableceré mi pacto entre mí y ti, y tu descendencia después de ti en sus generaciones, por pacto perpetuo, para ser tu Dios, y el de tu descendencia después de ti. Y te daré a ti, y a tu descendencia después de ti, la tierra en que moras, toda la tierra de Canaán en heredad perpetua; y seré el Dios de ellos. Dijo de nuevo Dios a Abraham: En cuanto a ti, guardarás mi pacto, tú y tu descendencia después de ti por sus generaciones. Este es mi pacto, que guardaréis entre mí y vosotros y tu descendencia después de ti: Será circuncidado todo varón de entre vosotros. Circuncidaréis, pues, la carne de vuestro prepucio, y será por señal del pacto entre mí y vosotros."

Dios también cambió el nombre de la esposa de Abraham:

Génesis 17:15:

Y dijo Dios a Abraham: En cuanto a Sarai tu mujer, no llamarás su nombre Sarai, sino Sara será su nombre.

Luego Dios cumplió su promesa:

Génesis 21:1-4:

"Visitó Jehová a Sara, como había dicho, e hizo Jehová con Sara como había hablado. Y Sara concibió y dio a Abraham un hijo en su vejez, en el tiempo que Dios le había dicho. Y llamó Abraham el nombre de su hijo que le nació, que le dio a luz Sara, Isaac. Y circuncidó Abraham a su hijo Isaac de ocho días, como Dios le había mandado."

Más tarde, en la juventud de Isaac, Dios puso a prueba a Abraham, y éste pasó la prueba:

Génesis 22:1-14:

"Aconteció después de estas cosas, que probó Dios a Abraham, y le dijo: Abraham. Y él respondió: Heme aquí. Y dijo: Toma ahora tu hijo, tu único, Isaac, a quien amas, y vete a tierra de Moriah, y ofrécelo allí en holocausto sobre uno de los montes que yo te diré. Y Abraham se levantó muy de mañana, y enalbardó su asno, y tomó consigo dos siervos suyos, y a Isaac su hijo; y cortó leña para el holocausto, y se levantó, y fue al lugar que Dios le dijo. Al tercer día alzó Abraham sus ojos, y vio el lugar de lejos. Entonces dijo Abraham a sus siervos:.

Esperad aquí con el asno, y yo y el muchacho iremos hasta allí y adoraremos, y volveremos a vosotros. Y tomó Abraham la leña del holocausto, y la puso sobre Isaac su hijo, y él tomó en su mano el fuego y el cuchillo; y fueron ambos juntos. Entonces habló Isaac a Abraham su padre, y dijo: Padre mío. Y él respondió: Heme aquí, mi hijo. Y él dijo: He aquí el fuego y la leña; mas ¿dónde está el cordero para el holocausto? Y respondió Abraham: Dios se proveerá de cordero para el holocausto, hijo mío. E iban juntos. Y cuando llegaron al lugar que Dios le había dicho, edificó allí Abraham un altar, y compuso la leña, y ató a Isaac su hijo, y lo puso en el altar sobre la leña. Y extendió Abraham su mano y tomó el cuchillo para degollar a su hijo. Entonces el ángel de Jehová le dio voces desde el cielo, y dijo: Abraham, Abraham. Y él respondió: Heme aquí. Y dijo: No extiendas tu mano sobre el muchacho, ni le hagas nada; porque ya conozco que temes a Dios, por cuanto no me rehusaste tu hijo, tu único. Entonces alzó Abraham sus ojos y miró, y he aquí a sus espaldas un carnero trabado en un zarzal por sus cuernos; y fue Abraham y tomó el carnero, y lo ofreció en holocausto en lugar de su hijo. Y llamó Abraham el nombre de aquel lugar, Jehová proveerá. Por tanto se dice hoy: En el monte de Jehová será provisto."

Tras esta severa prueba, Dios hizo un pacto con Abraham:

Génesis 22:16-18:

"y dijo: Por mí mismo he jurado, dice Jehová, que por cuanto has hecho esto, y no me has rehusado tu hijo, tu único hijo; de cierto te bendeciré, y multiplicaré tu descendencia como las estrellas del cielo y como la arena que está a la orilla del mar; y tu descendencia poseerá las puertas de sus enemigos. En tu simiente serán benditas todas las naciones de la tierra, por cuanto obedeciste a mi voz."

La obediencia de Abraham a Dios se convirtió en un tipo y sombra que retrata el sacrificio de Su amado Hijo Jesús por nuestros pecados. Antes de que Sara tuviera a Isaac, Sara dio su sierva (Agar) a Abraham y ella le dio un hijo, Ismael. También tuvo doce hijos que se convirtieron en las doce tribus que llevaban sus nombres:

Génesis 25:12-16:

"Estos son los descendientes de Ismael hijo de Abraham, a quien le dio a luz Agar egipcia, sierva de Sara; estos, pues, son los nombres de los hijos de Ismael, nombrados en el orden de su nacimiento: El primogénito de Ismael, Nebaiot; luego Cedar, Adbeel, Mibsam, Misma, Duma, Massa, Hadar, Tema, Jetur, Nafis y Cedema. Estos son los hijos de Ismael, y estos sus nombres, por sus villas y por sus campamentos; doce príncipes por sus familias."

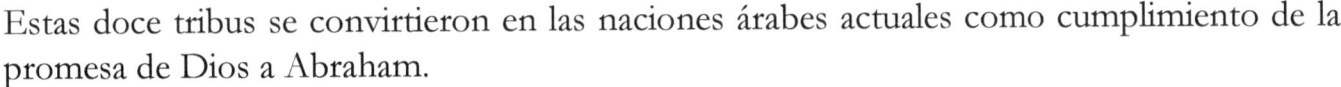
Estas doce tribus se convirtieron en las naciones árabes actuales como cumplimiento de la promesa de Dios a Abraham.

Génesis 21:12-13:

Y dijo Dios a Abraham: No te sea molesto a causa del muchacho y de tu esclava; en todo lo que Sara te ha dicho, escucha su voz, porque en Isaac será llamada tu descendencia. Y también del hijo de la esclava haré una nación, porque él es tu simiente.

A Isaac

Cuando Isaac fue mayor de edad, y Abraham estaba bien entrado en años, Abraham envió a su siervo a su parentela, donde encontró a Rebeca y la trajo de vuelta para que fuera la esposa de Isaac. Rebeca quedó embarazada de gemelos, Esaú y Jacob. Esaú se convirtió en cazador y Jacob en granjero. Un día Jacob convenció a Esaú, el primogénito, de que le vendiera su primogenitura por algo de comida. Esto creó mucha animosidad entre los hermanos. Cuando Isaac estaba a punto de morir, Jacob se hizo pasar por Esaú y recibió de Isaac la bendición de Esaú. (Esa bendición debía haber sido una doble porción para Esaú.) Esto enfureció mucho a Esaú, y después de la muerte de Isaac, Jacob viajó de regreso a la tierra de su parentela porque temía a Esaú. Cuando Jacob llegó a casa de su tío Labán, se enamoró de Raquel. Trabajó durante siete años para casarse con ella, pero Labán le dio a Lea en su lugar. Así que Jacob tuvo que trabajar siete años más por Raquel, cosa que hizo. Raquel estaba celosa de Lía porque Lía era fértil y ella no, así que Raquel le dio a Jacob a su sirvienta Bilha, y Lía le dio también a Jacob a su sirvienta Zilpa.

Los siguientes son los hijos de las dos esposas y las dos concubinas de Jacob:

Esposas de Jacob		Concubinas de Jacob	
Leah	Rachel	Bilhah	Zilpah
Hijos Varones			
Rueben	Joseph	Dan	Gad
Simeon	Benjamin	Naphtali	Asher
Levi			
Judah			
Issachar			
Zebulum			
Hijas Hembra			
Dinah			

Con el tiempo, Jacob regresó a casa e hizo las paces con su hermano Esaú. Por el camino, Dios cambió el nombre de Jacob por el de Israel:

Génesis 32:22-28:

"Y se levantó aquella noche, y tomó sus dos mujeres, y sus dos siervas, y sus once hijos, y pasó el vado de Jaboc. Los tomó, pues, e hizo pasar el arroyo a ellos y a todo lo que tenía. Así se quedó Jacob solo; y luchó con él un varón hasta que rayaba el alba. Y cuando el varón vio que no podía con él, tocó en el sitio del encaje de su muslo, y se descoyuntó el muslo de Jacob mientras con él luchaba. Y dijo: Déjame, porque raya el alba. Y Jacob le respondió: No te dejaré, si no me bendices. Y el varón le dijo: ¿Cuál es tu nombre? Y él respondió: Jacob. Y el varón le dijo: No se dirá más tu nombre Jacob, sino Israel; porque has luchado con Dios y con los hombres, y has vencido."

A José

Así pues, Israel (Jacob) había encontrado mucho favor de Dios. Su hijo favorito era José, cuya madre era Raquel, su amada esposa. Como parte de la promesa de Dios de hacer una gran nación a partir de Isaac, Dios permitió que José fuera vendido como esclavo en Egipto. José prevaleció a través de sus muchas penurias para convertirse finalmente en el segundo hombre más poderoso de Egipto. Así salvó a Israel, a Egipto y a muchos otros pueblos de los países que rodeaban Egipto de la hambruna de siete años que se produjo tal y como el faraón había soñado y José interpretado. José se reunió con su familia, incluido su padre Israel, que prometió a José que Dios les devolvería a Canaán.

Génesis 48:21:

Y dijo Israel a José: He aquí, yo muero; pero Dios estará contigo y te hará volver a la tierra de tus padres.

Génesis 50:26:

Murió, pues, José, siendo de ciento diez años; lo embalsamaron y lo pusieron en un ataúd en Egipto.

Con el tiempo, llegó al trono de Egipto un nuevo rey que temía a los israelitas debido a su gran número; por lo tanto, los esclavizó, imponiéndoles grandes cargas. Cuanto más los oprimía, más parecían multiplicarse y, a cambio, más los maltrataba. Fue durante esta época cuando nació Moisés y, por la gracia de Dios, se convirtió en un miembro de la casa del faraón. Pero aprendió que era israelita y odiaba la forma en que se maltrataba a su pueblo. Un día vio a un egipcio golpeando a un esclavo hebreo. Perdió los estribos, mató al egipcio y escondió su cuerpo:

Éxodo 2:12,15:

Y miró a un lado y a otro, y al ver que no había ningún hombre, mató al egipcio y lo escondió en la arena. Cuando el faraón se enteró de esto, trató de matar a Moisés. Pero Moisés huyó de la presencia del faraón y habitó en la tierra de Madián; y se sentó junto a un pozo.

Así escapó Moisés, y Dios se acordó de su promesa:

Éxodo 2:23-25:

Y aconteció que murió el rey de Egipto; y los hijos de Israel suspiraron a causa de la servidumbre, y clamaron, y subió su clamor a Dios a causa de la servidumbre. Y Dios oyó su gemido, y Dios se acordó de su pacto con Abraham, con Isaac y con Jacob. Y Dios miró a los hijos de Israel, y Dios les tuvo respeto.

Una vez más Dios cumplió su palabra a su pueblo que había vivido en Egipto durante muchos años:

Éxodo 12:41-42:

Y aconteció que al cabo de cuatrocientos treinta años, en el mismo día, todos los ejércitos de Jehová salieron de la tierra de Egipto. Es una noche para ser muy observada al SEÑOR por haberlos sacado de la tierra de Egipto: ésta es aquella noche del SEÑOR para ser observada de todos los hijos de Israel en sus generaciones.

Éxodo, capítulos 1-14, tiene la historia completa de la liberación por Dios de los israelitas de los egipcios.

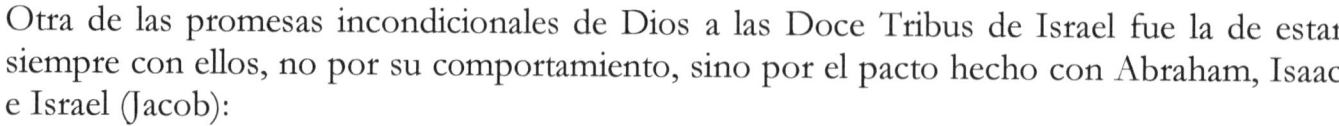

Otra de las promesas incondicionales de Dios a las Doce Tribus de Israel fue la de estar siempre con ellos, no por su comportamiento, sino por el pacto hecho con Abraham, Isaac e Israel (Jacob):

Deuteronomio 4:31:

(Porque Jehová tu Dios es Dios misericordioso;) no te desamparará, ni te destruirá, ni olvidará el pacto de tus padres que les juró.
Durante su viaje fuera de Egipto, Moisés bautizó al pueblo:

1 Corintios 10:1-2:

Además, hermanos, no quisiera que ignoraseis que todos nuestros padres estuvieron bajo la nube, y todos pasaron por el mar; y todos fueron bautizados con Moisés en la nube y en el mar; y todos comieron la misma comida espiritual, y todos bebieron la misma bebida espiritual, porque bebieron de la Roca espiritual que los seguía, y esa Roca era Cristo. (Énfasis añadido)

Moisés llevó a las Doce Tribus de Israel a través de la nube (el Espíritu de Dios) y bautizó a cada uno para Cristo. También comulgaron: "Y todos comieron la misma carne espiritual", el pan de la comunión, y "Y todos bebieron la misma bebida espiritual", el vino de la comunión.

Moisés también predijo la venida de Jesucristo y dijo que sería un profeta como él:

Deuteronomio 18:15-18:

Jehová tu Dios te suscitará un profeta de en medio de ti, de tus hermanos, como yo; a él oiréis; conforme a todo lo que pediste a Jehová tu Dios en Horeb el día de la asamblea, diciendo: No vuelva yo a oír la voz de Jehová mi Dios, ni vea yo más este gran fuego, para que no muera. Y el SEÑOR me dijo: Bien han dicho lo que han dicho. Yo les suscitaré un Profeta de entre sus hermanos, como tú, y pondré mis palabras en su boca; y él les hablará todo lo que yo le mande.

La promesa de Dios a los israelitas fue:

Deuteronomio 30:16:

Por cuanto yo te mando hoy que ames al SEÑOR tu Dios, que andes en sus caminos y guardes sus mandamientos, sus estatutos y sus decretos, para que vivas y te multipliques; y el SEÑOR tu Dios te bendecirá en la tierra a la cual vas para poseerla.

Pero esta promesa era condicional, y si el pueblo transgredía, Dios se apartaría de ellos y serían expulsados de la tierra de su herencia:

Deuteronomio 30:17-19:

Pero si tu corazón se desviare, y no quisieres oír, sino que te dejares arrastrar y adorares a dioses ajenos, y les sirvieres, yo te denuncio hoy que ciertamente perecerás, y que no prolongarás tus días sobre la tierra a la cual pasas el Jordán para ir a poseerla. Yo llamo al cielo y a la tierra para que registren hoy contra vosotros, que he puesto ante vosotros la vida y la muerte, la bendición y la maldición: escoge, pues, la vida, para que vivas tú y tu descendencia.

Dios siempre sabe lo que sucederá; Él sabía que los israelitas lo abandonarían:

Deuteronomio 31:16:

Y Jehová dijo a Moisés: He aquí que tú dormirás con tus padres; y este pueblo se levantará y fornicará tras los dioses de los extranjeros de la tierra a la cual van para estar en medio de ellos, y me dejarán a mí, e invalidarán mi pacto que he hecho con ellos.

Dios dijo entonces a Moisés que escribiera un cántico que diera testimonio de su descendencia; el cántico sería un testimonio contra todo Israel (Deuteronomio 31:19-21). El texto del cántico se encuentra en Deuteronomio 32:1-43. El Señor también prometió restaurarlos en los últimos días, cuando Israel recordara su pacto con Él:

Deuteronomio 30:1-3:

Y acontecerá que cuando vengan sobre ti todas estas cosas, la bendición y la maldición, que he puesto delante de ti, y las recuerdes entre todas las naciones a las que el Señor tu Dios te ha conducido, y te vuelvas al Señor tu Dios, y obedezcas su voz conforme a todo lo que yo te mando hoy, tú y tus hijos, con todo tu corazón y con toda tu alma; Que entonces el Señor tu Dios hará volver tu cautividad, y tendrá compasión de ti, y volverá y te recogerá de todas las naciones adonde el Señor tu Dios te ha dispersado.

Después de esto, Moisés murió y la autoridad pasó a Josué.

A Josué

Josué 1:5:

Nadie podrá estar delante de ti todos los días de tu vida; como estuve con Moisés, así estaré contigo; no te desampararé ni te abandonaré.

Josué se había convertido ahora en el portavoz de Dios ante toda la casa de Israel. Para demostrar al pueblo que Josué era Su elección para reemplazar a Moisés, Dios realizó otro milagro. Permitió que los israelitas pasaran el río Jordán en tierra seca, igual que les había permitido cruzar el Mar Rojo bajo Moisés, cuando salieron de Egipto:

Josué 3:17:

Y los sacerdotes que llevaban el arca del pacto del SEÑOR se pararon en seco en medio del Jordán, y todos los israelitas pasaron en seco, hasta que todo el pueblo hubo pasado limpio el Jordán.

Cuando los hijos de Israel cruzaron el Jordán, el Señor hizo que un miembro de cada tribu tomara una piedra del lecho del río Jordán y la llevara al otro lado del río como monumento conmemorativo del cruce para las generaciones futuras:

Josué 4:5-7:

Y Josué les dijo: Pasad delante del arca de Jehová vuestro Dios al medio del Jordán, y tomad cada uno de vosotros una piedra sobre su hombro, conforme al número de las tribus de los hijos de Israel: Para que esto sea una señal entre vosotros, para que cuando vuestros hijos pregunten a sus padres en tiempos venideros, diciendo: ¿Qué significan estas piedras? entonces les responderéis que las aguas del Jordán fueron cortadas delante del arca de la alianza del SEÑOR; cuando ésta pasó el Jordán, las aguas del Jordán fueron cortadas; y estas piedras serán para memoria de los hijos de Israel para siempre.

Luego vino el desafío de capturar la ciudad de Jericó. El Señor envió un mensajero a Josué, diciéndole cómo derrotar a Jericó. Josué siguió las indicaciones del mensajero y destruyó a los habitantes de la ciudad, excepto a Rahab y a su familia. (Josué, capítulo 6) El Señor siguió bendiciendo a los israelitas, permitiéndoles vencer a todos los que vivían en la tierra que les había dado. (Josué, Capítulos 12-13) Josué dividió entonces la tierra entre las tribus de Israel. (Josué, capítulos 14-19)

A los profetas

Durante muchos años los israelitas vivieron y prosperaron en su Tierra Prometida. Sin embargo, al seguir buscando a su pueblo, Dios suscitó a un profeta, Isaías, que predijo el nacimiento virginal de Cristo. Escribiendo aproximadamente en el año 701 a.C., dijo

Isaías 7:14:
Por tanto, el Señor mismo os dará una señal: He aquí que una virgen concebirá y dará a luz un hijo, y llamará su nombre Emanuel.

Jesucristo cumplió esta profecía. A continuación, Isaías va aún más lejos en la descripción del Mesías venidero:

Isaías 9:6-7:
Porque un niño nos es nacido, hijo nos es dado, y el principado sobre su hombro; y se llamará su nombre Admirable, Consejero, Dios Fuerte, Padre Eterno, Príncipe de Paz. El aumento de su gobierno y de su paz no tendrá fin, sobre el trono de David y sobre su reino, para ordenarlo y establecerlo con juicio y con justicia desde ahora y para siempre. El celo del Señor de los ejércitos lo llevará a cabo.

Jeremías también previó la venida de Jesucristo y previó que sería descendiente del rey David:

Jeremías 23:5:
He aquí que vienen días, dice Jehová, en que levantaré a David renuevo justo, y un Rey reinará y prosperará, y hará juicio y justicia en la tierra.

En el año 700 a.C., el profeta Miqueas nombró la pequeña aldea de Belén como el lugar de nacimiento del Mesías de Israel (Miqueas 5:2). El cumplimiento de esta profecía, el nacimiento de Cristo, es uno de los hechos más conocidos y celebrados de la historia.

Isaías también predijo el ministerio de Juan el Bautista para preparar el camino a Jesucristo:

Isaías 40:3-5:
La voz del que clama en el desierto: Preparad el camino de Yahveh, enderezad en el desierto una calzada para nuestro Dios. Todo valle será exaltado, y todo monte y collado será rebajado; y lo torcido será enderezado, y los lugares ásperos allanados: Y se manifestará la gloria del SEÑOR, y toda carne juntamente la verá; porque la boca del SEÑOR lo ha dicho.

Isaías profetizó que Jesucristo realizaría muchos milagros:

Isaías 35:4-6:

"Decid a los de corazón apocado: Esforzaos, no temáis; he aquí que vuestro Dios viene con retribución, con pago; Dios mismo vendrá, y os salvará. Entonces los ojos de los ciegos serán abiertos, y los oídos de los sordos se abrirán. Entonces el cojo saltará como un ciervo, y cantará la lengua del mudo; porque aguas serán cavadas en el desierto, y torrentes en la soledad."

Zacarías también predijo la llegada triunfal de Jesucristo montado en un pollino a Jerusalén:

Zacarías 9:9:

Alégrate mucho, hija de Sión; da voces de júbilo, hija de Jerusalén; he aquí que tu Rey viene a ti; es justo y tiene salvación; humilde, y cabalga sobre un asno, y sobre un pollino hijo de asna.

En el Nuevo Testamento, el propio Jesús confirmó su identidad a la mujer samaritana:

Juan 4:25-26:
"Le dijo la mujer: Sé que ha de venir el Mesías, llamado el Cristo; cuando él venga nos declarará todas las cosas. Jesús le dijo: Yo soy, el que habla contigo."

Más de 600 años antes de que se inventara la crucifixión, tanto el rey David de Israel como el profeta Zacarías describieron la muerte del Mesías con palabras que describen perfectamente ese modo de ejecución. Además, dijeron que Su cuerpo sería traspasado y que ninguno de Sus huesos sería roto, contrariamente al procedimiento habitual (Salmos 22 y 34:20; Zacarías 12:10). Una vez más, los historiadores y los escritores del Nuevo Testamento confirman el cumplimiento: Jesús de Nazaret murió en una cruz romana, y su muerte extraordinariamente rápida eliminó la necesidad de la habitual rotura de huesos. Le clavaron una lanza en el costado para verificar que, efectivamente, estaba muerto.

Como sabemos, hay muchas más promesas dadas y cumplidas por Dios en la Biblia, pero también hay muchas profecías que no se cumplieron dentro del marco temporal de la Biblia. Sin embargo, una que sí se ha cumplido, que fue predicha por Jeremías hace unos 2600 años, es la ubicación exacta y la secuencia de construcción de los nueve suburbios de Jerusalén. El profeta se refirió a la época de este proyecto de construcción como "los últimos días", es decir, el segundo renacimiento de Israel como nación en Palestina:

Jeremías 31:38-40:

He aquí que vienen días, dice Jehová, en que la ciudad será edificada a Jehová, desde la torre de Hananeel hasta la puerta del Angulo.

Y saldrá más allá el cordel de la medida delante de él sobre el collado de Gareb, y rodeará a Goa. Y todo el valle de los cuerpos muertos y de la ceniza, y todas las llanuras hasta el arroyo de Cedrón, hasta la esquina de la puerta de los caballos al oriente, será santo a Jehová; no será arrancada ni destruida más para siempre.

Este renacimiento se convirtió en historia en 1948, y la construcción de los nueve suburbios avanzó precisamente en los lugares y en la secuencia predichos. (Ross 2)

Luego tenemos la profecía de Zacarías:

Zacarías 2:3-4:

Y he aquí, salía aquel ángel que hablaba conmigo, y otro ángel le salió al encuentro, y le dijo: Corre, habla a este joven, diciendo: Sin muros será habitada Jerusalén, a causa de la multitud de hombres y de ganado en medio de ella.

Según Roy Weldon en su libro *Otras ovejas*, esta profecía trataba del futuro y nos decía que su mensaje sería anunciado por un ángel a un joven. Cuando el ángel vino a Joseph Smith y le dirigió a las planchas de oro, también le dio el mensaje anterior. Por lo tanto, esta profecía se cumplió ya que fue poco tiempo después (1856) que por primera vez en la historia de Jerusalén, ésta comenzó a ser habitada como una ciudad sin murallas. (57)

Como hemos dicho, hay otras profecías que aún no se han cumplido. Sin embargo, se cumplirán, y no sólo debemos creer en ellas, sino vigilar para que se cumplan.

Fíjese en lo que dice Isaías

Isaías 66:23:

"Y de mes en mes, y de día de reposo en día de reposo, vendrán todos a adorar delante de mí, dijo Jehová."

Acabo de terminar un libro, El hombre celestial, de Paul Hattaway, sobre la presencia y la obra de Dios en China. Cuenta cómo Dios está ayudando a personas dentro de las fronteras de ese país, a pesar de la gran persecución de las autoridades. Hattaway demuestra que Dios puede llegar y llegará a todas las naciones, aunque nosotros no lo hagamos. Hoy en día, hay muchas vías disponibles para difundir el evangelio de Jesucristo, así que ¿Qué nos impide alcanzar a los perdidos? ¿No nos lo estamos impidiendo nosotros mismos, por nuestras propias actitudes argumentativas y la contención por cuestiones doctrinales menores entre facciones religiosas? La palabra profética de Dios se cumplirá con o sin nuestra ayuda, así que ¡Ayudemos!

A los escritores del Nuevo Testamento

La profecía incumplida más importante es la del regreso de Jesucristo:

Mateo 24:29-31:

Inmediatamente después de la tribulación de aquellos días, el sol se oscurecerá, y la luna no dará su resplandor, y las estrellas caerán del cielo, y las potencias de los cielos serán conmovidas: Y entonces aparecerá la señal del Hijo del hombre en el cielo; y entonces se lamentarán todas las tribus de la tierra, y verán al Hijo del hombre que vendrá en las nubes del cielo con poder y gran gloria. Y enviará a sus ángeles con gran voz de trompeta, y juntarán a sus elegidos de los cuatro vientos, desde un extremo del cielo hasta el otro. (Énfasis añadido)

El momento de este cumplimiento es desconocido para todos excepto para Dios mismo:

Mateo 24:36:

Pero de aquel día y hora nadie sabe, ni aun los ángeles de los cielos, sino sólo mi Padre.

Pero hay señales de Su inminente regreso, y se nos indica que prestemos atención y nos preparemos para Su venida:

Mateo 24:14:

Y será predicado este evangelio del reino en todo el mundo, para testimonio a todas las naciones; entonces vendrá el fin.

¿Cómo sabremos cuándo se acerca el momento?

Mateo 24:32-34:

"De la higuera aprended la parábola: Cuando ya su rama está tierna, y brotan las hojas, sabéis que el verano está cerca. Así también vosotros, cuando veáis todas estas cosas, conoced que está cerca, a las puertas. De cierto os digo, que no pasará esta generación hasta que todo esto acontezca"

¿Cuáles son estos signos que predicen Su inminente llegada? Se nos dice que los tiempos serán como en los días de Noé:

Mateo 24:37:

Pero como fueron los días de Noé, así será también la venida del Hijo del Hombre.

Creo que lo que la gente llama "el rapto" ocurrirá "Inmediatamente después de la tribulación de aquellos días" (Mateo 24:29). Continúa:

Mateo 24:40-41:
"Entonces estarán dos en el campo; el uno será tomado, y el otro será dejado. Dos mujeres estarán moliendo en un molino; la una será tomada, y la otra será dejada"

Otras escrituras señalan que Su regreso cogerá a mucha gente por sorpresa (2 Pedro 3:1-18 y 1 Tesalonicenses 5:1-12).

Después del regreso, Juan vio Su trono rodeado de veinticuatro tronos más pequeños. ¿Quién se sienta en esos tronos?

Apocalipsis 4:3-4:
"Y el aspecto del que estaba sentado era semejante a piedra de jaspe y de cornalina; y había alrededor del trono un arco iris, semejante en aspecto a la esmeralda. Y alrededor del trono había veinticuatro tronos; y vi sentados en los tronos a veinticuatro ancianos, vestidos de ropas blancas, con coronas de oro en sus cabezas."

La Biblia nos dice:

Mateo 19:28:
Y Jesús les dijo: De cierto os digo que vosotros que me habéis seguido, en la regeneración, cuando el Hijo del Hombre se siente en el trono de su gloria, vosotros también os sentaréis sobre doce tronos, para juzgar a las Doce Tribus de Israel.

Ahora piense en esto: Jesús explicó que vino a visitar sólo a las ovejas perdidas de Israel, no a los gentiles. Así que eso significaría que Él fue enviado a visitar a todas las Doce Tribus de Israel, dondequiera que estuvieran ubicadas, lo que incluiría a las Américas:

Mateo 15:24:
Pero él respondió y dijo: "No soy enviado sino a las ovejas perdidas de la casa de Israel".

Juan 10:16:
Tengo otras ovejas que no son de este redil; a ésas también debo traer, y oirán mi voz; y habrá un rebaño y un pastor. (Énfasis añadido)

Cristo estaba diciendo que visitará a todo Israel, incluso a los que no están en Jerusalén ni en Israel ("no son de este redil").

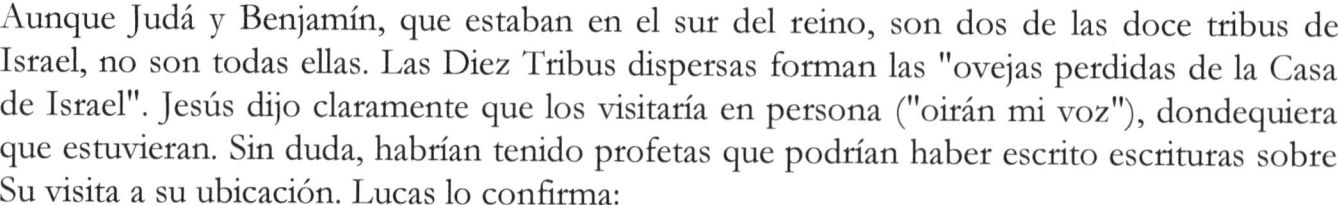
Aunque Judá y Benjamín, que estaban en el sur del reino, son dos de las doce tribus de Israel, no son todas ellas. Las Diez Tribus dispersas forman las "ovejas perdidas de la Casa de Israel". Jesús dijo claramente que los visitaría en persona ("oirán mi voz"), dondequiera que estuvieran. Sin duda, habrían tenido profetas que podrían haber escrito escrituras sobre Su visita a su ubicación. Lucas lo confirma:

Lucas 11:49:
Por eso también dijo la sabiduría de Dios: Les enviaré profetas y apóstoles, y a algunos de ellos matarán y perseguirán.

Dios nunca hace nada a menos que se lo diga de antemano a sus profetas, así que debió tener profetas para dirigir a su pueblo. Esto también se aplica a nuestros días.

Amós 3:7:
Ciertamente Jehová Dios no hará nada sin que revele su secreto a sus siervos los profetas.
El pacto de Dios con Israel es que Jesucristo visitará a toda la casa de Israel, a todas las Doce Tribus, dondequiera que estén. Esto incluiría las Américas. El Libro de Mormón nos dice que Jesús también llamó a doce discípulos en Bountiful (en las Américas). ¿Llenarán ellos los otros doce tronos que rodean el trono de Cristo? La Biblia (desde la dispersión del Reino del Norte en adelante) sólo nos habla de dos de las Doce Tribus, Judá y Benjamín. Por lo tanto, debe haber escrituras adicionales que nos hablen de la visita de Jesucristo a las otras Diez Tribus de Israel.
Una de las muchas cosas que nos dice la Biblia es que en los últimos días un ángel entregará el evangelio eterno a todos los pueblos de la tierra. Eso puede significar escrituras adicionales. El apóstol Juan dice:

Apocalipsis 14:6:
Y vi volar por en medio del cielo a otro ángel que tenía el evangelio eterno para predicarlo a los moradores de la tierra, a toda nación, tribu, lengua y pueblo...

Si decimos que la Biblia contiene el evangelio completo y eterno (como cree la mayoría de los cristianos de hoy), entonces ¿por qué en los últimos días este ángel trae el "evangelio eterno para predicarlo a los moradores de la tierra" si ya está aquí? La respuesta obvia es que se había perdido para la humanidad hasta que fue devuelto por el ángel. ¿Podría ser que el ángel Moroni trajera la plenitud del evangelio por revelación a Joseph Smith, hijo, tal como Dios lo prometió en el libro de Apocalipsis?

CAPÍTULO 3

¿QUÉ OCURRIÓ CON EL REINO DEL NORTE DE ISRAEL (LAS DIEZ TRIBUS PERDIDAS)? ¿CÓMO INTERVINO DIOS?

El Israel Moderno

Cuando la gente habla del Israel moderno, la mayoría piensa que se refiere a todos los descendientes de Abraham a través de su hijo Isaac, y luego a través de Jacob, es decir, las Doce Tribus de Israel, a quienes llaman los judíos. Pero la Biblia enseña que la Casa de Judá es claramente diferente de todo Israel. El Reino del Sur estaba formado por las tribus de Judá, Benjamín y algunas de Leví. El Reino del Norte estaba formado por las Diez Tribus restantes, que fueron llevadas al cautiverio y nunca restauradas a su patria. Desde la época de la Dispersión de las tribus del norte hasta el final de la Biblia, cualquier referencia a los judíos es únicamente una referencia al Reino del Sur. Este concepto ha cambiado mi comprensión de las Escrituras. Observe cómo la Biblia se refiere a los hijos de Israel en el siguiente pasaje de Oseas:

Oseas 1:10-11:

"Con todo, será el número de los hijos de Israel como la arena del mar, que no se puede medir ni contar. Y en el lugar en donde les fue dicho: Vosotros no sois pueblo mío, les será dicho: Sois hijos del Dios viviente. Y se congregarán los hijos de Judá y de Israel, y nombrarán un solo jefe, y subirán de la tierra; porque el día de Jezreel será grande."[la reunión de todo Israel, las Doce Tribus, en la Tierra Prometida]. (Énfasis añadido)

Para comprender mejor lo que les sucedió a las tribus del norte, necesitamos repasar un poco de historia bíblica.

Una Revisión de la Historia Bíblica

Hablemos por un momento de la familia de José, el hijo de Israel (Jacob). Tal vez recuerde que mientras estuvo en Egipto, José tuvo dos hijos, Efraín y Manasés, cuya madre era una mujer egipcia. En sus últimos días, el padre de José, Israel, fue visitado por el Espíritu Santo y se le

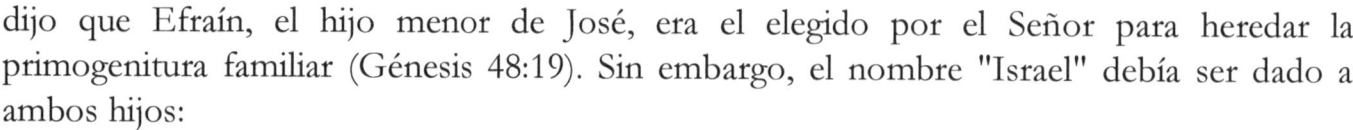
dijo que Efraín, el hijo menor de José, era el elegido por el Señor para heredar la primogenitura familiar (Génesis 48:19). Sin embargo, el nombre "Israel" debía ser dado a ambos hijos:

Génesis 48:16:

"el Angel que me liberta de todo mal, bendiga a estos jóvenes; y sea perpetuado en ellos mi nombre, y el nombre de mis padres Abraham e Isaac, y multiplíquense en gran manera en medio de la tierra."

Aunque se dio preferencia a Efraín sobre Manasés, debían permanecer juntos hasta que superaran su ubicación. Como explicaba la bendición

Génesis 48:19:

Su padre se negó y dijo: Lo sé, hijo mío, lo sé: también él [Manasés] llegará a ser un pueblo, y también él será grande; pero en verdad su hermano menor [Efraín] será más grande que él, y su descendencia llegará a ser multitud de naciones. (Énfasis añadido)

Deuteronomio 33:17:

...y son los diez millares de Efraín, y son los millares de Manasés.

Alrededor del año 1.000 a.C., Saúl fue destituido como rey y David le sucedió. El rey David era despiadado, y a causa de la sangre en sus manos, el Señor no le permitió construir Su templo. Esta tarea recayó en su hijo Salomón, que le sucedió. Salomón construyó el templo de Jerusalén, y durante muchos años vivió una vida recta. Fue tan recto, de hecho, que Dios le concedió su deseo de sabiduría. Esto agradó mucho al Señor, así que recompensó a Salomón con gran sabiduría y riqueza. Sin embargo, debido a que el rey Salomón "amaba a muchas mujeres extrañas" (tuvo 700 esposas), transgredió en su vejez y erigió ídolos para los dioses de sus esposas extranjeras (1 Reyes 11:1-12).Como consecuencia, Dios quitó el control o la realeza al hijo de Salomón, Roboam. El resultado fue la división de Israel en dos reinos: el Reino del Norte (Casa de Israel) dirigido por la tribu de Efraín, con Samaria como capital; y el Reino del Sur (Casa de Judá) con Jeroboam (hijo de Salomón) como rey y Jerusalén como capital. Esta ruptura se registra en 1 Reyes 11-12.La Casa de Judá, los que llamamos los judíos, está formada por las tribus de Judá, Benjamín y algunas de Leví que permanecieron en la parte sur del reino original. La Casa de Israel, el Reino del Norte, que estaba formada por el resto de las Doce Tribus, fue dispersada más tarde por Dios y llegó a ser conocida como la "Casa Perdida de Israel." Está claro que se convirtieron en dos casas diferentes, aunque ambas forman parte de las Doce Tribus; así que a pesar de que son de la misma familia, son grupos completamente separados.

Como cristiano, me sorprendió esta revelación de que "dos casas" formaban las Doce Tribus de Israel. Desconocía el número de escrituras que se refieren a cada una de ellas (Jeremías 3:8, 11; 30:3-4; 32:30; 33:7, Oseas 1:11). Basta con considerar estas dos

Oseas 1:6,7:
No tendré más misericordia de la casa de Israel;... pero tendré misericordia de la casa de Judá....

Jeremías 13:11:
Porque como el cinto se ciñe a los lomos del hombre, así he hecho que se ciña a mí toda la casa de Israel y toda la casa de Judá,...

Lo que quiero decir es que la narración bíblica, desde la Dispersión de la Casa de Israel y hasta el Nuevo Testamento, es la crónica de la Casa de Judá (los judíos) y sólo de esa casa. Cambiar nuestra percepción sobre esa única cosa nos ayuda a distinguir entre el pueblo de Israel, el pueblo de Judá y la tierra de Israel.

Pero si concedemos que hay dos casas, entonces ¿dónde está la Casa de Israel? ¿Adónde los envió Dios y qué ocurrió con las promesas que les hizo? Como cristianos, a todos nos interesa la respuesta a estas preguntas. En un nivel, la respuesta es sencilla. La Biblia afirma que fueron dispersados por toda la tierra:

Deuteronomio 30:1-3:
"Sucederá que cuando hubieren venido sobre ti todas estas cosas, la bendición y la maldición que he puesto delante de ti, y te arrepintieres en medio de todas las naciones adonde te hubiere arrojado Jehová tu Dios, y te convirtieres a Jehová tu Dios, y obedecieres a su voz conforme a todo lo que yo te mando hoy, tú y tus hijos, con todo tu corazón y con toda tu alma, entonces Jehová hará volver a tus cautivos, y tendrá misericordia de ti, y volverá a recogerte de entre todos los pueblos adonde te hubiere esparcido Jehová tu Dios." (Énfasis añadido)

Sabemos que Dios dispersó a las Diez Tribus "entre todas las naciones" porque declaró que las reunirá "de todas las naciones". Si creemos en las Escrituras, eso tendría que incluir a las Américas.

La Biblia también nos da los detalles de la Dispersión real:

1 Reyes 17:6
...En el noveno año de Oseas, el rey de Asiria tomó Samaria y se llevó a Israel a Asiria, y los puso en Halah y en Habor, junto al río de Gozán, y en las ciudades de los medos.

2 Reyes 17:23:

"hasta que Jehová quitó a Israel de delante de su rostro, como él lo había dicho por medio de todos los profetas sus siervos; e Israel fue llevado cautivo de su tierra a Asiria, hasta hoy."

Sabemos que Israel fue llevado a Asiria y la Casa de Judá (judíos) fue llevada unos 130 años después a Babilonia. El profeta Amós había profetizado sobre el cautiverio y la dispersión de la Casa de Israel:

Amós 5:27:

Por tanto, haré que vosotros [Casa de Israel] vayáis cautivos más allá de Damasco, dice Jehová, cuyo nombre es Dios de los ejércitos.

Amós 6:14:

...he aquí que yo levantaré contra vosotros una nación, oh casa de Israel, dice Jehová Dios de los ejércitos...

Amós 7:17:

...y morirás en una tierra contaminada; e Israel ciertamente irá en cautiverio fuera de su tierra.

Aunque ninguna de las tribus del Reino del Norte regresó jamás a su antiguo hogar, no es correcto decir que dejaron de existir como pueblo. Los siguientes artículos, escritos por Jack Flaws e impresos con su permiso, están respaldados por las Escrituras y nos dan una clara explicación de adónde los envió Dios.

LAS MIGRACIONES DE LA CASA DE ISRAEL

Tras ser tomadas cautivas y reubicadas bajo los mares Negro y Caspio, las [diez] tribus de la Casa de Israel más decenas de miles de judíos fueron utilizadas por sus conquistadores asirios como estado tapón para proteger de cualquier avance de los medos. Pronto, grupos de israelitas comenzaron a desplazarse hacia el este y el norte. El grueso del pueblo permaneció en la zona unos cien años, durante los cuales lucharon como mercenarios para casi todo el mundo. Sus singulares puntas de flecha triangulares se encontraron incluso en las ruinas de una de las puertas incendiadas de Jerusalén; ¡lo que significa que algunos de ellos participaron en la conquista de Jerusalén por Nabucodonosor! Poco después de que se quebrara el poder de los asirios, un gran número de israelitas iniciaron varias migraciones; los dos grupos principales se desplazaron hacia el oeste, bajo el Mar Negro, y hacia el norte, a través del paso de Dariel de las montañas del Cáucaso, hacia las estepas del sur de Rusia. Un gran grupo también se desplazó hacia el este. Los medos y los persas los llamaban Sakka (Saka) e Iskuza. El nombre japonés Sakai no es más que un paso de Saka.

Hay muchas costumbres extrañas de origen desconocido en Japón que sólo pueden explicarse reconociendo que algunos de las tribus del Jordán oriental de Manasés, Rubén y Gad, siendo Manasés la preeminente, se dirigieron a esa lejana isla oriental, mientras que sus primos se dirigieron al oeste para poblar el noroeste de Europa y la lejana isla occidental de Gran Bretaña. Algunas de estas migraciones se llevaron a cabo hasta el siglo XVII cuando, en la migración final, algunos de la tribu de Manasés navegaron por el Atlántico Norte hasta Plymouth para cumplir Isaías 49:20, profetizado a la hegemonía de la Casa de Israel, Efraín (Inglaterra).

Como ve, el quid de todo el asunto es que los nombres que queremos buscar para rastrear a los israelitas no son los nombres que los relatos históricos y los hallazgos arqueológicos dan a esa misma gente. Para confundir más la cuestión, grandes grupos de israelitas se llamaban a sí mismos con nombres diferentes. Algunos de ellos se llamaban a sí mismos la Casa de Isaac, que se pronuncia e-sahk con el acento en la última sílaba. Qué natural que los persas los llamaran los Sakka (Sacae en griego), mientras que los asirios llamaban a otros, la Casa de Omri, por el sexto rey de Israel. Este nombre sonaba como Khumri, y se pronunció varias veces Ghumri, Gimri, Gimira, Gammer, todas las cuales se convirtieron en el griego Kimmeroii, nuestra palabra inglesa Cimmerians.

Los israelitas no se perdieron, su nombre se perdió. Ese hecho, unido a la búsqueda errónea del cumplimiento de las profecías del Antiguo Testamento por parte de los judíos, ha mantenido la enseñanza de las Tribus Perdidas prácticamente en la oscuridad durante estos milenios, desde el 500 a.C.

Al final de los dibujos he incluido una lista de muchos de los nombres dados a los diversos grupos de israelitas cuando se dirigían a sus nuevos hogares. Espero que pueda continuar en este campo de estudio. Probablemente descubrirá que su propio linaje se remonta a esas personas de la Biblia.

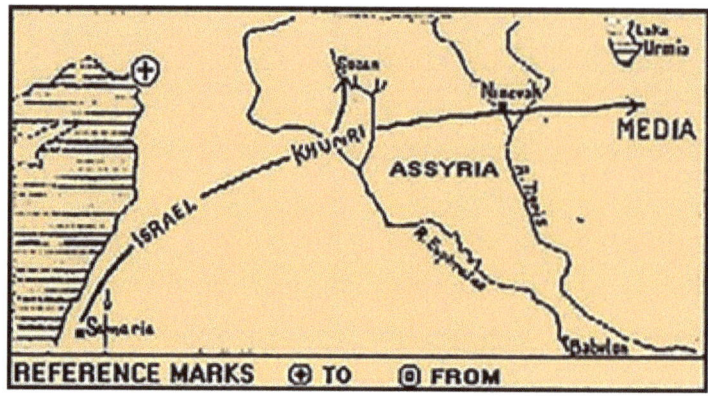

732-700 A C

Israel llevado al exilio por los asirios que los llamaron Khumri, más tarde corrompido a Gimira.

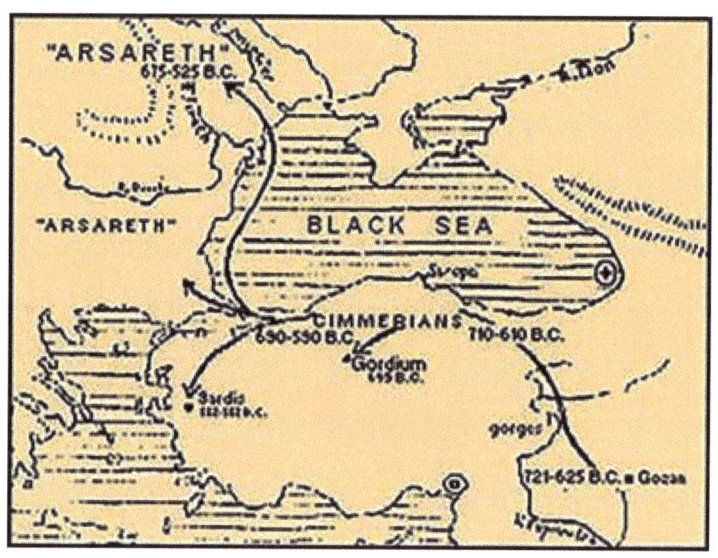

710-590 A C

Los israelitas, llamados Gimira por los asirios y Kimmeroii (cimerios) por los griegos, establecieron un reino de terror en Asia Menor. Finalmente emigraron a Europa, a un lugar que llamaron Arsaret (2 Esdras 13:40-44 del Apócrifo).

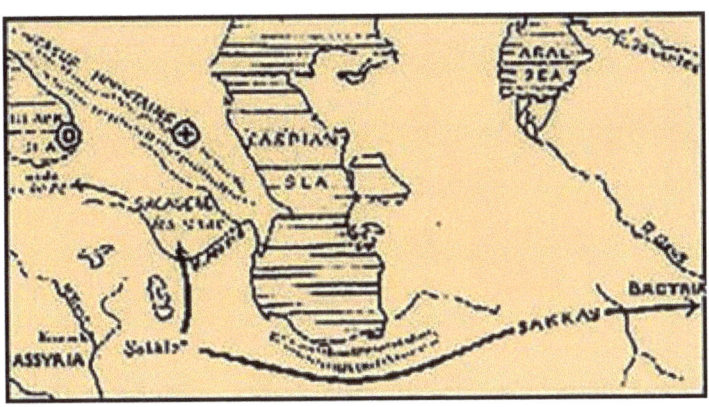

650-600 A C

Los israelitas de Media pasaron a ser conocidos como escitas. Lucharon como mercenarios, una vez con Babilonia contra Jerusalén.

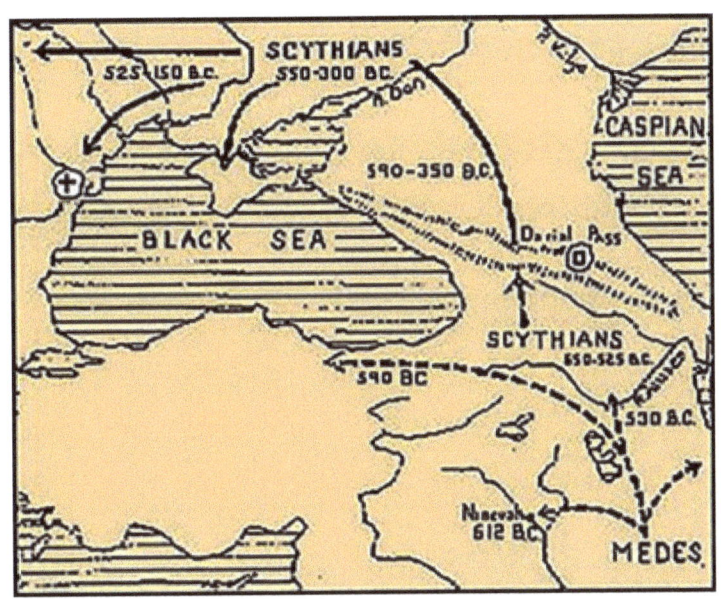

600-500 A C

Tras el colapso de sus aliados asirios, los escitas fueron expulsados hacia el norte a través del Cáucaso por los medos, y se asentaron en el sur de Rusia.

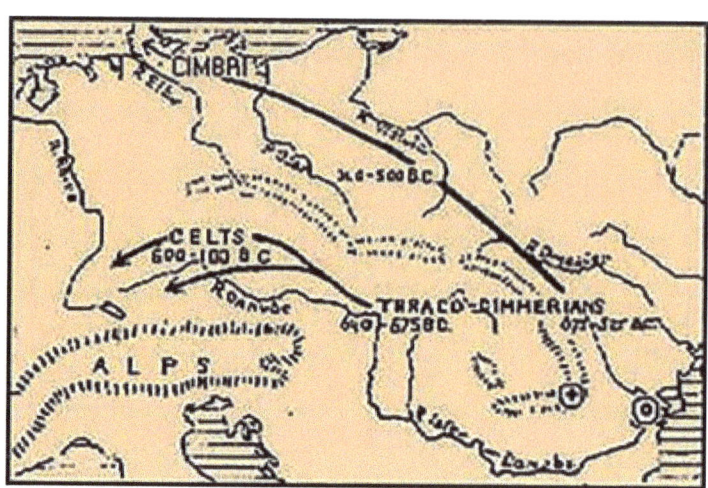

650-500 A C

Los cimerios en Europa remontaron el Danubio y se conocieron como celtas, el derivado inglés del griego Keltoi.

525-300 A C

Otros expulsados del sur de Rusia por los escitas se desplazaron hacia el noroeste entre los ríos Oder y Vístula hasta el Báltico, donde más tarde fueron conocidos como Cimbri.

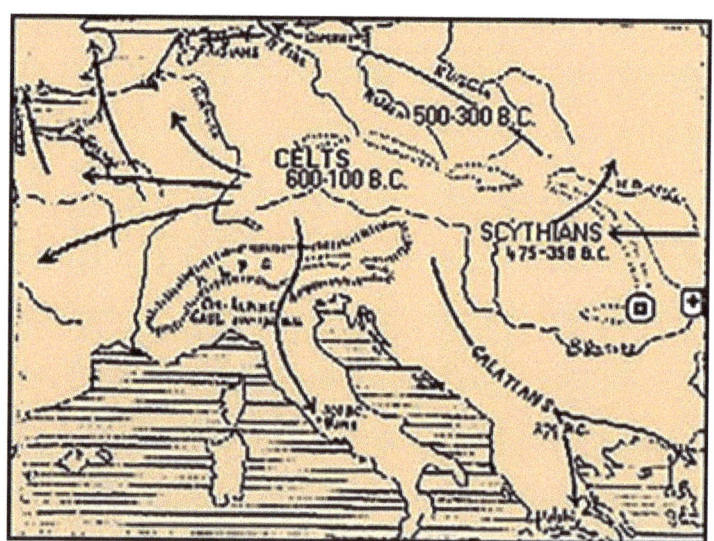

400-100 A C

La expansión celta desde Europa Central: algunos atacaron Roma en el 390 a.C. y se asentaron durante 200 años en el norte de Italia; otros, conocidos como gálatas, tras invadir Grecia en el 279 a.C., emigraron a Asia Menor. La mayoría se trasladó al oeste, a Francia y más tarde a Gran Bretaña.

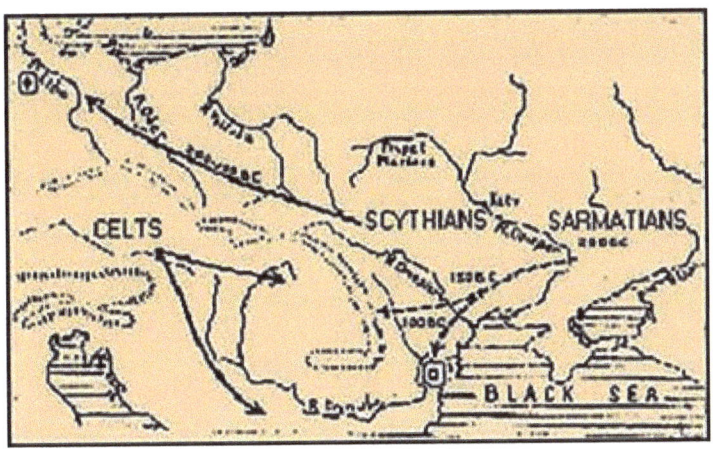

250-100 A C

El sur de Rusia fue invadido desde el este por los sármatas, que expulsaron a los escitas hacia el noroeste a través de Polonia hasta Alemania.

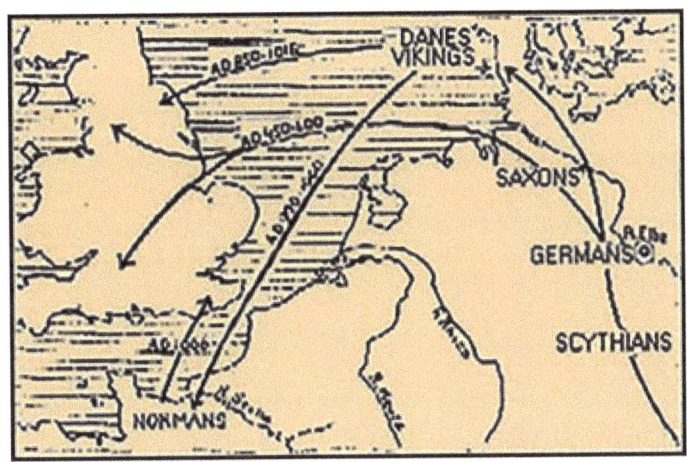

D C 450-1100

Los romanos rebautizaron a los escitas como germanos ("genuinos") para distinguirlos de los sármatas recién llegados a Escitia. Algunos de ellos llegaron a Gran Bretaña como anglosajones, entre 450 y 600 d.C.; otros, tras desplazarse hacia el norte a través de Jutlandia, pasaron a ser conocidos como daneses y vikingos. Algunos de ellos llegaron directamente a Inglaterra, pero otros se establecieron durante un breve periodo en Francia y fueron llamados normandos.

Incluso con todas estas pruebas, algunas personas siguen negándose a aceptar que esto sea válido. Pero espere, aún hay más de las propias Diez Tribus que proporcionan una fuerte probabilidad de que viajaran como se ha descrito anteriormente. Cada una tiene uno o más emblemas que representan a su tribu, y el siguiente gráfico del Sr. Flaws (http://asis.com/stag/symbols.html) explica cuáles son estos símbolos y dónde los encontramos hoy en día:

LOS SÍMBOLOS DE ISRAEL

Tribu	Signo	Color	Piedra	Se convirtió en	Emblema	Esperando
Rueben	Acuario	Naranja	Odem	Francia	Hombre/Agua	He aquí un hijo
Simeón	Piscis	Rojo/naranja	Zafiro	Silúrica (Senones)	Espada/Puerta	Una audición
Levi	Piscis	Rojo/naranja	Zafiro	(Judíos)	León/3 Leones	Uniéndose a
Judá	Leo	Azul	Nophek	Juti (judíos)	Barco	Alabanza
Zebulón	Capricornio	Amarillo/Naranja	Pitdah - Topacio	Holanda	Asno cargado	Una morada
Isacar	Cáncer	Azul/violeta	Bareket	Suizos/Holandeses/Finlandeses	Serpiente/Caballo	Mi salario
Dan	Escorpio	Amarillo/Verde	Leshem	Daneses/Suecos/Noruega	Tropa	Juez
Gad	Aries	Rojo	Yhalam/Rubí	Suecia	Copa	Buena fortuna

LOS SÍMBOLOS DE ISRAEL

Aser	Libra	Verde	Shebo	Escoceses / Alemanes (orig)	Ciervo	Feliz
Neftalí	Virgo	Azul / Verde	Yashpeh (Jaspe	Noruegos	Lobo	Mi lucha
Benjamín	Géminis	Morado	Achelamah	Islandia/ Noruega Normandos	Buey, Unicornio	Signo de la mano derecha
Efraín	Tauro	Rojo - morado	Tarshish	Británicos	Rama de Olivo, Flechas	Fruta doble
Manasés	Sagitario	Amarillo	Shoham/ Ónix	Estados Unidos	León rojo, Mano roja	Olvido
Zarah					Emblema	Subiendo

http://asis.com/stag/symbols.html Continuando desde la misma web:

Y ahora para aquellos a los que les gusten las imágenes", dice Flaws, "he tomado la versión de E. Raymond Capture de la heráldica de las Doce Tribus y las muestro a continuación. Proceden de su excelente libro,

Los eslabones perdidos descubiertos en las tablillas asirias. Es una obra de estudio muy completa sobre las Tribus Perdidas. Le recomiendo que consiga un ejemplar.

RUEBEN

UN HOMBRE

Gen 49:3-4 Rueben,
tú eres mi primogénito.

AGUA

Gen 49:3-4
Inestable como el agua, tú...

SIMEÓN

UNA ESPADA

Gen 34:25, 26 Simeon
y Leví, cada uno tomó su espada.

LA PUERTA DE UNA CIUDAD

Gen 33:18 [Establece una
Relación entre una puerta
de la ciudad y Simeón]

JUDÁ

UN LEÓN

TRES LEONES

Gen 49:9-11 Judá es un Cachorro de León.

celto-sajones. Un cetro y una vid son los otros símbolos de Judá]

[El león se ha ampliado a tres Leones en muchos países

ZEBULÓN

EMBARCACIÓN

ISACAR

ASNO CARGADO

Gen 49:13 Zébulon habitará En el Puerto del mar, y será para Puerto de navíos.

Gen 49:14 Isacar es un asno fuerte que se agacha entre dos Cargas.

DAN

UNA SERPIENTE

Gen 49:17 Dan será una
Serpiente en el camino

CABALLO

Gen 49:17 ...que muerde
los talones del caballo.

GAD

CABALLEROS

Gen 49:19 Gad, una tropa...
pan, y dará manjares reales.

ASHER

CÁLIZ

Gen 49:20 De ceniza engordará su

NAFTALÍ

CIERVA SALTARÍNA

Gen 49:21 Naftalí es una
Cieva suelta

BENJAMÍN

LOBO

Gen 49:27 Benjamín saqueará
como un lobo.

EPHRAIM

BUEY o TORO

El Buye o el Toro juega un importante
Papel en la heraldica de Dinamarca
Países Bajos, Escocia e Inglaterra.
Dónde puedes encontrar a "Jhon Bull"

UNICORNIO

El Unicornio aparece en ambos
escudos de armas reales de
Inglaterra   y   Escocia.

MANASSÉS

RAMO DE OLIVA

MONTÓN DE FLECHAS

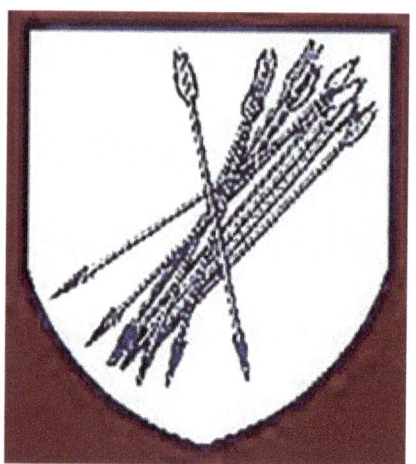

Se encuentra en el Gran Sello de EE.UU. y los Países Bajos y en muchos escudos de Inglaterra y Escocia.

Sé que algunos de ustedes dirán que se trata sólo de una casualidad, y estaría de acuerdo si sólo unos pocos de los símbolos aparecieran en las sociedades actuales. El problema es que todos ellos aparecen en alguna parte, ya sea en la Europa contemporánea o en América. Esto es demasiado para ser una mera coincidencia. Además, el Libro del Mormón dice:
2 Nefi 9:81 RCE, 2 Nefi 19:21 LDS:

Manasés, Efraín; y Efraín, Manasés-ellos juntos estarán contra Judá.

En ninguna parte de la Biblia se nos dice que estos dos formarían parte de la lucha contra Judá durante su derrota babilónica, pero aquí se nos dice que así sucedería. Para obtener detalles completos, lea todo el capítulo 9 de 2 Nefi RCE (capítulos 16-22 de 2 Nefi LDS).

En Amós, Dios dice que aunque ha rechazado a Su pueblo Israel, ni uno solo de ellos se perderá. Él los reunirá de nuevo en su Tierra Prometida: Estos versículos fueron escritos 199 años antes de que la Casa de Judá fuera al cautiverio:

Amós 2:4-5:

Así ha dicho Jehová: Por tres rebeliones de Judá, y por cuatro, no apartaré su castigo; porque menospreciaron la ley de Jehová, y no guardaron sus mandamientos, y sus mentiras los hicieron errar, según las cuales anduvieron sus padres: sino que enviaré un fuego sobre Judá, que devorará los palacios de Jerusalén.

<u>Amos 9:9:</u>

Porque, he aquí, yo ordenaré, y cerniré la casa de Israel entre todas las naciones, como se cernir el maíz en un tamiz, pero ni el más pequeño grano caerá sobre la tierra.

<u>Amós 9:14:</u>
Y haré volver la cautividad a mi pueblo de Israel, y edificarán las ciudades desiertas, y las habitarán; plantarán viñas, y beberán el vino de ellas; harán también huertos, y comerán el fruto de ellos.

Recuerde, antes de que los judíos fueran capturados por los babilonios, Amós profetizó que Israel regresaría del cautiverio. Como puede ver, está hablando de las Diez Tribus Perdidas (Casa de Israel), no de la Casa de Judá. Eso significa que el reciente regreso de los judíos a la tierra de Israel no cumple esta profecía.
Entonces, ¿Qué le ha sucedido a la Casa de Israel? La respuesta es que se fueron al norte y al oeste como se describe en la sección anterior. Sin duda algunos fueron a Inglaterra, y luego algunos pudieron haber ido a las Américas y más allá.

El Camino Migratorio
El pueblo del Reino del Norte no había prestado atención a las advertencias de Dios ni había vuelto a adorarle sólo a Él. Como resultado, fueron arrastrados:

<u>2 Reyes 17:18:</u>
Por eso el SEÑOR se enojó mucho con Israel y los quitó de su vista; no quedó más que la tribu de Judá solamente.

<u>2 Reyes 17:23</u>
...Así fue llevado Israel de su propia tierra a Asiria hasta el día de hoy.
Esto inició un período de tiempo en que la Casa de Israel estaba sin ninguna estructura formal como nación:

<u>Oseas 3:4:</u>
Porque los hijos de Israel permanecerán muchos días sin rey, y sin príncipe, y sin sacrificio, y sin imagen, y sin efod y sin terafines:

Como un aparte, pero una nota histórica interesante:

2 Reyes 17:24-25:

Y el rey de Asiria trajo hombres de Babilonia, de Cutá, de Ava, de Hamat y de Sefarvaim, y los puso en las ciudades de Samaria en lugar de los hijos de Israel; y poseyeron a Samaria y habitaron en sus ciudades. Y así fue al principio de su morada allí [los asirios], que no temieron al SEÑOR; por eso el SEÑOR envió leones entre ellos, que mataron a algunos de ellos.

La Casa de Israel había sido advertida por Moisés en Deuteronomio de que serían olvidados como pueblo:

Deuteronomio 32:26:

Dije que te dispersaría por los rincones, que haría cesar el recuerdo de ellos entre los hombres:

A partir de entonces, sólo una parte de Israel, la Casa de Judá y sus semejantes, permaneció en Judá (el Reino del Sur) tras el cautiverio de las Diez Tribus por Asiria. Nehemías se refiere a ellos como el "residuo de Israel".

Nehemías 11:20:

Y el residuo de Israel, de los sacerdotes y de los levitas, estaba en todas las ciudades de Judá, cada uno en su heredad.

Dios advirtió entonces que comenzaría a hablar a la Casa de Israel utilizando otro idioma.

Isaías 28:11

Porque con labios tartamudos y otra lengua hablará a este pueblo. (Énfasis añadido)
Esto sólo puede aplicarse a la Casa de Israel porque la Casa de Judá todavía utiliza el hebreo en la actualidad.
El profeta Jeremías desempeñó un papel especial en la dispersión de la Casa de Israel. Como sabemos, estaba destinado a ser profeta como Moisés y así se lo dijo Dios:

Jeremías 1:5:

Antes de formarte en el vientre te conocí, y antes de que salieras del vientre te santifiqué, y te ordené profeta a las naciones.

Jeremías respondió que no podía decirle a la gente lo que tenía que hacer, que no le escucharían:

Jeremías 1:6:

Entonces dije: ¡Ah, Señor DIOS! He aquí que no puedo hablar, pues no soy más que un niño.

Pero Dios insistió. "No te preocupes", le dijo a Jeremías, "yo me encargaré de que me escuchen". Entonces el Señor tocó sus labios y puso sus palabras en la boca de Jeremías:

Jeremías 1:7-9:

Y me dijo Jehová: No digas: Soy un niño; porque a todo lo que te envíe irás tú, y dirás todo lo que te mande. No temas delante de ellos, porque contigo estoy para librarte, dice Jehová. Y extendió Jehová su mano y tocó mi boca, y me dijo Jehová: He aquí he puesto mis palabras en tu boca.

Entonces le dio a Jeremías su encargo:

Jeremías 1:10:

Mira, hoy te he puesto sobre las naciones y sobre los reinos, para desarraigar, derribar y destruir, para edificar y plantar.

Como resultado, Jeremías dijo a los israelitas

Jeremías 16:13:

Por eso os arrojaré de esta tierra a una tierra que no conocéis, ni vosotros ni vuestros padres; y allí serviréis a otros dioses día y noche, donde no os mostraré favor.

Hay cinco afirmaciones importantes hechas por Jeremías en esta profecía:

1. "Por eso os echaré de esta tierra....". Se fueron a Asiria.
2. "....a una tierra que no conocéis...." Conocían Asiria, así que tuvieron que pasar por Asiria hacia su destino final.
3. "....ni vosotros ni vuestros padres...." Nadie, excepto Dios, sabía adónde iban;
4. "...allí serviréis a otros dioses día y noche;"
5. "donde no os mostraré favor".

Sin embargo, las Diez Tribus encontrarían la paz allí donde Dios las enviara.

Jeremías 31:2:

Así dice el SEÑOR: El pueblo que quedó de la espada halló gracia en el desierto; aun [la Casa de] Israel, cuando fui a hacerle descansar.

Las citas anteriores de Jeremías pueden mostrar cómo emigraron a muchas tierras diferentes, desconocidas para toda su raza, y muy lejos de su hogar. Debían avanzar a través de las naciones, (tamizando) hacia zonas desconocidas, y tierras vírgenes inexploradas.

Dariel Pass

El coronel R. G. Pearse en su artículo "Paso de Dariel" nos informa de que el paso está situado cerca de la cabecera del río Éufrates en las montañas del Cáucaso; también se le conoce como el "Paso de Israel". Afirma que el Señor condujo a los israelitas a través de este estrecho paso. (Pearse 2) Las siguientes escrituras exploran su migración:

Miqueas 2:13:
El quebrantador ha subido delante de ellos; se han separado y han atravesado la puerta [¿el paso de Dariel?], y han salido por ella; y su rey pasará delante de ellos, y el Señor a la cabeza de ellos.

Oseas 12:1:
Efraín se alimenta de viento, y sigue al viento del este; cada día aumenta la mentira y la desolación;... (Énfasis añadido)

<u>Ezequiel 27:26:</u>
Tus remeros te han introducido en grandes aguas; el viento del este te ha quebrado en medio de los mares.

Así pues, las tribus de Israel viajaron hacia el norte a través de las montañas del Cáucaso, luego hacia el oeste por tierra y a través de "grandes aguas", impulsadas por el viento del este. Para continuar:

<u>Isaías 11:11:</u>
Y acontecerá en aquel día, que Jehová volverá a poner su mano por segunda vez para recobrar el remanente de su pueblo, que habrá quedado, de Asiria, y de Egipto, y de Patros, y de Cus, y de Elam, y de Sinar, y de Hamat, y de las islas del mar. (Énfasis añadido)

<u>Isaías 49:12:</u>
He aquí, éstos [Israel en las islas] vendrán de lejos; y he aquí, éstos del norte y del oeste;...
Si es como dijo Isaías, que serían recuperados del norte y del oeste incluyendo las islas del mar, es seguro decir que Dios los condujo a un grupo de islas. Sin embargo, Isaías dice que una vez que lleguen a las islas, posiblemente las Islas Británicas:

<u>Isaías 41:1:</u>
Guardad silencio ante mí, islas, y que el pueblo renueve sus fuerzas...

Una vez que hayan tenido tiempo de recuperarse, según la siguiente escritura, buscarán otro lugar al que ir para tener más espacio, lo que cumplió la profecía.

<u>Isaías 49:20:</u>
"Aun los hijos de tu orfandad dirán a tus oídos: Estrecho es para mí este lugar; apártate, para que yo more."

¿Y si Inglaterra era su base principal? Sabemos que Inglaterra colonizó gran parte del mundo, parte de él un desierto incivilizado, incluidas las Américas.

<u>Amós 8:12:</u>
Y andarán errantes de mar a mar, y desde el norte hasta el oriente; correrán de acá para allá en busca de la palabra de Jehová, y no la hallarán.

En resumen, Israel pasó por Asiria; y según Amós, vagaron "de mar a mar". Me gustaría proponer que los israelitas llegaron hasta las Islas Británicas, donde se renovaron. Más tarde colonizaron hasta "una cuarta parte de la superficie terrestre". (Meakin 14) ¿No sería justo decir que las Américas eran un desierto para los pueblos de Inglaterra y Europa? Con el tiempo, Efraín se convertiría en una "multitud de naciones".

Enlaces Lingüísticos

Para mostrar la importancia de la lingüística en el estudio de la migración de los pueblos, considere el siguiente relato registrado en Jueces:

Jueces 12:5-6:

"Y los galaaditas tomaron los vados del Jordán a los de Efraín; y aconteció que cuando decían los fugitivos de Efraín: Quiero pasar, los de Galaad les preguntaban: ¿Eres tú efrateo? Si él respondía: No, entonces le decían: Ahora, pues, di Shibolet. Y él decía Sibolet; porque no podía pronunciarlo correctamente. Entonces le echaban mano, y le degollaban junto a los vados del Jordán. Y murieron entonces de los de Efraín cuarenta y dos mil."

En mi investigación, encontré una cantidad significativa de documentación que relaciona la palabra "sajón" con el nombre hebreo "Isaac". Muchas referencias concluyen que los sajones son, de hecho, los hijos de Isaac o, en otras palabras, la Casa de Israel.

Estos delicados matices o cambios en el lenguaje nos trazan el movimiento de los pueblos. Para explicarlo, una vez que las Diez Tribus del norte de Israel fueron derrotadas por los asirios, adoptaron el nombre de Isaac o Casa de Isaac, pero los judíos conservaron el nombre de Jacob. Con el tiempo, las tribus del norte dejaron de utilizar el nombre "israelita" por completo y adoptaron el nombre de "Saac", "Sacae" o "Saxae". Se trata de un derivado latino del nombre hebreo Isaac (Introducción a "They went Thattaway").

Isaías 49:8:

Así ha dicho Jehová: En tiempo aceptable te he oído, y en día de salvación te he ayudado; y te guardaré, y te daré por alianza de pueblos, para afirmar la tierra, para hacer heredar las heredades desoladas;

La Casa de Israel también era conocida como un "Pueblo del Pacto". La palabra "británico", traducida al hebreo, significa "Hombre del Pacto". (Jones 1, 6) Es muy probable que se trate de un vínculo lingüístico entre la Casa de Israel y Gran Bretaña.

Jeremías 51:20

Tú eres mi hacha de combate y mis armas de guerra; porque contigo haré pedazos a las naciones, y contigo destruiré reinos;

Dios dirige la historia. Recientemente hemos sido testigos de un milagro moderno sin darnos cuenta. Por primera vez desde que las Doce Tribus escaparon de Egipto, han vuelto a luchar juntas. Es decir, Judá e Israel han luchado como socios, esta vez contra el príncipe de Persia, Irak.

El Señor no sólo dispersó a la Casa de Israel, sino que también volverá a reunirla en los últimos días (Jeremías 16:14-15). ¿Qué más dice la Biblia sobre esta reunión de los últimos días?

Deuteronomio 30:3

"Entonces Jehová hará volver a tus cautivos, y tendrá misericordia de ti, y volverá a recogerte de entre todos los pueblos adonde te hubiere esparcido Jehová tu Dios."

Ezequiel 37:21-22:

"Y les dirás: Así ha dicho Jehová el Señor: He aquí, yo tomo a los hijos de Israel de entre las naciones a las cuales fueron, y los recogeré de todas partes, y los traeré a su tierra; y los haré una nación en la tierra, en los montes de Israel, y un rey será a todos ellos por rey; y nunca más serán dos naciones, ni nunca más serán divididos en dos reinos."

Según la escritura anterior, Dios unirá las casas de Judá e Israel bajo un solo rey, que, creo, será Jesucristo. Creo que entonces Él combinará la comunidad cristiana mundial con la población de Israel, dejando así una sola familia de creyentes en Dios y en Jesucristo. (¿No sería cierto que también habría al menos una comunidad de no creyentes?) Esta reunión prometida será tan alucinante que todos sabrán que es obra del Señor, ¡mucho mayor que la huida de Israel de Egipto! Y no sólo eso:

Jeremías 50:4-5:

En aquellos días y en aquel tiempo, dice Yahveh, vendrán los hijos de Israel, ellos y los hijos de Judá juntos, yendo y llorando; irán y buscarán a Yahveh su Dios. Preguntarán el camino a Zion....

Esto aún no ha sucedido, pero debemos orar y vigilar de cerca porque podría ocurrir durante nuestra vida.

Como sabemos, Efraín debía convertirse en una "multitud de naciones" y Manasés en convertirse en una gran nación. He descubierto que muchos eruditos cristianos creen que la Mancomunidad de Gran Bretaña surgió de Efraín mientras que Estados Unidos surgió de Manasés, pero me pregunto si podría ser al revés. ¿Realmente importa?

En cualquier caso, ambos países son de la tribu de José, y ambos países tienen una herencia israelita. Dicho de otro modo, en mi opinión, si usted es anglosajón, es israelita.

La Biblia también nos dice que en los lugares donde se asentó la Casa de Israel, se les diría que no eran el pueblo elegido de Dios. Sin embargo:

Oseas 1:10:

"Con todo, será el número de los hijos de Israel como la arena del mar, que no se puede medir ni contar. Y en el lugar en donde les fue dicho: Vosotros no sois pueblo mío, les será dicho: Sois hijos del Dios viviente."

¡Esta profecía se está cumpliendo hoy! A los anglosajones de América y Europa se les ha dicho durante cientos de años que son gentiles y, por lo tanto, no son el pueblo elegido de Dios. Pero recientemente e incluyendo este libro, estamos descubriendo que eso no es cierto. Ahora estamos aprendiendo que somos de las Diez Tribus Perdidas de Israel, cumpliendo así la profecía de Oseas antes mencionada.

CAPÍTULO 4

¿CUÁL ERA LA POBLACIÓN DE TODO ISRAEL CUANDO EL SEÑOR DISPERSÓ EL REINO DEL NORTE?

Como se mencionó anteriormente, cuando los hijos de Israel salieron de Egipto, había un gran número de hombres.

Éxodo 12:37:
Y los hijos de Israel viajaron desde Ramsés hasta Sucot, unos seiscientos mil a pie que eran hombres, además de los niños. (Énfasis añadido)

Ahora bien, antes de que un hombre pudiera ser contado, se requería que estuviera casado. Por lo tanto, por cada hombre tenía que haber al menos una mujer. Esto eleva la población adulta total a cerca de 1,2 millones. Esto también podría establecerse como 600.000 familias, y si el hogar medio tenía tres hijos, entonces habría habido aproximadamente 1,8 millones de niños que escaparon de Egipto, incluyendo a todos los hijos adultos solteros. Eso elevaría la población total israelí a unos 3 millones en aquella época. ¿Puede ver el alcance del milagro? Dios no sólo liberó a tanta gente, sino que los alimentó durante cuarenta años mientras estaban en el desierto. ¡Eso era mucha gente y mucha comida!
Cuando Israel cruzó el Jordán, adentrándose en su Tierra Prometida, Josué nos dice:

Josué 4:13:
Unos cuarenta mil preparados para la guerra pasaron delante del SEÑOR a la batalla, a las llanuras de Jericó.

Según las cifras anteriores, esto sería casi el siete por ciento de los 600.000 hombres disponibles. Mucho más tarde, cuando las Diez Tribus se rebelaron contra Judá, Judá se preparó para la guerra contra Israel, pero el profeta Semaías los detuvo (véase también 2 Crónicas 11:1-4):

1 Reyes 12:21-24:
"Y cuando Roboam vino a Jerusalén, reunió a toda la casa de Judá y a la tribu de Benjamín, ciento ochenta mil hombres, guerreros escogidos, con el fin de hacer guerra a la casa de Israel, y hacer volver el reino a Roboam hijo de Salomón.

Pero vino palabra de Jehová a Semaías varón de Dios, diciendo: Habla a Roboam hijo de Salomón, rey de Judá, y a toda la casa de Judá y de Benjamín, y a los demás del pueblo, diciendo: Así ha dicho Jehová: No vayáis, ni peleéis contra vuestros hermanos los hijos de Israel; volveos cada uno a su casa, porque esto lo he hecho yo. Y ellos oyeron la palabra de Dios, y volvieron y se fueron, conforme a la palabra de Jehová."

Sin embargo, aunque Judá obedeció las palabras del profeta, hubo una guerra fija entre Roboam y Jeroboam. Dieciocho años después, tras la muerte de Roboam, Israel decidió atacar a Judá.

2 Crónicas 13:3

"Entonces Abías ordenó batalla con un ejército de cuatrocientos mil hombres de guerra valerosos y escogidos: y Jeroboam ordenó batalla contra él con ochocientos mil hombres escogidos, fuertes y valerosos."

Esto fue probablemente el apogeo de toda su civilización. Utilizando el porcentaje anterior (alrededor del 7%), eso haría que la población masculina total de todo Israel fuera de unos dieciocho millones de hombres fuertes y el total general (hombres, mujeres y niños) de unos noventa millones poco después de que las tribus se convirtieran en dos reinos. (El Reino del Norte habría sido de unos sesenta millones y el Reino del Sur de unos treinta millones). Si sólo el diez por ciento de la gente seguía obedeciendo los mandamientos de Dios, entonces el número de personas apartadas del Reino del Norte sería de unos seis millones. Según la palabra de Dios, Él los dispersó por todo el mundo; por lo tanto, tendría que haber alejado a muchos grupos diferentes.

Me doy cuenta de que esto puede ser una exageración, pero he aquí un escenario hipotético: Si el tamaño medio de los grupos era de 2.000 personas, entonces Dios habría conducido a 3.000 grupos desde el Reino del Norte. Esto significaría que podría haber habido unos 3.000 profetas para guiar al pueblo. Cada uno de ellos podría haber escrito escrituras sobre los tratos de Dios con su grupo. Eso podría sumar 3.000 escrituras aparte de la Biblia, pero, por supuesto, se han perdido para nosotros. Sin embargo, tenemos una, el Libro de Mormón.

Helamán 2:12-14 RCE, Helamán 3:13-15 LDS:

Y ahora hay muchos registros guardados de los procedimientos de este pueblo-por muchos de este pueblo-que son particulares y muy grandes concernientes a ellos. Pero he aquí, una centésima parte de los procedimientos de este pueblo- Sí, el relato de los Lamanitas y los Nefitas, Y sus guerras y contenciones y disensiones, Y su predicación y sus profecías, Y su navegación y su construcción de barcos, Y su construcción de templos y sinagogas y sus santuarios, Y su justicia y su maldad y sus asesinatos y sus robos y sus saqueos, Y toda clase de abominaciones y prostituciones--No pueden ser contenidos en esta obra. Pero he aquí, hay muchos libros y muchos registros de toda clase, y han sido guardados principalmente por los Nefitas;...

El Libro de Mormón nos está diciendo que hay muchos relatos históricos escritos sobre los nefitas y los lamanitas que aún no tenemos.

Sí, he hecho algunas suposiciones, pero incluso hoy, por mala que sea nuestra sociedad (algunos dicen que hoy es peor que en los días de Noé), yo diría que más del diez por ciento de la gente todavía intenta vivir de acuerdo con su comprensión de las leyes de Dios. En comparación, es probable que Dios haya alejado al menos a seis millones de personas, quizá incluso más. También podría significar que hay miles de registros adicionales aún no revelados. El Libro de Mormón es sólo uno de ellos.

Como recordatorio, también sabemos que hay muchas escrituras que faltan en la Biblia, tal y como afirmó Nefi:

1 Nefi 3:168, 174 RCE, 1 Nefi 13:26, 29 LDS:
Porque he aquí, han quitado del evangelio del Cordero muchas partes que son claras y preciosísimas, Y también muchos convenios del Señor...que eran claros al entendimiento de los hijos de men....

Para ilustrarlo, he aquí algunos de los libros mencionados pero que faltan en la Biblia:

Libros Perdidos	Referenciado en:
1. Libro de la Alianza	Éxodo 24:7
2. Libro de las Guerras del Señor	Números 21:14
3. Libro de las Maneras del Reino	1 Samuel 10:25
4. Libro de Jasher	2 Samuel 1:18
	2 Samuel 10:25
	1 Reyes 4:32
	Josué 10:13
5. Hechos de Salomón	1 Reyes 11:41
6. Las Crónicas del Rey David	1 Crónicas 27:24
7. Libro de (Gad) el Vidente	1 Crónicas 29:29
8. Libro de (Samuel) el Vidente	1 Crónicas 29:29
9. Libro de Natán el Profeta	1 Crónicas 29:29

10.	Profecía de Ajá (Ajías) el Silonita	2 Crónicas 9:29
11.	Visión e historia de Iddo, el vidente	2 Crónicas 9:29
		2 Crónicas 12:15
12.	La historia del profeta Iddo	2 Crónicas 13:22
13.	Libro de Semaías, el profeta	2 Crónicas 12:15
14.	Libro de Jehú	2 Crónicas 20:34
15.	Libro de los reyes de Israel	2 Crónicas 20:34
16.	Hechos de Uzías por Isaías	2 Crónicas 26:22
17.	Libro de los dichos de los videntes (Hechos y oraciones de Manasés)	
		2 Crónicas 33:18-19
18.	Libro dictado por Jeremías	Jeremías 36:32
19.	Libro sellado de Daniel	Daniel 12:24
20.	Libro escrito a Efraín por Oseas	Oseas 8:11-12
21.	Epístola a los laodicenses Colosenses	Colosenses 4:16
22.	Epístola de los laodicenses Colosenses	Colosenses 4:16
23.	Epístola anterior a los Corintios	1 Corintioss 5:9
24.	Segunda epístola de Judas	Judas 3
25.	Epístola anterior de Enoc	Judas 1:14
26.	Segunda Epístola a los Efesios	Efesios 3:3-4
27.	Epístola de Juan a la iglesia gobernada por Diótrefes	3 Juan 1:9
28.	Fuente de la Profecía Nazarena	Mateo 2:23

(Richardson 1-4)
(www.answering-christianity 1-5)

CAPÍTULO 5

¿QUÉ ESCRITOS PROFÉTICOS DE LA BIBLIA HACEN REFERENCIA AL LIBRO DE MORMÓN?

En la antigua Tierra Santa, los pergaminos se llamaban a menudo palos porque el pergamino se enrollaba en palos:

Ezequiel 37:19:
"diles: Así ha dicho Jehová el Señor: He aquí, yo tomo el palo de José que está en la mano de Efraín, y a las tribus de Israel sus compañeros, y los pondré con el palo de Judá, y los haré un solo palo, y serán uno en mi mano."

La necesidad de al menos dos registros diferentes surgió debido a la división, del pueblo hebreo, causada por su maldad. Su separación y la posterior destrucción de la Casa de Israel señalaron un importante punto de inflexión en la historia de las doce tribus. Hoy en día, el "bastón de Judá" es reconocido como la Biblia. Esto suscita las preguntas: ¿Cuál es el otro palo? ¿Dónde está?

Muchos cristianos me dicen que a menos que algo se mencione en la Biblia, no lo creerán. Demostraré que la Biblia señala la conducción de la gente a las Américas y la aparición del Libro de Mormón como el otro bastón. Hay muchos pasajes bíblicos que hablan de "el bastón de José" como veremos, y proporcionan apoyo para que sea el Libro de Mormón.
He estudiado la Biblia y el Libro de Mormón toda mi vida. Me crié en la Iglesia Reorganizada de Jesucristo de los Santos de los Últimos Días. He notado que ambos libros enseñan las mismas creencias cristianas. Incluyen: la salvación por la gracia de Dios, la fe y el arrepentimiento, el perdón de Dios a través del sacrificio de Cristo en la cruz y el ideal de la comunidad cristiana, Sión. El Libro de Mormón también enseña la experiencia de nacer de nuevo y muchas otras doctrinas cristianas bien conocidas. Pero como la mayoría de los cristianos no tienen ninguna experiencia personal con el Libro de Mormón, es por tanto comprensible que nieguen su validez como escritura. Para ayudarle a tener alguna experiencia con él, comenzaremos con un breve resumen de lo que dice la Biblia.

El Testimonio del Antiguo Testamento

¿Dónde hay pruebas del Libro de Mormón en el Antiguo Testamento? Para empezar, venerados profetas bíblicos citaron una tierra lejana sin nombre. Miremos primero en Isaías ya que hay algunas pistas allí:

Cuando Isaías bendijo a su hijo José dijo lo siguiente sobre una tierra: "Bendita del Señor sea su tierra":

Deuteronomio 33:13-16

"A José dijo: Bendita de Jehová sea tu tierra, Con lo mejor de los cielos, con el rocío, Y con el abismo que está abajo. Con los más escogidos frutos del sol, Con el rico producto de la luna, Con el fruto más fino de los montes antiguos, Con la abundancia de los collados eternos, Y con las mejores dádivas de la tierra y su plenitud; Y la gracia del que habitó en la zarza Venga sobre la cabeza de José, Y sobre la frente de aquel que es príncipe entre sus hermanos."

Isaías 18:1-2:

Ay de la tierra sombreada con alas, que está más allá de los ríos de Etiopía [África]; que envía embajadores por el mar...

Vista desde el espacio, la silueta de América del Norte, Central y del Sur tiene la forma de un pájaro con las alas desplegadas en vuelo. Ninguna otra masa de tierra se compara con esta descripción de una "tierra sombreada con alas".

Etiopía es un gran país situado en la protuberancia oriental de África, cerca del Mar Rojo y del Golfo de Adén. La tierra de Isaías que "envía embajadores por el mar" parecería implicar que los emisarios habían navegado desde una tierra lejana hasta el océano Índico y el mar Arábigo y luego remontaron el mar Rojo hasta Tierra Santa. La posibilidad de que la tierra de las Américas enviara tales embajadores puede deducirse conectando las dos pistas anteriores. El profeta Sofonías concluyó que hubo otros que fueron enviados más allá de los mismos ríos que vio Isaías:

Sofonías 3:10:

"De la región más allá de los ríos de Etiopía me suplicarán; la hija de mis esparcidos traerá mi ofrenda."

Los "suplicantes" y la "hija" son los israelitas que se separaron y viajaron más allá de estos ríos.

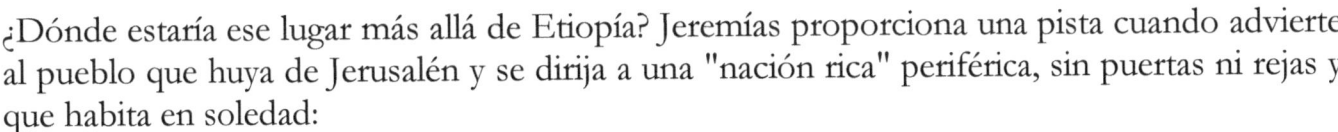

¿Dónde estaría ese lugar más allá de Etiopía? Jeremías proporciona una pista cuando advierte al pueblo que huya de Jerusalén y se dirija a una "nación rica" periférica, sin puertas ni rejas y que habita en soledad:

Jeremías 49: 30-31:

"Huid, idos muy lejos, habitad en lugares profundos, oh moradores de Hazor, dice Jehová; porque tomó consejo contra vosotros Nabucodonosor rey de Babilonia, y contra vosotros ha formado un designio. Levantaos, subid contra una nación pacífica que vive confiadamente, dice Jehová, que ni tiene puertas ni cerrojos, que vive solitaria"

En el año 600 a.C., la mayoría de los lugares del mundo de Jeremías e Isaías no encajarían en esa descripción; e incluso hoy no lo harían. Al igual que otras ciudades de la época, Jerusalén tenía murallas defensivas con puertas, y la población de los pueblos cercanos era tan abundante que estaban rodeados de habitantes. En otras palabras, toda la zona estaba tan poblada que no "habitaban solos". Este lugar distante al que se refiere la profecía parece encajar más con América, que tenía ricos recursos, estaba bastante separada de las otras culturas históricas y carecía de ciudades fortificadas con grandes poblaciones.

Isaías añadió más información sobre este lugar cuando predijo que los israelitas que escaparon de Jerusalén tendrían éxito al establecerse en una nueva ubicación y afianzarse firmemente bajo las bendiciones del Señor.

Isaías 37:31-32:

"Y lo que hubiere quedado de la casa de Judá y lo que hubiere escapado, volverá a echar raíz abajo, y dará fruto arriba. Porque de Jerusalén saldrá un remanente, y del monte de Sion los que se salven. El celo de Jehová de los ejércitos hará esto."

¿Quiénes son estos israelitas que escaparon de Jerusalén? ¿Podrían ser Lehi y su familia? Israel (Jacob), un padre amoroso, al proporcionar sus bendiciones finales a sus hijos dio otra pista. La siguiente fue dirigida a José:

Génesis 49:22:

José es una rama fructífera, una rama fructífera junto a un pozo, cuyas ramas corren por encima del muro:

Génesis 49:26:

Las bendiciones de tu padre han prevalecido sobre las bendiciones de mis progenitores hasta el límite de las colinas eternas: estarán sobre la cabeza de José, y sobre la coronilla del que fue separado de sus hermanos.

De nuevo, "ramas [que] sobrepasan el muro" sugiere que se extienden más allá de los límites de una zona determinada. Un diccionario de sinónimos nos lleva incluso más lejos, ya que los sinónimos de ""más"" amplían nuestra comprensión a ""más lejano"" y ""más remoto"", ""de las colinas eternas"". Ahora bien, ¿Dónde están "las colinas sempiternas"? Los arqueólogos nos dicen que la cordillera más larga de la Tierra comienza en Alaska y se extiende de forma continua hasta el extremo sur de LDSamérica. ¿Podría ser esta cordillera las "colinas eternas"? Si es así, sólo existe en América.

Para retroceder un momento, cuando Lehi y su familia cruzaron el mar hacia su Tierra Prometida, llevaron consigo las planchas de bronce, que habían obtenido de Labán. Al leer esas planchas, Lehi descubrió que José era su antepasado:

Donde esta esta tierra de Jose, cuando usted lee estas citas de la Biblia, es muy claro que la tierra de Jose es las Americas, ningun otro lugar en este mundo concuerda con estas descripciones de la tierra de Jose.

1 Nefi 1:158 RCE, 1 Nefi 5:10 LDS:

...mi padre Lehi tomó los registros que estaban grabados en las planchas de bronce y los escudriñó desde el principio;...

1 Nefi 164-165 RCE, 1 Nefi 5:14 LDS:

Y sucedió que mi padre Lehi también encontró en las planchas de bronce una genealogía de sus padres; Por lo tanto, supo que era descendiente de José, Sí, aún ese José que era el hijo de Jacob que fue vendido a Egipto y que fue preservado por la mano del Señor, para que preservara a su padre Jacob y a toda su casa de perecer con el hambre;

Hasta este punto, el Antiguo Testamento apoya su salida de Jerusalén, su paso "por encima del muro" y su participación en las bendiciones de José. La gente del Libro de Mormón era muy consciente de que descendían de José debido a la información de las planchas de bronce tomadas de Labán.

En cuanto a que las planchas que Lehi mencionó fueran de latón, puede parecer inusual que hubiera escrituras en metal, ya que las de la antigua Tierra Santa solían estar escritas en pergamino. Sin embargo, ha habido hallazgos de escritura en placas de metal en esa zona.

Según lo declarado por Roy Weldon en su libro Otras ovejas, él y su acompañante visitaron el Museo de Oro en Bogotá Colombia en 1949. Dijo

El Museo de Oro contiene, con mucho, la mayor y mejor colección de artefactos antiguos de oro que el autor ha visto en el hemisferio occidental [y probablemente en el mundo]. Entre los fabulosos conjuntos de joyas y artefactos de oro, hay una vitrina dedicada a numerosos rollos de fino papel de oro. En la pared de la vitrina hay varios ejemplares de finas planchas

o papeles de oro en los que hay inscripciones. (37)

En un informe más reciente (2002), Foster señala que en la zona maya de México, "algunos discos de oro recuperados en el Cenote Sagrado de Chichén Itzá estaban decorados con textos jeroglíficos grabados en el metal" (278).

La información anterior demuestra que los antiguos americanos tenían la capacidad de fabricar papel o platos de metal y de escribir en ellos. Por lo tanto, es bastante probable que las Planchas de Latón y las Planchas de Oro fueran artefactos antiguos reales, hechos de metal, tal y como se afirma. Por lo tanto, desde un punto de vista técnico, es perfectamente creíble que el registro que Lehi y sus descendientes crearon, el Libro de Mormón, pudiera haber sido escrito en planchas de oro y podría ser fácilmente el bastón de José sobre el que escribió Ezequiel. Cuando la familia de Lehi abandonó Jerusalén, pasaron a formar parte de las Tribus Perdidas de Israel. Llevaron un registro de

sus viajes y de su relación con Dios en la Tierra de José, las Américas.

El Libro de Mormón también se refiere a los mismos grupos que Ezequiel 37:19, donde hablaba de que los libros (testimonios) se reunirían en algún momento futuro. En otras palabras, la Biblia y el Libro de Mormón se refuerzan mutuamente. Nefi enfatizó la importancia de esto parafraseando a Ezequiel:

2 Nefi 12:61 RCE, 2 Nefi 29:8 LDS:
Y cuando las dos naciones corran juntas, El testimonio de las dos naciones correrá junto también;
Note lo que Nefi dijo que sucederá cuando estas dos escrituras se unan:

2 Nefi 12:71-72 RCE; 29:13 LDS:
Y sucederá que los judíos tendrán las palabras de los nefitas, y los nefitas tendrán las palabras de los judíos; y los nefitas y los judíos tendrán las palabras de las tribus perdidas de Israel; y las tribus perdidas de Israel tendrán las palabras de los nefitas y de los judíos.

Mucha gente cree que eso ya ha sucedido al tener los dos libros juntos en sus manos. Mediante el don y el poder de Dios, Joseph Smith pudo traducir el Libro de Mormón. Este registro se ha unido a la Biblia como testigo suplementario, proporcionando pruebas adicionales de la divinidad de Cristo y de la naturaleza divina de la Biblia.

Las voces de los autores del Libro de Mormón, que estuvieron enterradas en la tierra durante más de 1.500 años, surgieron "del polvo" (o del escondite):

Isaías 29:4:
Y descenderás, y hablarás desde la tierra, y tu habla será baja desde el polvo, y tu voz será como la de uno que tiene un espíritu familiar, desde la tierra, y tu habla susurrará desde el polvo.

Los testimonios de los profetas del Libro de Mormón refuerzan y apoyan el mensaje de la Biblia. Muy a menudo su riqueza amplía y aclara aún más lo que la Biblia ha proporcionado, por ejemplo, desmitificando el término "espíritu familiar". ¿No es cierto que los que estamos familiarizados con el Espíritu Santo estamos, de hecho, tratando con un Espíritu que conocemos bien? Ese "espíritu familiar", el Espíritu Santo, nos conduce a toda la verdad y verifica que estos dos testimonios son el mismo.

En la medida en que el Libro de Mormón nos muestra la belleza y la gracia del Señor Jesús, debe ser bienvenido y aplaudido. Como dijo Jesús: "...No se lo prohibáis, porque el que no está contra nosotros, está por nosotros" (Lucas 9:50). ¿No se aplicaría esto a Joseph Smith y al Libro del Mormón?

El Testimonio del Nuevo Testamento Juan 3:16:

"Porque de tal manera amó Dios al mundo, que ha dado a su Hijo unigénito, para que todo aquel que en él cree, no se pierda, mas tenga vida eterna."

A veces leemos un pasaje tan a menudo que nunca llegamos a examinarlo con detenimiento. Este versículo afirma el amor de Dios por todo el mundo; ¿cree que dejaría fuera a toda la población de las Américas? Uno de mis autores favoritos, Roy Weldon, afirma:

¿Dio Dios a su Hijo sólo al Viejo Mundo? Se estima que en la época de Cristo la civilización de la antigua América estaba en pleno florecimiento con una cultura tan grande en algunos aspectos superior a las civilizaciones de Roma, Grecia, Babilonia y Egipto. Las estimaciones de la población de México, América Central y la región andina en la época de Cristo llegan hasta los trescientos millones de personas. (18) ¿Acaso respetaba Dios al Viejo Mundo por encima del Nuevo Mundo para que disfrutasen de los inestimables beneficios del ministerio personal de Cristo, mientras que a las grandes naciones civilizadas de América se las dejaba ir solas sin la visita personal y el ministerio del Hijo de Dios?

Ese número es similar a la población de los Estados Unidos en la actualidad. ¿Qué tipo de cultura existía en América en la época de Cristo? Los arqueólogos nos dicen que un gran número de personas vivían aquí durante la vida de Jesús. ¿Podrían haber tenido una civilización muy culta? ¿Podría haber sido tan grande como las del Mediterráneo, como Roma, Grecia, Babilonia y Egipto?

Jesús tenía claro a quién había sido enviado. Cuando una mujer extranjera acudió a Él pidiendo ayuda, la ignoró y la rechazó. Sus discípulos le preguntaron por qué había hecho eso:

Mateo 15:24:
...Respondió y dijo: No soy enviado sino a las ovejas perdidas de la casa de Israel.
Estaba diciendo que sólo había sido enviado a visitar a las tribus de Israel, que no había venido a quedarse con los gentiles (aunque ayudó a la mujer debido a su gran fe). La Palabra nos dice más:

Mateo 10:5-6:
"A estos doce envió Jesús, y les dio instrucciones, diciendo: *Por camino de gentiles no vayáis, y en ciudad de samaritanos no entréis, sino id antes a las ovejas perdidas de la casa de Israel."*

¿Adónde les dijo Jesús que fueran? En ese momento no los estaba enviando a los gentiles ni a los samaritanos. Les estaba indicando claramente que fueran a la Casa de Israel. ¿Y quién era la Casa de Israel y dónde estaba en aquel momento? Eran los escitas, y estaban a poca distancia de viaje para los apóstoles. (FUERON HACIA ALLÍ)
Como se dijo antes en Juan, Jesús explicó su misión:

Juan 10:16:
"También tengo otras ovejas que no son de este redil; aquéllas también debo traer, y oirán mi voz; y habrá un rebaño, y un pastor."

Estaba diciendo que había israelitas no localizados en Jerusalén, "no de este redil", que Él visitaría, y "oirán mi voz". Los cristianos han reflexionado sobre estas palabras de nuestro Maestro, preguntándose: "¿Quiénes eran estas personas?". Muchos piensan que Él se refería a los gentiles, pero la Biblia y el Libro de Mormón refutan claramente esa creencia. Después de los terremotos y tormentas masivas aquí en las Américas que siguieron a Su muerte, Cristo explicó a los sobrevivientes por qué los de Jerusalén no tenían conocimiento de ellos:

3 Nefi 7:15 RCE, 3 Nefi 15:14 LDS:
Y en ningún momento me ha dado el Padre mandamiento para que lo cuente a vuestros hermanos en Jerusalén, Ni en ningún momento me ha dado el Padre mandamiento para que les cuente acerca de las otras tribus de la casa de Israel que el Padre ha sacado de la tierra.

Continuó revelándoles quiénes eran las "otras ovejas":

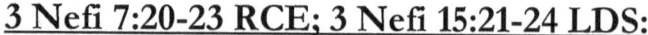

3 Nefi 7:20-23 RCE; 3 Nefi 15:21-24 LDS:

Y de cierto os digo que vosotros sois aquellos de quienes dije: 'Tengo otras ovejas que no son de este redil; A ésas también debo traer, Y oirán mi voz, Y habrá un redil y un pastor'-Y no me entendieron; Porque supusieron que habían sido los gentiles, Porque no entendieron que los gentiles se convertirían por medio de su predicación; Y no me entendieron que dije que oirían mi voz; Y no me entendieron que los gentiles no oirían mi voz en ningún momento, Que no me manifestaría a ellos, a menos que fuera por el Espíritu Santo. Pero he aquí, vosotros habéis oído mi voz y me habéis visto, y sois mis ovejas, y estáis contados entre los que el Padre me ha dado; (Énfasis añadido)

Como dije, el Libro de Mormón nos dice que las "otras ovejas" mencionadas en el Nuevo Testamento son descendientes de José, el hijo de Israel, aquellos que fueron separados por mandato del Señor de la Casa de Israel.

Creo que el Libro de Mormón es verdadero y que es un evangelio adicional que sostiene las profecías bíblicas acerca de que Jesucristo es el Mesías, el Hijo de Dios. Una parte de él es el relato de testigos oculares en Tercer Nefi, por una de las "otras ovejas", donde Nefi describió el ministerio de Cristo en la antigua América. Es muy posible que de los muchos detalles insinuados en la Biblia, uno fuera el relato exclusivamente americano de Sus "otras ovejas". El registro de Su visita a este hemisferio nos proporciona una verificación completamente independiente de la divinidad de Jesucristo y una prueba más de que es el Mesías de todos los pueblos.

Resumen

Frecuentemente los cristianos dirán algo como: "Muéstramelo en la Palabra y lo creeré". Siento que se lo he mostrado en la Palabra de Dios, y efectivamente apunta al Libro de Mormón.

Hemos explorado escrituras de la Biblia y del Libro de Mormón, y ambos mensajes concuerdan en Su reunión de la Casa Perdida de Israel.

Es mi oración que usted le pregunte a Dios si estas cosas son ciertas. Recuerde, se nos dice en la Biblia "No te apoyes en tu propia prudencia" (Proverbios 3:5). Para el caso, tampoco se apoye en el entendimiento de nadie más, incluido el mío. Apóyese únicamente en el Espíritu Santo.

CAPÍTULO 6

¿QUÉ ESCRITOS PROFÉTICOS DEL LIBRO DEL MORMÓN HACEN REFERENCIA A LA BIBLIA?

Escrituras Bíblicas Citadas por los Profetas del Libro de Mormón

Mucha gente cree que Joseph Smith plagió la Biblia porque sus versículos se encuentran en el Libro de Mormón. Ignoran totalmente el hecho de que los profetas citaban con frecuencia escrituras anteriores. Esta era una práctica común que se continuó a lo largo del Libro de Mormón. Jesús mismo citó del Antiguo Testamento. Recuerde, Lehi envió a Nefi y a sus hermanos de vuelta a Jerusalén para conseguir las "planchas de bronce" de Labán (1 Nefi 1: 61 RCE, 1 Nefi 3:3 LDS), que estaban en el tesoro y contenían todos los escritos inspirados hasta el reinado del rey Sedequías. Por lo tanto, sería fácil para cualquier profeta después de eso citar de esas planchas. Además, el Señor dirigía a los escritores de ambos continentes, por lo que deberíamos esperar que los textos contuvieran los mismos mensajes.

Las escrituras del Libro de Mormón en este capítulo se enumeran secuencialmente y se correlacionan con sus contrapartes en la Biblia. Por ejemplo, para mostrarle una similitud de contenido entre la Biblia y el Libro de Mormón, observe estas tres escrituras:

Juan 11:50:
...conviene que un hombre muera por el pueblo, para que no perezca toda la nación.

Juan 18:14:
Caifás era el que aconsejaba a los judíos que era conveniente que un solo hombre muriera por el pueblo.

1 Nefi 1:115 RCE, 1 Nefi 4:13 LDS:
Es mejor que un solo hombre perezca a que una nación mengüe y perezca en la incredulidad.

Estos expresan pensamientos similares, pero de circunstancias totalmente diferentes. Si sigue leyendo, la Biblia afirma que Caifás (Juan 11:49) estaba profetizando "que Jesús debía morir por esa nación" (Juan 11:51). Luego, si continúa a partir de Juan 18:14, está diciendo que Jesús debería morir. Pero en el Libro del Mormón, el Espíritu Santo explicó a Nefi que Dios no quería que los descendientes de Lehi se quedaran sin guía espiritual. Por lo tanto, envió a Nefi y a sus hermanos de vuelta para obtener las planchas que controlaba Labán. Labán no sólo se negó a darles las planchas, sino que les robó la propiedad de sus padres, que habían ofrecido a cambio de las planchas, e intentó matarlos también. Más tarde, Dios entregó a Labán en manos de Nefi.

Los siguientes sesenta y cinco conjuntos de citas ilustran pasajes que fueron mencionados por los profetas del Libro de Mormón. Algunas provenían de las planchas de bronce y otras llegaron por revelación de Dios. Abarcan una amplia gama de temas.

1. **Juan 20:31:**
"Pero éstas se han escrito para que creáis que Jesús es el Cristo, el Hijo de Dios, y para que creyendo, tengáis vida en su nombre."
1 Nefi 2:4 RCE, 1 Nefi 6:4 LDS:
Porque la plenitud de mi intención es que yo pueda persuadir a los hombres a que vengan al Dios de Abraham y al Dios de Isaac y al Dios de Jacob y sean salvos;

El propósito tanto del profeta Nefi como del apóstol Juan era el mismo: llevar a la gente al conocimiento de Cristo y ser salvos.

2. **Jeremías 32:2:**
"Entonces el ejército del rey de Babilonia tenía sitiada a Jerusalén, y el profeta Jeremías estaba preso en el patio de la cárcel que estaba en la casa del rey de Judá."

Jeremías 37:15:
"Y los príncipes se airaron contra Jeremías, y le azotaron y le pusieron en prisión en la casa del escriba Jonatán, porque la habían convertido en cárcel."

Jeremías 38:6:
"Entonces tomaron ellos a Jeremías y lo hicieron echar en la cisterna de Malquías hijo de Hamelec, que estaba en el patio de la cárcel; y metieron a Jeremías con sogas. Y en la cisterna no había agua, sino cieno, y se hundió Jeremías en el cieno."
1 Nefi 2:22 RCE, 1 Nefi 7:14 LDS:
Porque he aquí, han desechado a los profetas y a Jeremías han echado en la cárcel...
Estas escrituras muestran a Jeremías en prisión en tres lugares diferentes y obviamente en tres momentos diferentes. Puesto que la situación de Jeremías era un acontecimiento actual en Jerusalén, Nefi se lo mencionó a sus hermanos mayores cuando se rebelaron contra él.

Poco después, regresaron al campamento de su padre con la casa de Ismael.

3. Primera de Nefi 3:2 RCE, 1 Nefi 10:2 LDS parece parafrasear Jeremías 52:4-7, 12-14.

Trata de la destrucción de Jerusalén y la captura de la mayoría de su pueblo por los babilonios. Esto le fue mostrado a Lehi en un sueño profético. Creo que podemos estar de acuerdo en que Dios proporciona sueños proféticos a sus profetas. Si no lo hacemos, ¿No estamos negando los dones y el poder del Espíritu Santo? *Mateo 12:31 nos dice que "...pero la blasfemia contra el Espíritu Santo no será perdonada a los hombres..." y el versículo 32 "...pero a cualquiera que hable contra el Espíritu Santo, no le será perdonado, ni en este mundo ni en el venidero."*

Este siguiente conjunto de versículos sobre Juan el Bautista, fueron escritos inicialmente por Isaías y posteriormente citados tanto por el apóstol Juan como por Nefi:

4. Isaías 40:3:

"Voz que clama en el desierto: Preparad camino a Jehová; enderezad calzada en la soledad a nuestro Dios."

Juan 1:6-8, 23, 27:

"Hubo un hombre enviado de Dios, el cual se llamaba Juan. Este vino por testimonio, para que diese testimonio de la luz, a fin de que todos creyesen por él. No era él la luz, sino para que diese testimonio de la luz."
"Dijo: Yo soy la voz de uno que clama en el desierto: Enderezad el camino del Señor, como dijo el profeta Isaías."
"Este es el que viene después de mí, el que es antes de mí, del cual yo no soy digno de desatar la correa del calzado."

1 Nefi 3:7-9 RCE, 1 Nefi 10:7-8 LDS:

Y él [Lehi] habló también acerca de un profeta que vendría antes del Mesías para preparar el camino del Señor; Sí, incluso él saldría y clamaría en el desierto: "Preparad el camino del Señor y enderezad Sus sendas, Porque hay Uno entre vosotros a quien no conocéis; Y es más poderoso que yo, cuya hebilla de zapato no soy digno de desatar".

Lo anterior es un buen ejemplo. Tanto Juan como Lehi tenían acceso a los escritos de Isaías, y ambos lo citaron. Esto ocurría con frecuencia en la Biblia, por lo que no debe sorprender que también se encuentre en el Libro de Mormón.

5. <u>Romanos 11:17-24:</u>

"Pues si algunas de las ramas fueron desgajadas, y tú, siendo olivo silvestre, has sido injertado en lugar de ellas, y has sido hecho participante de la raíz y de la rica savia del olivo, no te jactes contra las ramas; y si te jactas, sabe que no sustentas tú a la raíz, sino la raíz a ti. Pues las ramas, dirás, fueron desgajadas para que yo fuese injertado. Bien; por su incredulidad fueron desgajadas, pero tú por la fe estás en pie. No te ensoberbezcas, sino teme. Porque si Dios no perdonó a las ramas naturales, a ti tampoco te perdonará. Mira, pues, la bondad y la severidad de Dios; la severidad ciertamente para con los que cayeron, pero la bondad para contigo, si permaneces en esa bondad; pues de otra manera tú también serás cortado. Y aun ellos, si no permanecieren en incredulidad, serán injertados, pues poderoso es Dios para volverlos a injertar. Porque si tú fuiste cortado del que por naturaleza es olivo silvestre, y contra naturaleza fuiste injertado en el buen olivo, ¿Cuánto más éstos, que son las ramas naturales, serán injertados en su propio olivo?"

<u>1 Nefi 3:16-19 RCE, 1 Nefi 10:12-14 LDS:</u>

Sí, incluso mi padre habló mucho acerca de los gentiles, y también acerca de la casa de Israel: Que debían ser comparados como un olivo cuyas ramas debían ser desgajadas y debían ser esparcidas sobre toda la faz de la tierra; Por lo tanto, dijo que debía ser necesario que fuéramos conducidos unánimes a la Tierra de Promisión, para que se cumpliera la palabra del Señor de que debíamos ser esparcidos sobre toda la faz de la tierra; Y después de que la casa de Israel se dispersara, volviera a reunirse; O, en fin, que después de que los gentiles hubieran recibido la plenitud del evangelio, las ramas naturales del olivo -o los restos de la casa de Israel- fueran injertadas, o llegaran al conocimiento del verdadero Mesías, su Señor y su Redentor.

La profecía anterior le fue dada a Lehi en el río Laman en Arabia. Estas palabras proféticas ayudaron a convencer a las familias para que continuaran su viaje hacia su Tierra Prometida (América).

Nefi entonces pidió ver la misma visión que su padre había visto. Dios le concedió su petición y debido a su fe, a Nefi se le permitió ver mucho más de lo que vio su padre. También se le dio la interpretación del sueño de su padre, además vio el nacimiento de Cristo, su ministerio y su muerte en la cruz (1 Nefi 3:52-87 RCE, 1 Nefi 11:13-33 LDS). Al igual que el resto del Libro de Mormón, esta visión concordaba completamente con la bíblica relato de la vida de Jesús. Nefi explicó entonces a sus hermanos el significado de la visión de su padre:

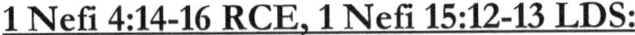

1 Nefi 4:14-16 RCE, 1 Nefi 15:12-13 LDS:

He aquí, os digo que la casa de Israel fue comparada a un olivo por el Espíritu del Señor que estaba en nuestro padre. Y he aquí, ¿No somos nosotros desgajados de la casa de Israel? ¿Y no somos nosotros una rama de la casa de Israel? Y ahora, lo que nuestro padre quiere decir con respecto al injerto de las ramas naturales a través de la plenitud de los gentiles es que en los últimos días, cuando nuestra simiente haya menguado en incredulidad, Sí, por el espacio de muchos años y muchas generaciones después de que el Mesías se haya manifestado en cuerpo a los hijos de los hombres, Entonces la plenitud del evangelio del Mesías vendrá a los gentiles, Y de los gentiles al remanente de nuestra simiente.

Aquí se nos da un significado más profundo de la escritura de Romanos 11, pues Nefi estaba afirmando que el remanente de su pueblo son las ramas naturales que serán injertadas de nuevo en el olivo en los últimos días.

6. Apocalipsis 17:6:

"Vi a la mujer ebria de la sangre de los santos, y de la sangre de los mártires de Jesús; y cuando la vi, quedé asombrado con gran asombro."

1 Nefi 3:140 RCE, 1 Nefi 13:5 LDS:

Y el ángel me dijo "He aquí la formación de una iglesia que es la más abominable sobre todas las demás iglesias, la cual mata a los santos de Dios, sí, y los tortura, y los ata, y los yugo con un yugo de hierro, y los lleva cautivos".

Estos versículos hablan de la formación de la iglesia abominable. Daniel 12:11 también declaró que esa iglesia comenzaría 1.290 días después de que los sacrificios diarios fueran quitados. ¿Cuándo fue eso? Esa es una buena pregunta, y sinceramente no lo sé. Equivale a tres años, seis meses y quince días y es cuando se formaría la iglesia ofensiva. ¿Qué iglesia es esa? Dejaré que usted decida. Más adelante, Nefi fue testigo de cómo se llevaba la Biblia entre los gentiles. También se le dijo a Nefi que la iglesia abominable tenía:

1 Nefi 3:168-169 RCE, 1 Nefi 5:16-17 LDS:

...quitado del evangelio del Cordero muchas partes que son claras y preciosísimas, Y también muchos convenios del Señor han quitado.

Entonces Nefi ve otros libros presentados por el poder del Cordero. Estos verifican "que los registros de los profetas y de los doce apóstoles del Cordero son verdaderos" (1 Nefi 3:191 RCE, 1 Nefi 11:35 LDS) y convencerán al remanente de su pueblo y a los gentiles de la verdad del Cordero. Se nos dice en la Biblia que Dios proveerá testigos según lo considere necesario:

1 Corintios 13:1:

"Si yo hablase lenguas humanas y angélicas, y no tengo amor, vengo a ser como metal que resuena, o címbalo que retiñe."

La Biblia es realmente un solo testigo. Sí, tiene cuatro evangelios sobre el ministerio de Cristo, pero los cuatro testigos son de una nación, por lo tanto un solo testigo. El Libro de Mormón es el segundo testigo de la divinidad de Jesucristo; proporciona un testigo independiente, que no está contenido en la Biblia. Algunas personas se refieren a 3 Nefi como el quinto evangelio de Jesucristo. Puede leer sobre su ministerio usted mismo; he incluido los capítulos 5 al 12:36 como capítulo 12 de este libro.

7. Ezequiel 37:16-17:

"Hijo de hombre, toma ahora un palo, y escribe en él: Para Judá, y para los hijos de Israel sus compañeros. Toma después otro palo, y escribe en él: Para José, palo de Efraín, y para toda la casa de Israel sus compañeros. Júntalos luego el uno con el otro, para que sean uno solo, y serán uno solo en tu mano."

1 Nefi 3:192-197 RCE, 1 Nefi 13:40-41 LDS:

Y el ángel me habló diciendo: "Estos últimos registros que has visto entre los gentiles establecerán la verdad de los primeros, que son de los doce apóstoles del Cordero, y darán a conocer las cosas claras y preciosas que les han sido arrebatadas; y darán a conocer a todas las razas, lenguas y pueblos que el Cordero de Dios es el Padre Eterno y el Salvador del mundo, y que todos los hombres deben venir a él o no podrán salvarse; Y deben venir de acuerdo a las palabras que serán establecidas por la boca del Cordero; Y las palabras del Cordero serán dadas a conocer en los registros de tu simiente, así como en los registros de los doce apóstoles del Cordero; Por lo tanto, ambos serán establecidos en uno; Porque hay un solo Dios y un solo Pastor sobre toda la tierra;"

Mientras que algunas personas pueden afirmar que el Nuevo Testamento es el segundo bastón, la Biblia da instrucciones para: "toma otro bastón, y escribe en él, para José, el bastón de Efraín, y para toda la casa de Israel sus compañeros:" ¿Puede mostrarme alguna escritura en el Nuevo Testamento, que está dirigido a la Tribu de José o a la Tribu de Efraín. Está realmente claro: el Nuevo Testamento trata de las Casas de Judá y Benjamín.

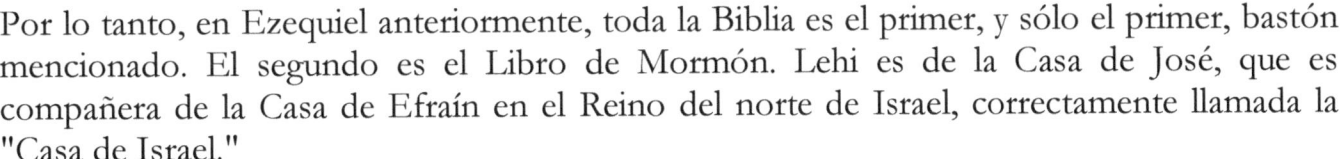
Por lo tanto, en Ezequiel anteriormente, toda la Biblia es el primer, y sólo el primer, bastón mencionado. El segundo es el Libro de Mormón. Lehi es de la Casa de José, que es compañera de la Casa de Efraín en el Reino del norte de Israel, correctamente llamada la "Casa de Israel."

8. Mateo 19:30:

"Pero muchos primeros serán postreros, y postreros, primeros."

Mateo 20:16:

"Así, los primeros serán postreros, y los postreros, primeros; porque muchos son llamados, mas pocos escogidos."

Marcos 10:31:

"Pero muchos primeros serán postreros, y los postreros, primeros."

Lucas 13:30:

"Y he aquí hay postreros que serán primeros, y primeros que serán postreros."

Nefi 3:200 RCE, 1 Nefi 13:42 LDS:

Y los últimos serán los primeros, y los primeros serán los últimos.

Creo que las escrituras anteriores reflejan lo que Dios, a través de Jesús, hizo. Primero, vino a los judíos; segundo, vino a los gentiles a través de los doce apóstoles. Los judíos rechazaron a Jesús, pero los gentiles lo aceptaron. En el futuro, los gentiles llevarán a los judíos al conocimiento de Jesús. Así pues, los primeros en recibir fueron los últimos en creer, y los últimos en recibir fueron los primeros en creer. ¿Puede decirlo más claramente?

A Nefi le encantaba citar a Isaías, así que verá muchas referencias a él en las próximas páginas. Nefi le dijo a su pueblo Y ahora las palabras que leeré son las que Isaías habló acerca de toda la casa de Israel, Por lo tanto, pueden ser comparadas con ustedes, porque ustedes son de la casa de Israel (2 Nefi 5:13-14 RCE, 2 Nefi 16:11 LDS),...

9. Isaías 29:14:

"Por tanto, he aquí que nuevamente excitaré yo la admiración de este pueblo con un prodigio grande y espantoso; porque perecerá la sabiduría de sus sabios, y se desvanecerá la inteligencia de sus entendidos."

1 Nefi 3:214 RCE, 1 Nefi 14:7 LDS:

"Porque llega el tiempo", dice el Cordero de Dios, "en que haré una obra grande y maravillosa entre los hijos de los hombres...".

1 Nefi 7:17 RCE, 1 Nefi 22:6 LDS:

Y después que nuestra simiente sea esparcida, el Señor Dios procederá a hacer una obra maravillosa entre los gentiles que será de gran valor para nuestra simiente;

2 Nefi 11:29 RCE, 2 Nefi 25:17:

Por lo tanto, Él procederá a hacer una obra maravillosa y un prodigio entre los hijos de los hombres.

Muchas personas creen que estas escrituras se refieren a la traducción de Joseph Smith del Libro de Mormón. Ciertamente es una obra maravillosa y un prodigio.

10. Apocalipsis 17:5:

"y en su frente un nombre escrito, un misterio: BABILONIA LA GRANDE, LA MADRE DE LAS RAMERAS Y DE LAS ABOMINACIONES DE LA TIERRA."

Apocalipsis 17:15:

"Me dijo también: Las aguas que has visto donde la ramera se sienta, son pueblos, muchedumbres, naciones y lenguas."

1 Nefi 3:223-225 RCE, 1 Nefi 14:10-11 LDS:

"Y ella es la ramera de toda la tierra". Y sucedió que miré y contemplé a la ramera de toda la tierra; Y ella se sentó sobre muchas aguas; Y ella tenía dominio sobre toda la tierra entre todas las naciones, razas, lenguas y pueblos.

Entonces, ¿Qué iglesia es esa? Pero, en serio, ¿podría ser cualquier denominación? Un ángel explicó que sólo hay dos iglesias, la iglesia del Cordero y la iglesia del diablo (1 Nefi 3:220-221 RCE, 1 Nefi 14:10 LDS).

11. Efesios 6:13:

"Por tanto, tomad toda la armadura de Dios, para que podáis resistir en el día malo, y habiendo acabado todo, estar firmes."

1 Nefi 3:231 RCE, 1 Nefi 14:14:

Y estaban armados con justicia y con el poder de Dios en gran gloria.

12. Juan 15:1:

"Yo soy la vid verdadera, y mi Padre es el labrador."

1 Nefi 4:21 RCE, 1 Nefi 15:25:

Sí, en ese día, ¿No recibirán fuerza y alimento de la Vid Verdadera?

Sabemos que Jesús es "la Vid Verdadera".

13. <u>Génesis 12:2-3:</u>
"Y haré de ti una nación grande, y te bendeciré, y engrandeceré tu nombre, y serás bendición. Bendeciré a los que te bendijeren, y a los que te maldijeren maldeciré; y serán benditas en ti todas las familias de la tierra."

<u>Génesis 22:18:</u>
"En tu simiente serán benditas todas las naciones de la tierra, por cuanto obedeciste a mi voz."

<u>Gálatas 3:16:</u>
"Ahora bien, a Abraham fueron hechas las promesas, y a su simiente. No dice: Y a las simientes, como si hablase de muchos, sino como de uno: Y a tu simiente, la cual es Cristo."

<u>1 Nefi 4:29 RCE, 1 Nefi 15:18 LDS:</u>
El cual pacto hizo el Señor a nuestro padre Abraham, diciendo: "En tu Simiente serán benditas todas las razas de la tierra".
¿Notó que este mensaje del Génesis fue citado tanto por los profetas del Nuevo Testamento como por los del Libro de Mormón?

14. <u>Isaías 45:18:</u>
"Porque así dijo Jehová, que creó los cielos; él es Dios, el que formó la tierra, el que la hizo y la compuso; no la creó en vano, para que fuese habitada la creó: Yo soy Jehová, y no hay otro."
<u>1 Nefi 5:126 RCE, 1 Nefi 17:36:</u>
He aquí, el Señor ha creado la tierra para que sea habitada;...

15. <u>*Números 21:9:*</u>
"Y Moisés hizo una serpiente de bronce, y la puso sobre una asta; y cuando alguna serpiente mordía a alguno, miraba a la serpiente de bronce, y vivía."

<u>Juan 3:14-15:</u>
"Y como Moisés levantó la serpiente en el desierto, así es necesario que el Hijo del Hombre sea levantado, para que todo aquel que en él cree, no se pierda, mas tenga vida eterna."
<u>1 Nefi 5:134-135 RCE, 1 Nefi 17:41:</u>
Envió serpientes ardientes voladoras entre ellos; Y después de que fueron mordidos, preparó un camino para que pudieran ser sanados; Y la labor que tenían que realizar era mirar; Y debido a la sencillez del camino, o la facilidad del mismo, hubo muchos que perecieron.

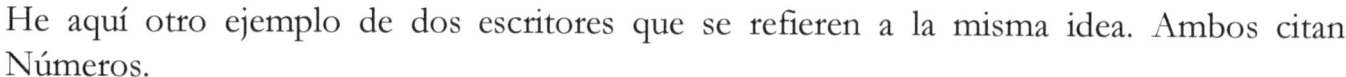

He aquí otro ejemplo de dos escritores que se refieren a la misma idea. Ambos citan Números.

16. Filipenses 4:13:
Todo lo puedo en Cristo que me fortalece.
1 Nefi 5:157 RCE, 1 Nefi 17:50 LDS:
Y les dije: "Si Dios me hubiera ordenado hacer todas las cosas, yo podría hacerlo;..."

17. El siguiente conjunto de versículos para comparar es Isaías 48:1-22 y 1 Nefi 6:8-29 RCE, 20:1- 22 LDS. Aquí, Nefi cita todo el capítulo 48 de Isaías.

18. Deuteronomio 6:13:
"A Jehová tu Dios temerás, y a él solo servirás, y por su nombre jurarás."

19. 1 Nefi 6:8 RCE, 1 Nefi 20:1 LDS:
Oíd y escuchad esto, oh casa de Jacob, que sois llamados con el nombre de Israel y habéis salido de las aguas de Judá, que juráis por el nombre del Señor y hacéis mención del Dios de Israel, pero no juráis en verdad ni en justicia;...

A primera vista, esto podría parecer una forma de maldecir, pero no lo es. Es como en un tribunal, cuando uno jura decir la verdad. Nefi está señalando la hipocresía de la Casa de Judá. No estaban siendo honestos con Dios.

19. Los versículos de Isaías 49:1-26 se relacionan con 1 Nefi 6:31-56 RCE, 1 Nefi 21:1-26 LDS. Esto es largo, citando otro capítulo entero de Isaías.

20. Amós 3:7:
"Porque no hará nada Jehová el Señor, sin que revele su secreto a sus siervos los profetas."

1 Nefi 7:4 RCE, 1 Nefi 22:2 LDS:
Porque por el Espíritu son dadas a conocer a los profetas todas las cosas que vendrán sobre los hijos de los hombres según la carne.
Según la Palabra, Dios siempre les dice a Sus profetas lo que va a hacer antes de hacer algo. Este es otro lugar donde las escrituras concuerdan. No sólo eso, esto también nos enseña sobre el papel de liderazgo que deben tener los profetas y por qué deben encontrarse en las iglesias hoy en día.

21. Isaías 49:22:
"Así dijo Jehová el Señor: He aquí, yo tenderé mi mano a las naciones, y a los pueblos levantaré mi bandera; y traerán en brazos a tus hijos, y tus hijas serán traídas en hombros."

1 Nefi 7:13 RCE, 1 Nefi 22:6 LDS:
Sin embargo, después de que hayan sido amamantados por los gentiles y el Señor haya levantado su mano sobre los gentiles y los haya puesto como estandarte: y sus hijos serán llevados en brazos, y sus hijas serán cargadas sobre sus hombros; he aquí, estas cosas de las que se habla son temporales, porque así son los convenios del Señor con nuestros padres;

2 Nefi 5:17 RCE, 2 Nefi 6:6 LDS:
"Así dice el Señor Dios: 'He aquí, yo alzaré mi mano a los gentiles y levantaré mi estandarte a los pueblos;...'"

22. Isaías 52:10:
"Jehová desnudó su santo brazo ante los ojos de todas las naciones, y todos los confines de la tierra verán la salvación del Dios nuestro."

1 Nefi 7:22 RCE, 1 Nefi 22:11 LDS:
Por tanto, el Señor Dios procederá a desnudar su brazo a los ojos de todas las naciones al llevar a cabo sus convenios y su evangelio a los que son de la casa de Israel.
Dios es fiel. Él se mostrará a todas las naciones para cumplir Sus pactos.

23. Deuteronomio 18:15,18:
"Profeta de en medio de ti, de tus hermanos, como yo, te levantará Jehová tu Dios; a él oiréis;"
"Profeta les levantaré de en medio de sus hermanos, como tú; y pondré mis palabras en su boca, y él les hablará todo lo que yo le mandare."

1 Nefi 7:44 RCE, 1 Nefi 22:20 LDS:
El Señor vuestro Dios os levantará un Profeta como yo; a él oiréis en todo lo que os diga...

3 Nefi 9:60 RCE, 3 Nefi 20:23 LDS:
He aquí, Yo Soy Aquel de quien habló Moisés, diciendo: "El Señor vuestro Dios os levantará un profeta de vuestros hermanos como yo; a él oiréis en todo lo que os diga".

Estas son más palabras proféticas sobre la venida de Jesucristo, citadas por el propio Jesús.

24. Efesios 6:11:
"Vestíos de toda la armadura de Dios, para que podáis estar firmes contra las asechanzas del diablo."
2 Nefi 1:38 RCE, 2 Nefi 1:23 LDS:
¡Despertad hijos míos! Poneos la armadura de la justicia;
¿Estamos de acuerdo en que necesitamos la armadura de Dios para protegernos del mal?

25. Hechos 4:24
"Y ellos, habiéndolo oído, alzaron unánimes la voz a Dios, y dijeron: Soberano Señor, tú eres el Dios que hiciste el cielo y la tierra, el mar y todo lo que en ellos hay;"
2 Nefi 1:95 RCE, 2 Nefi 2:14 LDS:
Porque hay un Dios y Él ha creado todas las cosas: los cielos y la tierra y todo lo que en ellos hay,...

26. Génesis 49:22:
"Rama fructífera es José, Rama fructífera junto a una fuente, Cuyos vástagos se extienden sobre el muro."
2 Nefi 2:8 RCE, 2 Nefi 3:5 LDS:
No el Mesías, sino una rama que iba a ser quebrada, No obstante, para ser recordada en los pactos del Señor-....
Las referencias aquí son a la gente del Libro de Mormón, los descendientes de José, que dejaron Jerusalén y vinieron a las Américas.

27. Proverbios 22:6:
"Instruye al niño en su camino, Y aun cuando fuere viejo no se apartará de él."
2 Nefi 3:11 RCE, 2 Nefi 4:5 LDS:
Porque he aquí, yo sé que si sois criados en el camino correcto que debéis seguir, no os apartaréis de él;...

Es responsabilidad de los padres criar a sus hijos para que conozcan a Dios y a Jesús para que la sociedad no los descarríe.

28. Isaías 49:24-26:

"¿Será quitado el botín al valiente? ¿Será rescatado el cautivo de un tirano? Pero así dice Jehová: Ciertamente el cautivo será rescatado del valiente, y el botín será arrebatado al tirano; y tu pleito yo lo defenderé, y yo salvaré a tus hijos. Y a los que te despojaron haré comer sus propias carnes, y con su sangre serán embriagados como con vino; y conocerá todo hombre que yo Jehová soy Salvador tuyo y Redentor tuyo, el Fuerte de Jacob."

2 Nefi 5:41-45 RCE, 2 Nefi 5:25-29 LDS:

"Pues, ¿Se arrebatará la presa al poderoso? ¿O el cautivo legítimo liberado?" Pero así dice el Señor "Aun los cautivos de los poderosos serán arrebatados, Y la presa de los terribles será liberada". Porque el Dios Poderoso liberará a su pueblo del pacto. Porque así dice el Señor "Contenderé con los que contienden contigo, Y alimentaré con su propia carne a los que te oprimen. Y se embriagarán con su propia sangre como con vino dulce. Y toda carne sabrá que yo, el Señor, soy tu Salvador, y tu Redentor, el Poderoso de Jacob".

No importa dónde esté Su pueblo, Dios lo liberará. También destruirá a los que intenten detenerle.

Las dos siguientes citas son demasiado largas para citarlas en este libro:

29. Compare Isaías 50:1-11 con 2 Nefi 5:47-69 RCE, 2 Nefi 7:1-11 LDS.

30. Compare Isaías 51:1-23 con 2 Nefi 5:70-111 RCE, 2 Nefi 8:1-23 LDS.

31. Isaías 52:1-2:

"Despierta, despierta, vístete de poder, oh Sion; vístete tu ropa hermosa, oh Jerusalén, ciudad santa; porque nunca más vendrá a ti incircunciso ni inmundo. Sacúdete del polvo; levántate y siéntate, Jerusalén; suelta las ataduras de tu cuello, cautiva hija de Sion."

2 Nefi 5:112-114 RCE, 2 Nefi 8:24-25 LDS:

¡Despierta, despierta! Vístete de tu fuerza, oh Sión; ¡Vístete de tus hermosas vestiduras, oh Jerusalén, la ciudad santa! Porque de ahora en adelante no entrarán más en ti los incircuncisos y los impuros. ¡Sacúdete del polvo! ¡Levántate! ¡Siéntate, oh Jerusalén! Suéltate de las ataduras de tu cuello, ¡oh cautiva hija de Sión!

3 Nefi 9:74-76 RCE, 3 Nefi 20:36-38 LDS:

...¡Despierta! Despierta de nuevo; y vístete de tu fuerza, ¡oh Sión! ¡Vístete con tus hermosas vestiduras, oh Jerusalén, la ciudad santa! Porque de ahora en adelante no entrarán más en ti los incircuncisos y los impuros. Sacúdete del polvo: ¡levántate! ¡Siéntate, oh Jerusalén! Suéltate de las ataduras de tu cuello, ¡oh cautiva hija de Sión! Porque así dice el Señor "Os habéis vendido por nada; y seréis redimidos sin dinero".

32. Isaías 55:1-2:

"A todos los sedientos: Venid a las aguas; y los que no tienen dinero, venid, comprad y comed. Venid, comprad sin dinero y sin precio, vino y leche. ¿Por qué gastáis el dinero en lo que no es pan, y vuestro trabajo en lo que no sacia? Oídme atentamente, y comed del bien, y se deleitará vuestra alma con grosura."

2 Nefi 6:99-102 RCE, 2 Nefi 9:50-51 LDS:

Venid, hermanos míos: "Todo el que tenga sed, venga a las aguas; Y el que no tenga dinero, venga, compre y coma. Sí, venid, comprad vino y leche sin dinero y sin precio. Por tanto, no gastéis dinero en lo que no vale, Ni vuestro trabajo en lo que no puede saciar". Escuchadme diligentemente y recordad las palabras que he dicho, Y venid al Santo de Israel y festejad lo que no perece ni puede corromperse: "Y que tu alma se deleite en la gordura".

2 Nefi 11:99 RCE, 2 Nefi 26:25 LDS:

... "Venid a Mí, todos los confines de la tierra, Comprad leche y miel sin dinero y sin precio".

Tanto los profetas de la Biblia como los del Libro de Mormón llaman constantemente a la gente a Jesucristo, pidiéndoles siempre que se arrepientan y lo acepten como su Salvador. Nos recuerdan que aceptarle a Él es fácil y gratuito. Si no lo ha hecho, ¿por qué no hacerlo hoy? Simplemente dígale a Dios que acepta a Jesús como su Salvador, que cree que murió por sus pecados en la cruz y que Dios lo resucitó de la tumba, para que usted también pueda ser resucitado y salvado por el poder de Jesucristo.

33. Compare Isaías 2:1-14:32 con 2 Nefi 8:17-10:54 RCE, 2 Nefi 12:1-24:32 LDS.

34. Isaías 29:3-5:

"Porque acamparé contra ti alrededor, y te sitiaré con campamentos, y levantaré contra ti baluartes. Entonces serás humillada, hablarás desde la tierra, y tu habla saldrá del polvo; y será tu voz de la tierra como la de un fantasma, y tu habla susurrará desde el polvo. Y la muchedumbre de tus enemigos será como polvo

menudo, y la multitud de los fuertes como tamo que pasa; y será repentinamente, en un momento."

2 Nefi 11:82-88 RCE, 2 Nefi 26:15-18 LDS:

Sí, despúes de que el Señor Dios haya acampado contra ellos alrededor y los haya sitiado con un monte y haya levantado fuertes contra ellos; Y despúes de que hayan sido abatidos en el polvo, hasta que no sean, Sin embargo, las palabras de los justos serán escritas, Y las oraciones de los fieles serán escuchadas, Y todos los que se han abatido en la incredulidad no serán olvidados. Porque los que serán destruidos les hablarán desde la tierra, Y su discurso será bajo, desde el polvo, Y su voz será como la de un espíritu familiar, Porque el Señor Dios le dará poder para que susurre acerca de ellos, como desde la tierra; Y su discurso susurrará desde el polvo. Porque así ha dicho el Señor Dios: "Escribirán las cosas que se harán entre ellos, Y serán escritas y selladas en un libro; Y los que se han debilitado en la incredulidad no las tendrán, porque buscan destruir las cosas de Dios; Por lo tanto, como los que han sido destruidos han sido destruidos rápidamente, Y la multitud de sus terribles será como paja que pasa, Sí", así dice el Señor Dios, "¡Será en un instante, repentinamente!"

Hay aquí una hermosa concordancia de relatos. Creo que ambos profetas hablaban de los nefitas, un remanente de Jerusalén, y de su destrucción. Nos cuentan cómo Dios escondería los libros de los justos porque los malvados los habrían destruido. Finalmente, cuentan cómo su historia (el Libro de Mormón) saldrá en los últimos días "de la tierra, y tu discurso susurrará del polvo".

35. Isaías 29:6-10:

"Por Jehová de los ejércitos serás visitada con truenos, con terremotos y con gran ruido, con torbellino y tempestad, y llama de fuego consumidor. Y será como sueño de visión nocturna la multitud de todas las naciones que pelean contra Ariel, y todos los que pelean contra ella y su fortaleza, y los que la ponen en apretura. Y les sucederá como el que tiene hambre y sueña, y le parece que come, pero cuando despierta, su estómago está vacío; o como el que tiene sed y sueña, y le parece que bebe, pero cuando despierta, se halla cansado y sediento; así será la multitud de todas las naciones que pelearán contra el monte de Sion. Deteneos y maravillaos; ofuscaos y cegaos; embriagaos, y no de vino; tambalead, y no de sidra. Porque Jehová derramó sobre vosotros espíritu de sueño, y cerró los ojos de vuestros profetas, y puso velo sobre las cabezas de vuestros videntes."

2 Nefi 11:117-124 RCE, 2 Nefi 27:2-5 LDS:

Y cuando llegue ese día, serán visitados por el Señor de los Ejércitos, Con trueno y con terremoto, y con gran estruendo, y con tormenta y tempestad, y con llama de fuego devorador; Y todas las naciones que luchan contra Sion y que la angustian serán como el sueño de una visión nocturna; Sí, les sucederá como a un hombre hambriento que sueña, Y he aquí que come, Pero se despierta, y su alma está vacía; O como a un hombre sediento que sueña, Y he aquí que bebe, Pero se despierta, Y he aquí que está desfallecido, y su alma tiene apetito; Sí, así será la multitud de todas las naciones que combaten contra el monte de Sión. Porque he aquí, todos los que hacéis iniquidad, deteneos y asombraos; Porque gritaréis y clamaréis, Sí, os embriagaréis, pero no con vino; Os tambalearéis, pero no con sidra. Porque he aquí, el Señor ha derramado sobre vosotros el espíritu del sueño profundo, Porque he aquí, habéis cerrado vuestros ojos; Y habéis rechazado a los profetas, Y a vuestros gobernantes y a los videntes ha cubierto a causa de vuestra iniquidad.

36. Compare Isaías 29:11-24 con 2 Nefi 11:125-160 RCE, 2 Nefi 27:6-35:

37. Isaías 28:10:

"Porque mandamiento tras mandamiento, mandato sobre mandato, renglón tras renglón, línea sobre línea, un poquito allí, otro poquito allá;"

Isaías 28:13:

"La palabra, pues, de Jehová les será mandamiento tras mandamiento, mandato sobre mandato, renglón tras renglón, línea sobre línea, un poquito allí, otro poquito allá; hasta que vayan y caigan de espaldas, y sean quebrantados, enlazados y presos."

2 Nefi 12:36 RCE, 2 Nefi 28:30 LDS:

... "Daré a los hijos de los hombres, Línea sobre línea y precepto sobre precepto, Aquí un poco y allá un poco;..."

38. Isaías 9:12-13:

"Del oriente los sirios, y los filisteos del poniente; y a boca llena devorarán a Israel. Ni con todo eso ha cesado su furor, sino que todavía su mano está extendida. Pero el pueblo no se convirtió al que lo castigaba, ni buscó a Jehová de los ejércitos."

2 Nefi 12:40-41 RCE, 2 Nefi 28:32 LDS:

"*¡Ay de los gentiles!*" *dice el Señor Dios de los Ejércitos;* "*Porque a pesar de que alargaré mi brazo hacia ellos de día en día, ellos me negarán; Sin embargo, seré misericordioso con ellos*", *dice el Señor Dios,* "*si se arrepienten y vienen a mí, Porque mi brazo se alarga todo el día*", *dice el Señor Dios de los Ejércitos.*

39. Isaías 11:11:

"*Asimismo acontecerá en aquel tiempo, que Jehová alzará otra vez su mano para recobrar el remanente de su pueblo que aún quede en Asiria, Egipto, Patros, Etiopía, Elam, Sinar y Hamat, y en las costas del mar.*"

2 Nefi 12:42 RCE,2 Nefi 29:1 LDS:

Pero he aquí, habrá muchos en aquel día en que procederé a hacer una obra maravillosa entre ellos, Para acordarme de mis convenios que he hecho a los hijos de los hombres, Para volver a poner mi mano por segunda vez para recobrar a mi pueblo que es de la casa de Israel,...

40. Isaías 11:4:

"*Sino que juzgará con justicia a los pobres, y argüirá con equidad por los mansos de la tierra; y herirá la tierra con la vara de su boca, y con el espíritu de sus labios matará al impío.*"

2 Nefi 12:88 RCE, 2 Nefi 30:9 LDS:

Y con justicia juzgará el Señor Dios a los pobres, Y reprenderá con equidad a los mansos de la tierra;...

41. Isaías 11:5-9:

"*Y será la justicia cinto de sus lomos, y la fidelidad ceñidor de su cintura. Morará el lobo con el cordero, y el leopardo con el cabrito se acostará; el becerro y el león y la bestia doméstica andarán juntos, y un niño los pastoreará. La vaca y la osa pacerán, sus crías se echarán juntas; y el león como el buey comerá paja. Y el niño de pecho jugará sobre la cueva del áspid, y el recién destetado extenderá su mano sobre la caverna de la víbora. No harán mal ni dañarán en todo mi santo monte; porque la tierra será llena del conocimiento de Jehová, como las aguas cubren el mar.*"

<u>2 Nefi 12:91-95 RCE, 2 Nefi 30:11-15:</u>

Y la justicia será el ceñidor de sus lomos, Y la fidelidad el ceñidor de sus riendas. Y entonces el lobo morará con el cordero, Y el leopardo se acostará con el cabrito, Y el becerro y el león joven y el cebón, juntos; Y un niño pequeño los guiará. Y la vaca y la osa se alimentarán; sus crías se echarán juntas; Y el león comerá paja como el buey. Y el niño de pecho jugará en la madriguera del áspid, Y el niño destetado pondrá la mano en la guarida de la cucaracha. No harán daño ni destruirán en todo mi santo monte; Porque la tierra estará llena del conocimiento del Señor, como las aguas cubren el mar.

42. <u>Deuteronomio 8:18:</u>

"Sino acuérdate de Jehová tu Dios, porque él te da el poder para hacer las riquezas, a fin de confirmar su pacto que juró a tus padres, como en este día."

<u>Jacob 2:24 RCE, Jacob 2:19 LDS:</u>

Y después de haber obtenido una esperanza en Cristo, obtendréis riquezas, si las buscáis, Y las buscaréis con la intención de hacer el bien: para vestir al desnudo, para alimentar al hambriento, y para liberar al cautivo, y administrar alivio al enfermo y al afligido.

43. <u>Hebreos 6:8:</u>

"pero la que produce espinos y abrojos es reprobada, está próxima a ser maldecida, y su fin es el ser quemada."

<u>Jacob 4:11 RCE, Jacob 6:7 LDS:</u>

...¿Daréis mal fruto, para que seáis cortados y echados en el fuego?

44. <u>Salmos 37:4:</u>

"Deléitate asimismo en Jehová, Y él te concederá las peticiones de tu corazón."

<u>Enós 1:18 RCE, Enós 1:12 LDS:</u>

Te concederé según tus deseos....

45. <u>Isaías 52:7-10:</u>

"¡Cuán hermosos son sobre los montes los pies del que trae alegres nuevas, del que anuncia la paz, del que trae nuevas del bien, del que publica salvación, del que dice a Sion: ¡Tu Dios reina! ¡Voz de tus atalayas! Alzarán la voz, juntamente darán voces de júbilo; porque ojo a ojo verán que Jehová vuelve a traer a Sion. Cantad alabanzas, alegraos juntamente, soledades de Jerusalén; porque Jehová ha consolado a su pueblo, a Jerusalén ha redimido. Jehová desnudó su santo brazo

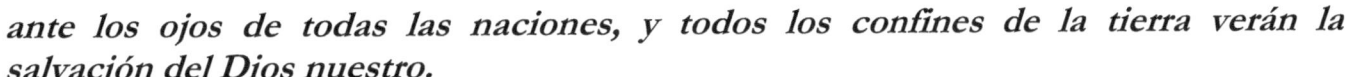

ante los ojos de todas las naciones, y todos los confines de la tierra verán la salvación del Dios nuestro.

Mosíah 7:77-80 RCE, Mosíah 12:21-24 LDS:

"...¡Qué hermosos son sobre los montes los pies del que trae buenas nuevas, del que publica la paz, del que trae buenas nuevas de bien, del que publica la salvación, del que dice a Sión: "Tu Dios reina"! Tu centinela alzará la voz; con voz unánime cantarán; porque verán ojo a ojo, cuando el Señor haga volver a Sión. ¡Prorrumpid en júbilo! ¡Cantad juntos, desiertos de Jerusalén! Porque el Señor ha consolado a su pueblo, ha redimido a Jerusalén. El Señor ha desnudado Su santo brazo a los ojos de todas las naciones; ¡y todos los confines de la tierra verán la salvación de nuestro Dios!".

Mosíah 8:47-51 RCE, Mosíah 15:13-18 LDS:

... "Y éstos son los que han anunciado la paz, los que han traído buenas nuevas de bien, los que han anunciado la salvación, los que dicen a Sión: '¡Tu Dios reina! "Y, ¡Oh, qué hermosos sobre las montañas eran sus pies! "Y de nuevo, ¡qué hermosos sobre los montes son los pies de los que aún publican la paz! "Y de nuevo, ¡Qué hermosos sobre los montes son los pies de los que en adelante publicarán la paz, Sí, desde ahora y para siempre! "Y he aquí, os digo que esto no es todo: ¡porque oh, qué hermosos son sobre las montañas los pies del que trae buenas nuevas, es decir, del fundador de la paz!..."

Mosíah 8:67-69 RCE, Mosíah 15:29-31 LDS:

"...'Tus centinelas alzarán su voz; Con voz unida cantarán; Porque verán ojo a ojo cuando el Señor haga volver a Sión. ¡Prorrumpid en júbilo! ¡Cantad juntos, desiertos de Jerusalén! Porque el Señor ha consolado a su pueblo, ha redimido a Jerusalén. El Señor ha desnudado Su santo brazo a los ojos de todas las naciones, ¡Y todos los confines de la tierra verán la salvación de nuestro Dios!"

3 Nefi 7:43-45 RCE, 3 Nefi 16:18 LDS:

"...'Tu atalaya alzará la voz, Con voz unida cantarán; Porque verán ojo a ojo cuando el Señor haga volver a Sión'. ¡Prorrumpid en júbilo! ¡Cantad juntos, desiertos de Jerusalén! Porque el Señor ha consolado a su pueblo, ha redimido a Jerusalén. El Señor ha desnudado su santo brazo a los ojos de todas las naciones; ¡Y todos los confines de la tierra verán la salvación de Dios!"

3 Nefi 9:70-73 RCE, 3 Nefi 20:32:

'Entonces sus atalayas alzarán su voz, Y con voz unida cantarán; Porque verán ojo a ojo. Entonces el Padre los reunirá de nuevo, Y les dará Jerusalén por tierra de su heredad. Entonces prorrumpirán en júbilo. ¡Cantad juntos, desiertos de Jerusalén! Porque el Padre ha consolado a Su pueblo, Ha redimido a Jerusalén. El Padre ha desnudado Su santo brazo a los ojos de todas las naciones; Y todos los confines de la tierra verán la salvación del Padre; Y el Padre y yo somos uno'.

46. Éxodo 20:2-4:

"Yo soy Jehová tu Dios, que te saqué de la tierra de Egipto, de casa de servidumbre. No tendrás dioses ajenos delante de mí. No te harás imagen, ni ninguna semejanza de lo que esté arriba en el cielo, ni abajo en la tierra, ni en las aguas debajo de la tierra."

Mosíah 7:95-97 RCE, Mosíah 15:34-36:

"...'Yo Soy el Señor tu Dios, que te ha sacado de la tierra de Egipto, de la casa de servidumbre; ¡No tendrás otro dios delante de Mí! No te harás imagen, ni ninguna semejanza de lo que está arriba en el cielo, ni de lo que está abajo en la tierra'".

Los tres conjuntos siguientes son demasiado largos para citarlos en este libro:

47. Compare Éxodo 20:4-17 con Mosíah 7:113-124 RCE, Mosíah 13:12-24 LDS.

48. Compare Isaías 53:1-12 y 1 Pedro 2:24 con Mosíah 8:16-27 RCE, Mosíah 14:1-12 LDS.

49. Compare Isaías 53:7-11 con Mosíah 8:33-39, 44 RCE, Mosíah 15:6-10, 12 LDS.

50. Isaías 25:8:

"Destruirá a la muerte para siempre; y enjugará Jehová el Señor toda lágrima de todos los rostros; y quitará la afrenta de su pueblo de toda la tierra; porque Jehová lo ha dicho."

Mosíah 8:54 RCE, Mosíah 15:20:

Pero he aquí. las ligaduras de la muerte serán rotas; Y el Hijo reina y tiene poder sobre los muertos; Por lo tanto, Él lleva a cabo la resurrección de los muertos.

51. 1 Tesalonicenses 5:18:

"Dad gracias en todo, porque esta es la voluntad de Dios para con vosotros en Cristo Jesús."

Mosíah 11:149 RCE, Mosíah 26:39 LDS:
...Siendo ordenados por Dios a orar sin cesar y a dar gracias en todas las cosas.

52. **1 Juan 3:9:**
"Todo aquel que es nacido de Dios, no practica el pecado, porque la simiente de Dios permanece en él; y no puede pecar, porque es nacido de Dios."

53. **1 Juan 4:7:**
"Amados, amémonos unos a otros; porque el amor es de Dios. Todo aquel que ama, es nacido de Dios, y conoce a Dios."

Alma 3:27 RCE, Alma 5:14 LDS:
...¿Habéis nacido espiritualmente de Dios?

Alma 17:5 RCE, Alma 36:6 LDS:
...Os digo que si yo no hubiera nacido de Dios, no habría sabido estas cosas;...

54. **Juan 3:3:**
"Respondió Jesús y le dijo: De cierto, de cierto te digo, que el que no naciere de nuevo, no puede ver el reino de Dios."

1 Pedro 1:23:
"Siendo renacidos, no de simiente corruptible, sino de incorruptible, por la palabra de Dios que vive y permanece para siempre."

Alma 3:86 RCE, Alma 5:49 LDS:
...Sí, para gritarles que deben arrepentirse y nacer de nuevo.

Alma 5:24 RCE, Alma 7:14 LDS:
... "Si no nacéis de nuevo, no podréis heredar el reino de los cielos".
La Biblia y el Libro de Mormón están en armonía: debemos nacer de nuevo para recibir la salvación eterna; es decir, debemos aceptar a Cristo como nuestro Salvador, pedir perdón, ser bautizados por el agua y el espíritu, y vivir vidas aceptables a Cristo.

55. **Lucas 3:9:**
"Y ya también el hacha está puesta a la raíz de los árboles; por tanto, todo árbol que no da buen fruto se corta y se echa en el fuego."

Alma 3:90 RCE, Alma 5:52 LDS:
... "He aquí, el hacha está puesta a la raíz del árbol; por tanto, todo árbol que no da buen fruto será cortado y echado al fuego,..."

55. **Apocalipsis 13:8:**
"Y la adoraron todos los moradores de la tierra cuyos nombres no estaban escritos en el libro de la vida del Cordero que fue inmolado desde el principio del mundo."

Alma 9:49 RCE, Alma 12:30 LDS:
...preparado desde la fundación del mundo;...

56. **Filipenses 4:13:**
"Todo lo puedo en Cristo que me fortalece."

Alma 14:92 RCE, Alma 26:12 LDS:
...Porque con su fuerza todo lo puedo....

57. **Salmos 51:16:**
"Porque no quieres sacrificio, que yo lo daría; No quieres holocausto."
3 Nefi 4:49 RCE, 3 Nefi 9:19 LDS:
...Sí, vuestros sacrificios y vuestros holocaustos serán eliminados, Porque no aceptaré ninguno de vuestros sacrificios ni de vuestros holocaustos; Y me ofreceréis como sacrificio un corazón quebrantado y un espíritu contrito;...
Muchos sugieren que Joseph Smith simplemente copió las palabras de Cristo del Nuevo Testamento. Sin embargo, si Cristo visitó este continente, ¿no cree que su mensaje sería el mismo para todos? Creer que podría ser diferente en otro lugar o época es una de las falacias de los pensadores modernos.

58. **Compare la siguiente larga serie de versículos de Mateo 5:1-7:29 con 3 Nefi 5:47-6:37 RCE, 3 Nefi 12:1-14:26 LDS.**

59. **Mateo 10:6:**
"Sino id antes a las ovejas perdidas de la casa de Israel."

Mateo 15:24:
"El respondiendo, dijo: No soy enviado sino a las ovejas perdidas de la casa de Israel."

Juan 10:16:
"También tengo otras ovejas que no son de este redil; aquéllas también debo traer, y oirán mi voz; y habrá un rebaño, y un pastor."

3 Nefi 7:16 RCE, 3 Nefi 15:7 LDS:
...Que otras ovejas tengo que no son de este redil; A ellas también debo traer, Y oirán mi voz, Y habrá un redil y un pastor.

60. Isaías 52:6-7:

Por tanto, mi pueblo sabrá mi nombre por esta causa en aquel día; porque yo mismo que hablo, he aquí estaré presente. ¡Cuán hermosos son sobre los montes los pies del que trae alegres nuevas, del que anuncia la paz, del que trae nuevas del bien, del que publica salvación, del que dice a Sion: ¡Tu Dios reina!"

3 Nefi 9:77-78 RCE, 3 Nefi 20:39-40 LDS:

'De cierto, de cierto os digo que mi pueblo conocerá mi nombre; sí, en aquel día sabrán que yo soy el que habla. Y entonces dirán: "¡Qué hermosos son sobre los montes los pies del que les trae buenas nuevas, del que publica la paz, del que les trae buenas nuevas de bien, del que publica la salvación, del que dice a Sión: Tu Dios reina!"

¿Se da cuenta de que Cristo está citando sus propias escrituras? ¿No deberíamos nosotros también estar familiarizados con las escrituras sagradas? Hemos visto que los profetas citan a otros profetas, ¿y no es Jesús el mayor profeta de todos, además de Señor y Salvador?

61. Isaías 52:11-15:

"Apartaos, apartaos, salid de ahí, no toquéis cosa inmunda, salid de en medio de ella; purificaos los que lleváislos utensilios de Jehová. Porque no saldréis apresurados, ni iréis huyendo; porque Jehová irá delante de vosotros, y os congregará el Dios de Israel. He aquí que mi siervo será prosperado, será engrandecido y exaltado, y será puesto muy en alto. Como se asombraron de ti muchos, de tal manera fue desfigurado de los hombres su parecer, y su hermosura más que la de los hijos de los hombres, así asombrará él a muchas naciones; los reyes cerrarán ante él la boca, porque verán lo que nunca les fue contado, y entenderán lo que jamás habían oído."

3 Nefi 9:79-83, RCE, 3 Nefi 20:41-45 LDS:

... 'Y entonces saldrá un grito: ¡Apartaos! ¡Apartaos! Salid de allí. No toquéis lo que es inmundo; Salid de en medio de ella; Sed limpios los que lleváis los vasos del Señor. Porque no saldréis de prisa, ni iréis huyendo; Porque el Señor irá delante de vosotros, Y el Dios de Israel será vuestra retaguardia. 'He aquí que mi siervo actuará con prudencia; Será exaltado y ensalzado y estará muy en alto. Como muchos se asombraron de ti; Su semblante fue tan desfigurado---más que el de cualquier hombre, Y su forma más que la de los hijos de los hombres; Así esparcirá a muchas naciones. Los reyes cerrarán la boca ante Él; Porque verán lo que no se les había dicho, Y considerarán lo que no habían oído'.

62. Miqueas 5:8-15:

"Asimismo el remanente de Jacob será entre las naciones, en medio de muchos pueblos, como el león entre las bestias de la selva, como el cachorro del león entre las manadas de las ovejas, el cual si pasare, y hollare, y arrebatare, no hay quien escape. Tu mano se alzará sobre tus enemigos, y todos tus adversarios serán destruidos. Acontecerá en aquel día, dice Jehová, que haré matar tus caballos de en medio de ti, y haré destruir tus carros. Haré también destruir las ciudades de tu tierra, y arruinaré todas tus fortalezas. Asimismo destruiré de tu mano las hechicerías, y no se hallarán en ti agoreros. Y haré destruir tus esculturas y tus imágenes de en medio de ti, y nunca más te inclinarás a la obra de tus manos. Arrancaré tus imágenes de Asera de en medio de ti, y destruiré tus ciudades; y con ira y con furor haré venganza en las naciones que no obedecieron."

3 Nefi 9:99-104, 106 RCE, 3 Nefi 21:12-18 LDS:

...'Y Mi pueblo que es un remanente de Jacob estará entre los gentiles, Sí, en medio de ellos, como un león entre las bestias del bosque, como un león joven entre los rebaños de ovejas, Quien, si pasa, tanto pisa como destroza, Y nadie puede librar. Su mano se alzará sobre sus adversarios, Y todos sus enemigos serán eliminados'. "¡Sí, ay de los gentiles, a menos que se arrepientan! Porque acontecerá en aquel día -dice el Padre- que cortaré tus caballos de en medio de ti, Y destruiré tus carros, Y talaré las ciudades de tu tierra, Y derribaré todas tus fortalezas. Y cortaré de tu mano las hechicerías, Y no tendrás más adivinos. Tus esculturas también cortaré, Y tus imágenes de pie de en medio de ti; Y no adorarás más las obras de tus manos; Y arrancaré tus arboledas de en medio de ti; Así destruiré tus ciudades.

'...Porque acontecerá', dice el Padre, 'que en aquel día, al que no se arrepienta y venga a mi Hijo amado, a ése cortaré de entre mi pueblo, oh casa de Israel, y ejecutaré en él venganza y furor -como en el brezo- como no ha oído'.'

Las dos series siguientes son demasiado largas para citarlas en este libro:

63. Compare Isaías 54:1-17 con 3 Nefi 10:9-25 RCE, 3 Nefi 22:1-17 LDS: Véase también Salmos 111:6, Proverbios 13:22 y Santiago 5:1-3.

64. Compare Malaquías 3:1-4:6 con 3 Nefi 11:4-27 RCE, 3 Nefi 24:1-25:6 LDS:

65. **Marcos 16:17-18:**

"Y estas señales seguirán a los que creen: En mi nombre echarán fuera demonios; hablarán nuevas lenguas; tomarán en las manos serpientes, y si bebieren cosa mortífera, no les hará daño; sobre los enfermos pondrán sus manos, y sanarán."

Mormón 4:87 RCE, Mormón 9:24 LDS:

Y estas señales seguirán a los que creen: En mi nombre echarán fuera demonios; hablarán nuevas lenguas; tomarán en las manos serpientes; y si bebieren cosa mortífera, no les hará daño; impondrán las manos sobre los enfermos, y sanarán.

Relatos Históricos que Reflejan la Biblia

Para empezar, durante muchos años los profetas bíblicos, así como Lehi del Libro de Mormón, habían dado advertencias a la gente de la Casa de Judá para que se arrepintieran y volvieran al Señor, o Él los abandonaría y permitiría la destrucción de Jerusalén (Jeremías 4:5-6, 6:1). Unos 130 años después de la destrucción del Reino del Norte por los asirios, la Casa de Judá no hizo caso de las advertencias de Dios. Así que Dios permitió la destrucción completa de Jerusalén, incluido el Templo, por los babilonios en el 588 a.C. La mayoría de la Casa de Judá fueron asesinados o llevados al cautiverio.

La historia del Libro de Mormón comienza aquí en Jerusalén, unos diez años antes de esa destrucción. Detalla los relatos de tres grupos distintos de personas, dos de los cuales procedían de Jerusalén, uno antes y otro después de la destrucción. El primero, los nefitas, llevaban registros, pero el segundo grupo, la gente de Zarahemla, a quienes llamamos los mulekitas (aunque el Libro de Mormón nunca utilizó ese término), no. Este segundo grupo, los mulekitas, fueron descubiertos más tarde por los nefitas y asimilados a su cultura alrededor del año 200 a.C. La tercera migración, y mucho más temprana, fue la de los jareditas, que vinieron de la Gran Torre alrededor del año 3000 a.C. Pero volvamos a nuestra historia: alrededor del año 600 a.C. comienzan los acontecimientos en Jerusalén, en el Reino del Sur, con el profeta Lehi advirtiendo al pueblo de su inminente destrucción. Esto ocurrió durante el primer año del reinado del rey Sedequías.

1 Nefi 1:3 RCE, 1 Nefi 1:4 LDS:

Porque sucedió en el comienzo del primer año del reinado de Sedequías, rey de Judá, habiendo morado mi padre Lehi en Jerusalén todos sus días, Y en ese mismo año vinieron muchos profetas profetizando al pueblo que debían arrepentirse o la gran Ciudad Jerusalén sería destruida;

1 Nefi 1:18-22 RCE, 1 Nefi 1:18-20 LDS:

Por lo tanto, quisiera que supierais que después de que el Señor hubo mostrado tantas cosas maravillosas a mi padre Lehi, sí, concernientes a la destrucción de Jerusalén, he aquí, él salió entre el pueblo y comenzó a profetizar y a declararles acerca de las cosas que había visto y oído. Y sucedió que los judíos se burlaron de él a causa de las cosas que testificó de ellos, porque en verdad testificó de su maldad y de sus abominaciones; y testificó que las cosas que vio y oyó --y también las cosas que leyó en el libro-- manifestaban claramente la venida de un Mesías y también la redención del mundo; Y cuando los judíos oyeron estas cosas, se enojaron con él, Sí, como con los profetas de antaño a quienes habían expulsado y apedreado y matado; Y también buscaron su vida para quitársela.

1 Nefi 1:26 RCE, 1 Nefi 2:2 LDS:

Y sucedió que el Señor ordenó a mi padre, incluso en sueños, que tomara a su familia y partiera al desierto.
Lehi entonces tomó a su familia y dejó Jerusalén, antes de la caída. Viajando hacia el sur, se dirigieron hacia el Mar Rojo. En su familia estaban su esposa Sariah y sus cuatro hijos: Laman, Lemuel, Sam y Nefi.

Lehi tuvo un sueño en el que Dios le decía que enviara a sus hijos a buscar las planchas de bronce que contenían parte del Antiguo Testamento, hasta el reinado del rey Sedequías, incluyendo muchas profecías que han sido dichas por boca de Jeremías. Dios le indicó que pidiera a la familia de Ismael que se uniera a ellos en su viaje. Ismael tenía dos hijos casados y cinco hijas que proporcionaron esposas a los hijos de Lehi y a Zoram, el esclavo de Labán a quien Nefi liberó. Según las planchas de bronce, la familia de Lehi eran descendientes de José a través del hijo de José, Manasés. Estas familias recién formadas dieron a luz hijos, que con el tiempo se convirtieron en las naciones de Nefitas y Lamanitas.

El Señor ordenó a Nefi que construyera un barco y le dio instrucciones sobre cómo construirlo. Este barco los llevó a su "Tierra de Promisión", en América Central. Se cree que desembarcaron en la costa oeste de lo que hoy es Guatemala (pliegue del Centro de Calentamiento) y la llamaron la Tierra de José. Llegaron alrededor del año 589 a.C. y se asentaron en las tierras altas de Guatemala. Unos años más tarde, Lehi murió y Nefi, Sam y sus familias huyeron porque temían a sus hermanos Laman y Lemuel. Ellos y sus familias se convirtieron en los lamanitas, y Nefi y Sam y su grupo formaron los nefitas. Los lamanitas eran los más malvados y no llevaban registros, mientras que los nefitas estaban dirigidos por profetas de Dios y llevaban registros. Por lo tanto, el Libro de Mormón se cuenta desde la perspectiva de los nefitas, y catorce de los quince libros que lo componen tratan de ellos y de sus luchas con los lamanitas. El tercer grupo dirigido por beneficios de Dios fue un grupo llamado los jareditas que se originó en la torre de Babble.

Alrededor del 269 a.C., los nefitas descubrieron al pueblo de Zarahemla, que estaba dirigido por Mulek, un hijo del rey Sedequías. Abandonaron Jerusalén hacia el 586 a.C. poco después de su destrucción por orden de Dios. También viajaron por el desierto, cruzaron el océano Atlántico y desembarcaron en las tierras bajas de Guatemala, en la costa este de América Central (Heater centerfold).

En conjunto, el Libro de Mormón nos llega como un poderoso testimonio del amor redentor de Dios por toda la humanidad, incluidos los pueblos de América.

Además, en el Libro de Mormón ocurrieron cosas inusuales que coinciden con la Biblia. Por ejemplo, en el nacimiento de Cristo apareció una nueva estrella, la misma que siguieron los hombres sabios. En esa misma época, los nefitas tuvieron un día y una noche y un día sin oscuridad. (¿Podría haber sido causado por el brillo de la nueva estrella?)

3 Nefi 1:17 RCE, 3 Nefi 1:15 LDS:
Porque vio que al ponerse el sol no había tinieblas, Y la gente comenzó a asombrarse porque no había tinieblas al llegar la noche.

También había muchas profecías sobre la vida de Cristo y su muerte en la cruz, su entierro en una tumba y su resurrección al tercer día. Además, había profecías sobre las calamidades que seguirían a Su muerte. Por ejemplo, el pueblo del Libro de Mormón experimentó tremendas erupciones volcánicas y terremotos cuando Cristo murió. (3 Nefi 4:6-16 RCE, 3 Nefi 8:5-19 LDS) De hecho, la tierra entera tembló.

Creo que 3 Nefi es el libro más importante del Libro de Mormón. Abarca desde el nacimiento de Cristo hasta aproximadamente el año 34 d.C. Este Nefi (otros también tenían ese nombre) fue uno de los doce discípulos ordenados por CRISTO en América. Nos habla del ministerio que Jesús trajo a América. Según su registro:

3 Nefi 5:11-14 RCE, 3 Nefi 11:9-13 LDS:

Y sucedió que Él extendió Su mano y habló a la gente, diciendo: "He aquí, Yo Soy Jesucristo del cual los profetas testificaron que vendría al mundo; Y he aquí, Yo Soy la luz y la vida del mundo; Y he bebido de esa copa amarga que el Padre me ha dado, Y he glorificado al Padre al tomar sobre Mí los pecados del mundo, en los cuales he sufrido la voluntad del Padre en todas las cosas desde el principio." Y sucedió que cuando Jesús hubo dicho estas palabras, toda la multitud cayó a tierra, pues recordaban que se había profetizado entre ellos que Cristo se les mostraría después de su ascensión al cielo. Y sucedió que el Señor les habló diciendo: "Levantaos y venid a mí, para que metáis vuestras manos en mi costado, y también para que sintáis las huellas de los clavos en mis manos y en mis pies, para que sepáis que soy el Dios de Israel y el Dios de toda la tierra y que he sido inmolado por los pecados del mundo."

3 Nefi 8:27 RCE, 3 Nefi 17:25 LDS:

Y eran en número como dos mil quinientas almas; Y consistían de hombres, mujeres y niños.

La llegada de Cristo a Centroamérica en el templo de la Tierra de Abundancia fue presenciada por todos, a cada uno de los cuales se le permitió sentir las heridas en el costado de Jesús y las huellas de los clavos en sus manos y pies. Al hablar a los doce que había elegido, Jesús dijo:

3 Nefi 7:13 RCE, 3 Nefi 15:12 LDS:

...'Vosotros sois mis discípulos; y sois una luz para este pueblo, que es un remanente de la casa de José' (Énfasis añadido).

Al poco tiempo de la visita de Cristo a la gente de Bountiful, los doce discípulos recorrieron toda la tierra bautizando a la gente y formando iglesias. Esto trajo paz y prosperidad entre todas las diferentes naciones.

4 Nefi 1:20 RCE, 4 Nefi 1:17 LDS:

No había ladrones, ni asesinos, Ni lamanitas, ni ninguna clase de "ites"; Sino que eran en uno los hijos de Cristo y herederos del reino de Dios--.

La paz reinó durante más de 200 años. Pero entonces volvieron el orgullo y otras maldades. El pueblo se había vuelto rico y orgulloso, dejando de lado a Dios. (¿Estás escuchando, Estados Unidos?) Cuando termina el Libro de Mormón, habían estallado grandes guerras entre los nefitas y los lamanitas. En el año 385 d.C. ¡Murieron cerca de un millón de hombres, mujeres y niños en un solo día! De los nefitas, sólo sobrevivieron veinticuatro, entre ellos Mormón y su hijo, Moroni.

Durante esa batalla final, los nefitas sobrevivientes escaparon hacia la tierra del sur, pero finalmente todos fueron encontrados y asesinados excepto Moroni. A él se le encargó registrar la desaparición de la otrora gran nación nefita y esconder los registros para recuperarlos en el futuro. Así termina el Libro de Mormón, una historia de acontecimientos sobre un grupo de israelitas de la Casa de Israel que llegaron a América desde Jerusalén.

El profeta Mormón (310-385 d.C.) fue el principal redactor del Libro del Mormón. Es mi opinión que en su libro individual, dio su nombre a todo el libro:

Mormón1:1:

Y ahora yo, Mormón, hago un registro de las cosas que he visto y oído, Y lo llamo El Libro de Mormón. (Énfasis añadido)

Ninguno de los otros libros dentro del Libro de Mormón hace una declaración como ésta. Otra cita que podría ayudar a decidir cómo se tituló el libro proviene de Omni:

Omni 1:54 RCE, Omni 1:30 LDS:

Y hago un final de mi discurso.

La nota marginal dice que la cita se refiere al "final de [las] pequeñas planchas de Nefi", que Mormón no abrevió.

Tome esta cita junto con la siguiente:

Palabras de Mormón 1:13 RCE, Palabras de Mormón 1:9 LDS:

Y ahora yo, Mormón, procedo a 1terminar mi registro que tomo de las planchas de Nefi,...

Así que, los márgenes dicen, "la abreviación comienza [aquí]; [y] termina Mn 3:33" con la conclusión de la escritura de Mormón. Su hijo escribe el último capítulo de su libro. Por lo tanto, según estas notas, Mormón había hecho una abreviación del primer libro, el libro de Lehi, escrito en las planchas pequeñas de Nefi. También encontró seis libros adicionales que insertó en su libro abreviado y más extenso, el Libro de Mormón, como explicó en Palabras de Mormón 1:4-5 RCE, Palabras de Mormón 1:3 LDS.

Otra opción podría haber sido que su hijo, Moroni, le pusiera su nombre (Mormón) mientras escribía la página del prefacio, que dice:

El Libro Del Mormón

Un relato escrito por la mano de Mormón sobre planchas tomadas de las planchas de Nefi. Algunas personas muy entendidas opinan que el libro lleva el nombre de la Tierra del Mormón donde Alma estableció relaciones de alianza bautizando a la gente en el recuerdo y la aceptación de Jesucristo, que había de venir.

Mosíah 9:41 RCE, Mosíah 18:10 LDS:

Ahora bien, os digo que si este es el deseo de vuestros corazones, ¿Qué tenéis en contra de ser bautizados en el nombre del SEÑOR como testimonio ante Él de que habéis hecho convenio con Él de que le serviréis y guardaréis sus mandamientos, para que derrame su espíritu más abundantemente sobre vosotros?

Mosíah 9:44 RCE, Mosíah 18:13 LDS:

Y cuando hubo dicho estas palabras, el espíritu del SEÑOR fue sobre él y dijo: Helam, yo te bautizo, teniendo autoridad del Dios todopoderoso, como testimonio de que habéis hecho convenio de servirle hasta que muráis, en cuanto al cuerpo mortal; y que el espíritu del SEÑOR sea derramado sobre vosotros, y os conceda la vida eterna mediante la redención de Cristo, que él ha preparado desde la fundación del mundo.

Como uno de los editores de la Edición del Pacto Restaurado del Libro del Mormón, el testimonio personal de Ray Treat es que "La tierra del Mormón para los creyentes nefitas significaba la tierra donde el pacto fue restaurado; por lo tanto, Mormón significa (por inferencia) 'restauración del pacto'". Siento que esta definición se aplica tanto al nombre de la tierra como al nombre del profeta porque Mormón introduce lo siguiente en 3 Nefi:

3 Nefi 2:96 RCE, 3 Nefi 5:32 LDS:

Y he aquí, soy llamado Mormón, siendo llamado como la tierra del Mormón-La tierra en la que Alma estableció la iglesia...

Otros opinan que Mormón no era egoísta y no habría puesto su nombre en el libro que principalmente abrevió. Por lo tanto, incluso si Mormón le puso su nombre al libro, o su hijo le puso su nombre, ya que él llevaba el nombre de la tierra del Mormón, aún se puede decir que el libro llevaba el nombre de la tierra del Mormón. En otras palabras, las tres explicaciones podrían ser ciertas. Ray continúa: **"Y espiritualmente hablando, el Libro del Mormón significa el Libro de la 'Restauración de la Alianza'"**. (Treat, entrevista personal)

Una indagación más profunda en la historia y las leyendas de los pueblos de los continentes americanos revela historias similares. Por ejemplo, Roy Weldon cita a Kathleen Romoli, una destacada autoridad en las culturas de LDSamérica. Ella cuenta la leyenda de los indios Chibchas de Colombia, LDSamérica, que fueron visitados por un Dios blanco. (18)

Bochica [Cristo] debió existir realmente. Vino a Cundinamarca desde el este,...y cuando terminó su misión regresó, solo que cuando vino....Se apoyó en un cayado de pastor y su larga barba blanca le caía hasta la cintura. (Esta barba es una de las características más curiosas de la leyenda de Bochica. Es muy difícil imaginar barbas de las que nunca se ha oído hablar, y los chibchas eran imberbes). El Mensajero de Dios iba vestido con largas túnicas y un manto cubría sus hombros; su piel era clara y en su frente tenía el signo de la cruz. Recorría el país de arriba abajo, enseñando, y dondequiera que se detenía la gente se agolpaba para escucharle. Predicaba sobre la resurrección del cuerpo y el Juicio Final, sobre la vida después de la muerte y la inmortalidad del alma, y sobre el poder benéfico de Dios; exhortaba a sus seguidores a practicar las buenas obras y la caridad....Los hijos de Bochue decían que Bochica vivió con ellos catorce siglos antes de los conquistadores, cuya venida predijo...(19)

La última afirmación de esta leyenda de Bochica es notable. Catorce siglos antes de la llegada de los españoles al Nuevo Mundo nos sitúa en la misma época en que Jesús dijo: "Tengo otras ovejas que no son de este redil;...y oirán mi voz". (19)

Otras culturas indias tienen leyendas similares, los aztecas tienen a Quetzalcóatl (7), los mayas a Kukulcán (13), y existen otras de otras culturas indias. (16) En una publicación más reciente (2012), Diane Wirth nos informa bajo el título "Asociaciones plausibles" de lo siguiente:

Muchos de los símbolos asociados a Cristo pertenecen también a Quetzalcóatl y al Dios del Maíz, símbolos que pueden aparecer tanto en motivos artísticos precolombinos como en algunas literaturas coloniales posteriores que no parecen ser interpolaciones cristianas. Así pues, es muy posible que los rasgos del Dios Quetzalcóatl se deriven, en parte, del recuerdo que tenían los mesoamericanos de la visita de Cristo a las Américas.

Volviendo a Roy Weldon en referencia a Quetzalcoatl, afirma:

Las pruebas de que Quetzalcóatl era Jesucristo no estarán completas hasta que añadamos al impacto de su personalidad en la América prehistórica las tradiciones que enlazan y sueldan la historia de Quetzalcóatl con la del Buen Pastor. (11)

A continuación presento otros hitos de la vida de Quetzalcóatl:

A. *El nacimiento de Quetzalcóatl fue acompañado por la aparición de una nueva estrella y misteriosos presagios y maravillas en los cielos.*

B. *La tradición guarda silencio sobre sus años de infancia.*

C. *Manly P. Hall dice: "leemos de las tentaciones de Quetzalcoatl, de cómo durante su penitencia los espíritus del mal vinieron a él y trataron de desviarlo de su curso. En otro lugar está el relato de su ayuno durante cuarenta días que más tarde se convirtió en una parte definitiva del ritual mexicano.*

D. *Quetzalcóatl tenía el poder de ordenar que se acallaran los vientos, de ahí que se le llame "Dios del Viento".*

E. *Quetzalcoatl destruye al Dios de la muerte (victoria sobre la muerte).*

F. *De sus muchas aplicaciones en la lengua antigua significa una vid o su jugo.*

G. *La estrella de la mañana es su símbolo/*

H. *Spence dice, que Quetzalcoatl murio y fue invisible durante cuatro dias, despues de los cuales resucito y ascendio a su trono.*

I. *Entre su muerte y su resurrección, Quetzalcoatl permaneció en el inframundo. (11)*

¿Cómo llegó a nosotros el Libro del Mormón?

Moroni escondió el registro en algún momento después del año 420 d.C., después de lo cual dijo que iba a *"...descansar en el paraíso de Dios..."* (Moroni 10:31 RCE, Moroni 10:34 LDS). En 1827, el ángel Moroni regresó y dirigió a Joseph Smith, hijo, hacia las planchas de oro. Las tradujo por el don y el poder de Dios y luego devolvió las planchas a Moroni para su protección. Fue un plan diseñado, profetizado y llevado a cabo por Dios.

¿Por qué es importante para nosotros el Libro del Mormón?

El propio Libro del Mormón tiene una respuesta a esta pregunta. El Prefacio (versículos 6 y 7), que fue incluido en las planchas de oro y escrito por Moroni, nos da esta idea:

...para mostrar al remanente de la Casa de Israel cuán grandes cosas ha hecho el Señor por sus padres. Y para que conozcan los pactos del Señor, a fin de que no sean desechados para siempre. Y también para convencer al judío y al gentil de que Jesús es el Cristo, el Dios eterno, que se manifiesta a todas las naciones.

El libro también proporciona corroboración y autentificación de la Biblia como la Sagrada Escritura de Dios.

Lehi, en su bendición a su hijo José, profetizó de la importancia futura de estas escrituras cuando la Biblia y el Libro del Mormón se unieran:

1 Nefi 2:19-23 RCE, 2 Nefi 3:12 LDS:
"Por tanto, el fruto de tus lomos escribirá, Y el fruto de los lomos de Judá escribirá; Y lo que será escrito por el fruto de tus lomos, Y también lo que será escrito por el fruto de los lomos de Judá, Crecerán juntos Para la confusión de las falsas doctrinas, Y el derribo de las contiendas, Y el establecimiento de la paz entre el fruto de tus lomos, Y llevándolos al conocimiento de sus padres en los últimos días, Y también al conocimiento de Mis pactos", dice el Señor;...

CAPÍTULO 7

¿QUÉ DOCTRINAS CRISTIANAS SE ENCUENTRAN EN EL LIBRO DEL MORMÓN?

En este capítulo, queremos hablar de los principios del evangelio y de las bendiciones del Señor y Salvador que los cristianos ya deberían conocer. Son la fe, el arrepentimiento, el bautismo, la recepción del Espíritu Santo, la resurrección de los muertos y la vida eterna. Veremos estos temas a través del lente del Libro del Mormón.

La Fe
I Nefi 3:23-25 RCE, 1 Nefi 10:17 LDS:
Y aconteció que después que yo, Nefi--Habiendo oído todas las palabras de mi padre acerca de las cosas que vio en visión; Y también las cosas que habló por el poder del Espíritu Santo, el cual poder recibió por la fe en el Hijo de Dios, Y el Hijo de Dios era el Mesías que había de venir-- (Énfasis añadido)

I Nefi 3:117 RCE, 1 Nefi 12:10 LDS:
...He aquí que son justos para siempre, Porque a causa de su fe en el Cordero de Dios, sus vestiduras están emblanquecidas en Su sangre. (Énfasis añadido)

2 Nefi 11:46 RCE, 2 Nefi 25:25 LDS:
...somos vivificados en Cristo a causa de nuestra fe; (Énfasis añadido)

2 Nefi 13:28-29 RCE, 2 Nefi 31:19-20 LDS:
He aquí, os digo: No; porque no habéis llegado hasta aquí sino por la palabra de Cristo, con fe inquebrantable en Él, Confiando enteramente en los méritos de Aquel que es poderoso para salvar.

Por tanto, debéis seguir adelante con firmeza en Cristo, Teniendo un perfecto resplandor de esperanza y un amor a Dios y a todos los hombres. (Énfasis añadido)

2 Nefi 15:8 RCE, 2 Nefi 33:7 LDS:
Tengo caridad por mi pueblo, Y gran fe en Cristo de que me encontraré con muchas almas sin mancha en Su tribunal. (Énfasis añadido)

Jacob 2:49 RCE, Jacob 3:1 LDS:

Miren a Dios con firmeza de ánimo y oren a Él con gran fe, y Él los consolará en sus aflicciones,... (Énfasis añadido)

Jacob 3:16-17 RCE, Jacob 4:11 LDS:

...amados hermanos, reconciliaos con Él, mediante la expiación de Cristo, su Hijo unigénito, para que obtengáis la resurrección, según el poder de la resurrección que es en Cristo, y seáis presentados a Dios como primicias de Cristo, teniendo fe y habiendo obtenido una buena esperanza de gloria en Él antes de que se manifieste en la carne. (Énfasis añadido)

Enós 1:17-18 RCE, Enós 1:11-12 LDS:

Y después de que yo, Enós, hube oído estas palabras, mi fe comenzó a ser inquebrantable en el Señor, Y oré a Él con muchas y largas luchas por mis hermanos los lamanitas. Y sucedió que después de haber orado y trabajado con toda diligencia, el Señor me dijo: 'Te concederé conforme a tus deseos, a causa de tu fe.' (Énfasis añadido)

Enós 1:24-26 RCE, Enós 1:15-16 LDS:

Porque él me había dicho "Todo lo que pidiereis con fe, creyendo que lo recibiréis, en el nombre de Cristo, lo recibiréis". Y yo tuve fe, y clamé a Dios que preservara los registros; y él pactó conmigo que los haría llegar a los lamanitas a su debido tiempo;... (Énfasis añadido)

Jarom 1:8-9 RCE, Jarom 1:4 LDS:

...hay muchos entre nosotros que tienen muchas revelaciones, porque no todos son de dura cerviz; Y todos los que no son de dura cerviz y tienen fe, tienen comunión con el Espíritu Santo, el cual manifiesta a los hijos de los hombres según su fe. (Énfasis añadido)

Mosíah 2:4-6 RCE, Mosíah 4:2-3 LDS:

Porque creemos en Jesucristo, el Hijo de Dios, que creó el cielo y la tierra y todas las cosas, que descenderá entre los hijos de los hombres. Y aconteció que después que hubieron dicho estas palabras, el Espíritu del Señor vino sobre ellos, Y fueron llenos de gozo, habiendo recibido la remisión de sus pecados y teniendo paz de conciencia a causa de la gran fe que tenían en Jesucristo que había de venir, conforme a las palabras que el rey Benjamín les había hablado. (Énfasis añadido)

Mosíah 2:21 RCE, Mosíah 4:11 LDS:

Y humillaos hasta lo más profundo de la humildad, invocando cada día el nombre del Señor, Y permaneciendo firmes en la fe de lo venidero que fue dicho por boca del ángel. (Énfasis añadido)

Mosíah 3:9 RCE, Mosíah 5:7 LDS:

Porque he aquí, hoy Él os ha engendrado espiritualmente, pues decís que vuestros corazones han sido cambiados mediante la fe en Su nombre; por lo tanto, habéis nacido de Él y habéis llegado a ser Sus hijos y Sus hijas. (Énfasis añadido)

Alma 3:27-31 RCE, Alma 5:14-15 LDS:

Y ahora he aquí, os pregunto, hermanos míos de la iglesia: ¿Habéis nacido espiritualmente de Dios? ¿Habéis recibido Su imagen en vuestros propios semblantes? ¿Habéis experimentado este poderoso cambio en vuestros corazones? ¿Ejercéis la fe en la redención de Aquel que os creó? ¿Miráis hacia adelante con un ojo de fe y veis este cuerpo mortal resucitado en inmortalidad? ¿Y esta corrupción resucitada en incorrupción, para comparecer ante Dios para ser juzgados según las obras que se hayan hecho en el cuerpo mortal? (Énfasis añadido).

Alma 16:143 RCE, Alma 32:21 LDS:

Y ahora bien, como dije con respecto a la fe, La fe, no es tener un conocimiento perfecto de las cosas; Por lo tanto, si tenéis fe, esperáis las cosas que no se ven, que son verdaderas. (Énfasis añadido).

Éter 5:7 RCE, Éter 12:6-7 LDS:

Por tanto, no discutáis porque no veis, Porque no recibís testimonio, no hasta después de la prueba de vuestra fe. Porque fue por la fe que Cristo se mostró a nuestros padres después de haber resucitado de entre los muertos;... (Énfasis añadido)

Moroni 7:27-31 RCE, Moroni 7:27-30 LDS:

¿Por qué, mis amados hermanos, han cesado los milagros porque Cristo ha ascendido al cielo y se ha sentado a la diestra de Dios para reclamar del Padre Sus derechos de misericordia que tiene sobre los hijos de los hombres?
-Porque Él ha respondido a los fines de la ley, Y reclama a todos aquellos que tienen fe en Él; Y los que tienen fe en Él se apegarán a toda cosa buena; Por lo tanto, Él aboga por la causa de los hijos de los hombres; Y Él mora eternamente en los cielos--Y porque Él ha hecho esto, mis amados hermanos, ¿Acaso han cesado los milagros? He aquí os digo: ¡No! Tampoco han cesado los ángeles de ministrar a los hijos de los hombres; Porque he aquí, están sujetos a Él para ministrar según la palabra de Su mandato, Mostrándose a ellos de fe fuerte y mente firme en toda forma de piedad;... (Énfasis añadido)

Arrepentimiento
2 Nefi 6:48-50 RCE, 2 Nefi 9:23-24 LDS:

Y ordena a todos los hombres que deben arrepentirse y ser bautizados en Su nombre, teniendo fe perfecta en el Santo de Israel, o no podrán ser salvos en el reino de Dios; Y si no se arrepienten y creen en Su nombre y son bautizados en Su nombre y resisten hasta el fin, deben ser condenados, Porque el Señor Dios, el Santo de Israel, lo ha dicho. (Énfasis añadido)

2 Nefi 12:77-78 RCE, 2 Nefi 30:2 LDS:

Porque he aquí os digo que cuantos de los gentiles se arrepientan son el pueblo del convenio del Señor; y cuantos de los judíos no se arrepientan serán desechados; porque el Señor no hace convenio con nadie, a menos que sea con los que se arrepientan y crean en su Hijo, que es el Santo de Israel. (Énfasis añadido)

2 Nefi 13:14 RCE, 2 Nefi 31:11 LDS:

Y el Padre dice: '¡Arrepentíos, arrepentíos! Y bautícense en el nombre de Mi Hijo amado'. (Énfasis añadido)

Mosíah 2:16 RCE, Mosíah 4:10 LDS:

Y de nuevo, creed que debéis arrepentiros de vuestros pecados y abandonarlos, Y humillaos ante Dios y pedid con sinceridad de corazón que os perdone. (Énfasis añadido)

Mosíah 7:32 RCE, Mosíah 11:21 LDS:

Y a menos que se arrepientan y se vuelvan al Señor su Dios, he aquí que yo los entregaré en manos de sus enemigos,... (Énfasis añadido)

Alma 3:55 RCE, Alma 5:31 LDS:

¡Ay de aquél! Porque no está preparado, Y se acerca el tiempo en que debe arrepentirse o no podrá salvarse;...(Énfasis añadido)

Alma 3:86-87 RCE, Alma 5:49-50 LDS:

Sí, a predicar a todos -tanto a los viejos como a los jóvenes, tanto a los esclavos como a los libres; sí, os digo -a los ancianos y también a los de mediana edad, y a la generación naciente- sí, a gritarles que deben arrepentirse y nacer de nuevo. Sí, así dice el Espíritu: Arrepentíos todos los confines de la tierra, porque el reino de los cielos está pronto a llegar. Sí, el Hijo de Dios viene en su gloria, en su fuerza, majestad, poder y dominio;... (Énfasis añadido)

Alma 3:89 RCE, Alma 5:51 LDS:

Y también el Espíritu me dice, sí, me grita con voz potente, diciendo: 'Sal y di a este pueblo: ¡Arrepentíos! Porque si no os arrepentís, no podréis heredar el reino de los cielos' (Énfasis añadido).

Alma 5:24 RCE, Alma 7:14 LDS:

Ahora os digo que debéis arrepentiros y nacer de nuevo: Porque el Espíritu dice: "Si no nacéis de nuevo, no podréis heredar el reino de los cielos". (Énfasis añadido)

Alma 10:12-13 RCE, Alma 13:18 LDS:

Pero Melquisedec, habiendo ejercido una fe poderosa y recibido el oficio del sumo sacerdocio según el orden santo de Dios, predicó el arrepentimiento a su pueblo. Y he aquí, ellos se arrepintieron; Y Melquisedec estableció la paz en la tierra en sus días. (Énfasis añadido)

Alma 10:18 RCE, Alma 13:21 LDS:

Y sucedió que cuando Alma les hubo dicho estas palabras, extendió su mano hacia ellos y clamó con voz poderosa, diciendo: "¡Ahora es el momento de arrepentirse! porque el día de la salvación se acerca". (Énfasis añadido)

Alma 12:180 RCE, Alma 19:36 LDS:

Y vemos que Su brazo está extendido hacia todas las personas que se arrepientan y crean en Su nombre. (Énfasis añadido)

Alma 13:37 RCE, Alma 22:6 LDS:

Y también, ¿Qué es esto que Ammón dijo: "Si os arrepentís, seréis salvos, Y si no os arrepentís, seréis desechados en el último día?" (Énfasis añadido)

Alma 19:84 RCE, Alma 42:4 LDS:

Y así vemos que hubo un tiempo concedido al hombre para arrepentirse, Sí, un tiempo de prueba: un tiempo para arrepentirse y servir a Dios. (Énfasis añadido)

Helamán 2:49 RCE, Helamán 4:15 LDS:

Y sucedió que se arrepintieron, Y en la medida en que se arrepintieron, comenzaron a prosperar;... (Énfasis añadido)

Helamán 4:70 RCE, Helamán 12:23 LDS:

Por lo tanto, bienaventurados los que se arrepientan y escuchen la voz del Señor su Dios, porque éstos son los que se salvarán;... (Énfasis añadido)

3 Nefi 4:41-42 RCE, 3 Nefi 9:13-14 LDS:

¡Oh todos vosotros que habéis sido perdonados porque erais más justos que ellos! ¿No volveréis ahora a mí y os arrepentiréis de vuestros pecados y os convertiréis, para que yo pueda sanaros? Sí, de cierto os digo que si venís a Mí, tendréis vida eterna;... (Énfasis añadido)

Alma 3:86 RCE, Alma 5:49 LDS:

Sí, a predicar a todos -tanto a los viejos como a los jóvenes, tanto a los siervos como a los libres; sí, os digo -a los ancianos y también a los de mediana edad, y a la generación naciente- sí, a gritarles que deben arrepentirse y nacer de nuevo.(Énfasis añadido)

¿Podemos estar de acuerdo en que Dios quiere que todos acepten a Jesús como Salvador.

Bautismo

Nefi, en una visión, vio el bautismo de Jesucristo:

2 Nefi 13:10 RCE, 2 Nefi 31:8 LDS:

Por lo cual, después de haber sido bautizado con agua, descendió sobre él el Espíritu Santo en forma de paloma. (Énfasis añadido).

Se le dieron los requisitos de Dios para el bautismo:

2 Nefi 13:14-15 RCE, 2 Nefi 31:11-12 LDS:

Y el padre dijo: '¡Arrepentíos! ¡Arrepentíos! Y bautícense en el nombre de Mi Hijo Amado!' Y también vino a mí la voz del Hijo, diciendo: 'Al que sea bautizado en mi nombre, el Padre le dará el Espíritu Santo, semejante a mí; Por tanto, síganme y hagan las cosas que me han visto hacer' (Énfasis añadido).

Estos son los requisitos de Dios:
1. Arrepiéntase de sus pecados.
2. Sea bautizado con agua como lo fue Cristo, por inmersión.
3. Reciba el bautismo del Espíritu, como prometió Cristo.
4. Hágalo intencionadamente con sencillez de corazón.

Nefi reafirmó esos requisitos y añadió que en este proceso tomamos sobre nosotros el nombre de Cristo:

2 Nefi 13:16 RCE, 2 Nefi 31:13:

Por tanto, mis amados hermanos, sé que si seguís al Hijo con pleno propósito de corazón, sin actuar con hipocresía ni engaño ante Dios, sino con verdadera intención, arrepintiéndoos de vuestros pecados, dando testimonio al Padre de que estáis dispuestos a tomar sobre vosotros el nombre de Cristo por el bautismo, Sí, siguiendo a vuestro Señor y Salvador hasta el agua según Su palabra, he aquí, entonces recibiréis el Espíritu Santo;... (Énfasis añadido).

2 Nefi 13:23-24 RCE, 2 Nefi 31:17 LDS:

Porque por esta causa me han sido mostradas: Para que conocierais la puerta por la que debéis entrar. Porque la puerta por la cual debéis entrar es el arrepentimiento y el bautismo por agua, Y entonces viene la remisión de vuestros pecados por fuego y por el Espíritu Santo,... (Énfasis añadido)

Mosíah, a modo de explicación, nos cuenta cómo Alma recibió autoridad de Dios para bautizar a la gente después de arrepentirse de sus pecados:

Mosíah 9:41-45 RCE, Mosíah 18:10-14 LDS:

"...Ahora bien, os digo, si este es el deseo de vuestros corazones, ¿Qué tenéis en contra de ser bautizados en el nombre del Señor como testimonio ante Él de que habéis hecho un convenio con Él de que le serviréis y guardaréis Sus mandamientos, para que derrame Su Espíritu más abundantemente sobre vosotros?" Al oír estas palabras, el pueblo aplaudió de alegría y exclamó: "¡Estos son los deseos de nuestros corazones!" Y ahora sucedió que Alma tomó a Helam, siendo él uno de los primeros, y fue y se puso de pie en el agua y clamó, diciendo: "¡Oh Señor, derrama tu Espíritu sobre tu siervo, para que haga esta obra con santidad de corazón!" Y cuando hubo dicho estas palabras, el Espíritu del Señor se posó sobre él y dijo: "Helam, yo te bautizo, teniendo autoridad del Dios Todopoderoso, como testimonio de que habéis entrado en un pacto para servirle hasta que estéis muertos, en cuanto al cuerpo mortal; y que el Espíritu del Señor sea derramado sobre vosotros, y que os conceda la vida eterna mediante la redención de Cristo que ha preparado desde la fundación del mundo." Y después de que Alma hubo dicho estas palabras, tanto Alma como Helam fueron enterrados en el agua; Y se levantaron y salieron del agua regocijándose, llenos del Espíritu. (Énfasis añadido)

Mosíah también nos dice.

Mosíah 9:54 RCE, Mosíah 18:21 LDS:

...debemos mirar hacia adelante con un solo ojo, teniendo una sola fe y un solo bautismo,.... *(Énfasis añadido)*

Alma nos da a entender que no sólo el arrepentimiento, sino también el guardar Sus mandamientos, son parte del convenio creado a través del bautismo:

Alma 5:27 RCE, Alma 7:15 LDS:

Sí, venid y salid y mostrad a vuestro Dios que estáis dispuestos a arrepentiros de vuestros pecados y a entrar en un convenio con Él para guardar Sus mandamientos, Y atestiguadlo ante Él en este día entrando en las aguas del bautismo;... (Énfasis añadido)

Incluso Moroni nos dice que nos acerquemos al bautismo con un espíritu contrito y un corazón quebrantado:

Moroni 6:1-4 RCE, Moroni 6:1-3 LDS:

Y ahora hablo acerca del bautismo. Y no fueron bautizados, a menos que dieran fruto digno de ello; Tampoco recibieron a ninguno para el bautismo, a menos que salieran con un corazón quebrantado y un espíritu contrito y dieran testimonio a la iglesia de que verdaderamente se arrepentían de todos sus pecados; Y ninguno fue recibido para el bautismo, a menos que tomara sobre sí el nombre de Cristo, teniendo la determinación de servirle hasta el fin. Y después que hubieron sido recibidos para el bautismo y fueron obrados y limpiados por el poder del Espíritu Santo, fueron contados entre el pueblo de la iglesia de Cristo. (Énfasis añadido)

Moroni dijo que los niños pequeños no tienen necesidad del bautismo y que la maldición de Adán fue quitada por Cristo. Por lo tanto, bautizar a los niños es una "solemne burla ante Dios":

Moroni 8:5, 9-10 RCE, Moroni 8:5, 8-9 LDS:

"Porque si he aprendido la verdad, ha habido disputas entre ustedes acerca del bautismo de sus niños pequeños".

'...He aquí, yo vine al mundo, no para llamar a justos, sino a pecadores al arrepentimiento; Los sanos no tienen necesidad de médico, sino los enfermos; Por tanto, los niños pequeños están sanos, porque no son capaces de cometer pecado; Por tanto, la maldición de Adán es quitada de ellos en mí, para que no tenga poder sobre ellos; Y la ley de la circuncisión es abolida en mí'.

Y de esta manera me manifestó el Espíritu Santo la palabra de Dios: Por tanto, mi amado hijo, sé que es una solemne burla ante Dios que bauticéis a los niños pequeños. (Énfasis añadido)

Para mas informacion acerca de quien necesita el bautismo, lea Moroni 8:11-29 RCE, Moroni 8:10-26 LDS.

Recibir el Espíritu Santo

Una persona puede decir: "Leo las Escrituras pero no las entiendo completamente. ¿Puede explicármelas mejor?" El apóstol Pedro hace esto en Hechos:

Hechos 2:38-39:

"Pedro les dijo: Arrepentíos, y bautícese cada uno de vosotros en el nombre de Jesucristo para perdón de los pecados; y recibiréis el don del Espíritu Santo. Porque para vosotros es la promesa, y para vuestros hijos, y para todos los que están lejos; para cuantos el Señor nuestro Dios llamare."

Esto es lo que dijo Nefi

2 Nefi 13:23-25 RCE, 2 Nefi 31:17-18 LDS:

Pues, por esta causa me han sido mostradas: Para que conocierais la puerta por la que debéis entrar. Porque la puerta por la que debéis entrar es el arrepentimiento y el bautismo por agua,. Y entonces viene la remisión de vuestros pecados por fuego y por el Espíritu Santo,...Y entonces estáis en este camino estrecho y angosto que conduce a la vida eterna; Sí, habéis entrado por la puerta, Habéis hecho conforme a los mandamientos del Padre y del Hijo,... (Énfasis añadido)

Si se siguen los pasos de Nefi, los discípulos tienen un camino para entrar en el reino de Dios por la puerta, recibir el poder del Espíritu Santo y poder ayudar a otros a hacer lo mismo. Entonces pueden sanar a los enfermos, expulsar demonios mediante la imposición de manos, hablar en lenguas, recibir y dar palabras proféticas mediante la interpretación de lenguas. Hablaremos de estos dones más adelante. Sin embargo, son para nuestro beneficio y para ayudarnos a traer Su reino:

2 Nefi 13:26 RCE, 2 Nefi 31:18 LDS:

Y vosotros habéis recibido el Espíritu Santo que da testimonio del Padre y del Hijo para el cumplimiento de la promesa que Él ha hecho, de que si entrabais por el camino [puerta] recibiríais. (Énfasis añadido)

Mormón 4:87 RCE, Mormón 9:24 LDS:
Y estas señales seguirán a los que creen: En mi nombre echarán fuera demonios; hablarán nuevas lenguas; tomarán en las manos serpientes; y si bebieren cualquier cosa mortífera, no les hará daño; sobre los enfermos pondrán sus manos y sanarán. (Énfasis añadido)

<u>1 Corintios 12:8-11:</u>
"Porque a éste es dada por el Espíritu palabra de sabiduría; a otro, palabra de ciencia según el mismo Espíritu; a otro, fe por el mismo Espíritu; y a otro, dones de sanidades por el mismo Espíritu. A otro, el hacer milagros; a otro, profecía; a otro, discernimiento de espíritus; a otro, diversos géneros de lenguas; y a otro, interpretación de lenguas. Pero todas estas cosas las hace uno y el mismo Espíritu, repartiendo a cada uno en particular como él quiere."

<u>1 Corintios 12:28-31:</u>
"Y a unos puso Dios en la iglesia, primeramente apóstoles, luego profetas, lo tercero maestros, luego los que hacen milagros, después los que sanan, los que ayudan, los que administran, los que tienen don de lenguas. ¿Son todos apóstoles? ¿son todos profetas? ¿todos maestros? ¿hacen todos milagros ¿Tienen todos dones de sanidad? ¿hablan todos lenguas? ¿Interpretan todos Procurad, pues, los dones mejores. Mas yo os muestro un camino aun más excelente."

Puesto que hay muchos dones del Espíritu Santo y no todos tenemos las mismas dotes, ¿Cómo averiguamos cuáles nos ha dado Dios a cada uno? Entendemos que si queremos formar parte de esta cosecha de los últimos tiempos, necesitamos saber qué dones nos ha dado Dios individualmente para que Él los utilice. Hasta que Cristo venga, los necesitamos. Para saber cuáles son, como dice la Palabra, tenemos que pedírselo a Dios, según el consejo de Santiago y Lucas:

<u>Santiago 1:5:</u>
"Y si alguno de vosotros tiene falta de sabiduría, pídala a Dios, el cual da a todos abundantemente y sin reproche, y le será dada."

<u>Lucas 11:9:</u>
"Y yo os digo: Pedid, y se os dará; buscad, y hallaréis; llamad, y se os abrirá."

<u>Omni 1:44 RCE, Omni 1:25 LDS:</u>
Y creed en profecías, y en revelaciones, y en el ministerio de los ángeles, y en el don de hablar en lenguas, y en el don de interpretar lenguas, y en todas las cosas que son buenas;... (Énfasis añadido)

Alma 7:31 RCE, Alma 9:21

Y teniendo el espíritu de profecía y el espíritu de revelación y también muchos dones-el don de hablar en lenguas y el don de predicar y el don del Espíritu Santo y el don de traducción,... (Énfasis añadido)

Moroni 8:8-10 RCE, Moroni 8:8-9 LDS:

Y la palabra del Señor vino a mí por el poder del Espíritu Santo, diciendo: "Escucha las palabras de Cristo tu Redentor, tu Señor y tu Dios...."...Y de esta manera me manifestó el Espíritu Santo la palabra de Dios;... (Énfasis añadido)

Moroni 2:1-3 RCE, Moroni 2:1-3 LDS:

Las palabras de Cristo que habló a sus discípulos, los doce que había escogido, al imponerles las manos. Y EL los llamo por nombre, diciendo: "Invocaréis al Padre en mi nombre en poderosa oración; Y después que hayáis hecho esto, tendréis poder para que sobre aquel a quien impusiereis las manos, le deis el Espíritu Santo; Y en mi nombre lo daréis, Porque así lo hacen mis apóstoles". Y Cristo les dijo estas palabras en el tiempo de su primera aparición; Y la multitud no lo oyó; Pero los discípulos lo oyeron, y sobre cuantos ellos pusieron sus manos cayó el Espíritu Santo. (Énfasis añadido)

Moroni 7:42 RCE, Moroni 7:38 LDS:

Por tanto, si estas cosas han cesado, ¡ay de los hijos de los hombres! Porque es a causa de la incredulidad, Y todo es en vano, porque ningún hombre puede ser salvo, según las palabras de Cristo, a menos que tengan fe en Su nombre;... (Énfasis añadido)

3 Nefi 13:59 RCE, 3 Nefi 29:6 LDS:

¡Sí, ay de aquel que niegue las revelaciones del Señor! Y aquel que dirá: "El Señor ya no obra por revelaciones, ni por profecías, ni por dones, ni por lenguas, ni por sanaciones, ni por el poder del Espíritu Santo";... (Énfasis añadido)

Si negamos la obra del Espíritu Santo, nos estamos apartando de su presencia, negando el evangelio de Cristo y sustituyéndolo por un dios falso, no el Dios de las Escrituras.

Mormón 4:66-68 RCE, Mormón 9:7-9 LDS:

Y además, os hablo a vosotros que negáis las revelaciones de Dios y decís que han desaparecido, Que no hay revelaciones, ni profecías, ni dones, ni sanación, ni hablar en lenguas, ni la interpretación de lenguas. He aquí os digo que el que niega estas cosas no conoce el evangelio de Cristo; Sí, no han leído las Escrituras; Si es así, no las entienden; Porque ¿No leemos que Dios es el mismo ayer, hoy y por los siglos? ¿Y en Él no hay variación, ni sombra de cambio? (Énfasis añadido)

Resurrección De Los Muertos

El Libro del Mormón nos habla del sacrificio y la resurrección de Cristo y comparte que Él fue el primero en ser resucitado:

2 Nefi 1:73-75 RCE, 2 Nefi 2:8 LDS:

Por tanto, cuán grande es la importancia de dar a conocer estas cosas a los habitantes de la tierra, para que sepan que no hay carne que pueda morar en la presencia de Dios, a menos que sea por los méritos y la misericordia y la gracia del Santo Mesías, el cual entregó su vida, según la carne, y la volvió a tomar, por el poder del espíritu, para llevar a cabo la resurrección de los muertos, siendo el primero en resucitar. (Énfasis añadido)

Nefi aclara esto aún más al decirnos que la resurrección es necesaria para superar el pecado de Adán:

2 Nefi 6:10-12 RCE, 2 Nefi 9:5-6:

Porque al gran Creador le conviene que Él mismo se someta al hombre en la carne y muera por todos los hombres, para que todos los hombres se sometan a Él; Porque como la muerte ha pasado sobre todos los hombres para cumplir el plan misericordioso del gran Creador, debe haber necesariamente un poder de resurrección, Y la resurrección debe venir necesariamente al hombre a causa de la caída,... (Énfasis añadido).

La resurrección de la humanidad ocurrirá por el poder de Jesucristo:

2 Nefi 6:28-30 RCE, 2 Nefi 9:12 LDS:

Por lo tanto, la muerte y el infierno deben entregar sus muertos; Y el infierno debe entregar sus espíritus cautivos, Y la tumba debe entregar sus cuerpos cautivos, Y los cuerpos y los espíritus de los hombres serán restaurados el uno al otro, Y es por el poder de la resurrección del Santo de Israel. (Énfasis añadido)

Jesús sufrió por todos nosotros para que pudiéramos tener la oportunidad de estar con Él en el cielo. Depende de nosotros aceptar Su sacrificio. ¿Lo ha hecho usted?

2 Nefi 6:46-47 RCE, 2 Nefi 9:21-22 LDS:

Porque he aquí, Él sufre los dolores de todos los hombres, Sí, los dolores de toda criatura viviente -tanto hombres como mujeres y niños- que pertenecen a la familia de Adán; Y Él sufre esto para que la resurrección pase sobre todos los hombres, (y) para que todos puedan comparecer ante Él en el gran día del juicio. (Énfasis añadido)

A continuación, Nefi explica que es el poder de la resurrección de Cristo lo que nos salva de la muerte física y Su expiación lo que nos salva de la muerte espiritual:

2 Nefi 7:43 RCE, 2 Nefi 10:24 LDS:

Por tanto, que Dios os levante de la muerte por el poder de la resurrección, Y también de la muerte eterna por el poder de la expiación,... (Énfasis añadido)

Nefi predijo la visita de Cristo a sus descendientes después de su resurrección:

2 Nefi 11: 58, 61 RCE, 2 Nefi 25: 26:1,3 LDS:

Y después de que Cristo haya resucitado de entre los muertos, se mostrará a vosotros, mis hijos y mis amados hermanos,
Y después que venga el Mesías, se darán señales a mi pueblo de su nacimiento, y también de su muerte y resurrección;... (Énfasis añadido)

Jacob nos instó a reconciliarnos con Dios mediante la expiación de Cristo:

Jacob 3:16-18 RCE, Jacob 4:11-12 LDS:

Por tanto, amados hermanos, reconciliaos con Él [Dios] mediante la expiación de Cristo, su Hijo unigénito, para que obtengáis la resurrección, según el poder de la resurrección que es en Cristo, y seáis presentados a Dios como primicias de Cristo, teniendo fe y habiendo obtenido una buena esperanza de gloria en Él antes de que se manifieste en la carne. Y ahora bien, amados, no os maravilléis de que os diga estas cosas, pues ¿por qué no hablar de la expiación de Cristo y llegar a un conocimiento perfecto de Él, como para llegar al conocimiento de una resurrección y del mundo venidero? (Énfasis añadido)

Jacob continuó diciendo que si rechazamos a los profetas y sus palabras sobre Jesucristo y el Espíritu Santo, nos avergonzaremos de nuestros actos el día del juicio:

Jacob 4:12-14 RCE, Jacob 6:8-9 LDS:

¿Habréis de rechazar estas palabras? ¿Rechazareis las palabras de los profetas? ¿Y rechazaréis todas las palabras que han sido dichas acerca de Cristo, después de que tantos han hablado acerca de Él? ¿Y niegan la buena palabra de Cristo y el poder de Dios y el don del Espíritu Santo? ¿Y apagáis al Espíritu Santo y os burláis del gran plan de redención que ha sido establecido para vosotros? ¿No sabéis que si hacéis estas cosas, el poder de la redención y la resurrección que hay en Cristo os llevará a comparecer con vergüenza y horrible culpa ante el tribunal de Dios? (Énfasis añadido)

Mosíah 8:14 RCE, Mosíah 13:35 LDS:

Sí, ¿Y no han dicho también que Él llevaría a cabo la resurrección de los muertos y que Él mismo sería oprimido y afligido?

Mosíah explicó cómo Cristo rompió las ataduras de la muerte y sobre la primera resurrección en el momento de Su resurrección:

Mosíah 8:54-56, 58-59, 62 RCE, Mosíah 15:20-26 LDS:

Pero he aquí que las ataduras de la muerte serán rotas; Y reinará el Hijo y tendrá poder sobre los muertos; Por lo tanto, Él llevará a cabo la resurrección de los muertos. Y viene una resurrección, aun la primera resurrección; Sí, aun la resurrección de los que han sido, y de los que son, y de los que serán, Aun hasta la resurrección de Cristo, porque así será llamado. Y ahora, la resurrección de todos los profetas y todos aquellos que han creído en sus palabras, o todos aquellos que han guardado los mandamientos de Dios, Estos saldrán en la primera resurrección;... Y hay aquellos que tienen parte en la primera resurrección; Y estos son los que han muerto antes de que Cristo viniera, en su ignorancia, sin tener la salvación declarada a ellos; Y así el Señor lleva a cabo la restauración de estos; Y ellos tienen parte en la primera resurrección, o tienen vida eterna, siendo redimidos por el Señor.... Sí, incluso todos aquellos que han perecido en sus pecados desde el principio del mundo, que se han rebelado voluntariamente contra Dios, que han conocido los mandamientos de Dios y no los han guardado; Estos son los que no tienen parte en la primera resurrección. (Énfasis añadido)

Si Cristo hubiera fracasado, no podría haber habido resurrección. Gracias a Dios, Él triunfó:

Mosíah 8:80, 81, 84 RCE, Mosíah 16:7-11 LDS:

Y si Cristo no hubiera resucitado de entre los muertos, o no hubiera roto las ataduras de la muerte para que el sepulcro no tuviera victoria y la muerte no tuviera aguijón, no podría haber habido resurrección. Pero hay una resurrección; Por lo tanto, el sepulcro no tiene ninguna victoria, Y el aguijón de la muerte es devorado en Cristo....Si son buenos, a la resurrección de vida y felicidad sin fin; Y si son malos, a la resurrección de condenación sin fin,... (Énfasis añadido)

Mosíah 9:29 RCE, Mosíah 18:2 LDS:

Sí, con respecto a lo que estaba por venir, Y también con respecto a la resurrección de los muertos y la redención del pueblo, que se llevaría a cabo mediante el poder y <u>los sufrimientos y la muerte de Cristo, Y Su resurrección y ascensión a los cielos.</u> (Énfasis añadido)

Mosíah siguió dirigiendo a su pueblo hacia Cristo:

Mosíah 9:40 RCE, Mosíah 18:9:

...Para que seáis redimidos por Dios y seáis contados con los de la primera resurrección, para que tengáis vida eterna--.... (Énfasis añadido)

Vida Eterna

Alma habló a Helam antes de bautizarlo:

Mosíah 9:44 RCE, Mosíah18:13 LDS:

...Y que Él os conceda la vida eterna mediante la redención de Cristo que Él ha preparado desde la fundación del mundo. (Énfasis añadido)

En este versículo siguiente, Dios le dijo a Alma que recibiría la vida eterna:

Mosíah 11:127 RCE, Mosíah 26:20 LDS:

Tú [Alma] eres Mi sierva y hago convenio contigo de que tendrás vida eterna; Y me servirás y saldrás en Mi nombre y reunirás Mis ovejas;... (Énfasis añadido)

El rey Mosíah consultó al Señor acerca de permitir que sus hijos fueran a predicar a los lamanitas; temía que los mataran:

Mosíah 12:11 RCE, Mosíah 28:7 LDS:

Y el Señor dijo a Mosíah "Déjalos subir, porque muchos creerán en sus palabras y tendrán vida eterna; y libraré a tus hijos de las manos de los lamanitas". (Énfasis añadido)

En vista de que los lamanitas atacaban constantemente a los nefitas y muchos morían, Alma compartió lo siguiente:

Alma 1:127-128 RCE. Alma 3:26 LDS:

Y en un año fueron enviadas miles y decenas de miles de almas al mundo eterno, Para que cosecharan sus recompensas de acuerdo con sus obras, ya fueran buenas o malas, para cosechar la felicidad eterna o la miseria eterna de acuerdo con el espíritu que enumeró para obedecer, ya fuera un espíritu bueno o malo;... (Énfasis añadido)

Alma siguió hablando a los nefitas para que estuvieran preparados para encontrarse con Dios:

Alma 3:50-51 RCE, Alma 5:28 LDS:

"He aquí, ¿Estáis despojados de orgullo? Os digo que si no lo estáis, no estáis preparados para encontraros con Dios.
"He aquí, debéis prepararos rápidamente, porque el reino de los cielos está pronto a llegar, y el tal no tiene vida eterna....". (Énfasis añadido)

Aquí Alma estaba tratando de llevar a parte de su pueblo a la salvación pidiéndoles que se arrepintieran, se bautizaran y obedecieran las leyes de Dios. Al predicar al pueblo de Gedeón, dijo que si respondían, recibirían la vida eterna:

Alma 5:27-28 RCE, Alma 7:15-16 LDS:

Sí, venid y salid y mostrad a vuestro Dios que estáis dispuestos a arrepentiros de vuestros pecados y a entrar en un convenio con Él para guardar sus mandamientos, y atestiguadlo ante Él en este día entrando en las aguas del bautismo; y cualquiera que haga esto y guarde los mandamientos de Dios en adelante, recordará lo que le digo, sí, recordará lo que le he dicho, tendrá vida eterna según el testimonio del Espíritu Santo que testifica en mí. (Énfasis añadido)

Una vez más, Alma estaba dando dirección a su pueblo acerca de cómo cumplir con los requisitos para la vida eterna:

Alma 10:28-29 RCE, Alma 13:29 LDS:

Sino que os humilléis ante el Señor e invoquéis su santo nombre y veléis y oréis continuamente, Para que no seáis tentados más de lo que podéis soportar; Y así seáis guiados por el Espíritu Santo, haciéndoos humildes, mansos, sumisos, pacientes, llenos de amor y toda longanimidad, teniendo fe en el Señor, teniendo la esperanza de que recibiréis la vida eterna, teniendo el amor de Dios siempre en vuestros corazones, Para que seáis levantados en el último día y entréis en su reposo. (Énfasis añadido)

En el siguiente versículo, el rey Lamoni le pregunta a Aarón cómo podría salvarse:

<u>Alma 13:48 RCE, Alma 22:15 LDS:</u>

Y sucedió que después de que Aarón le hubo expuesto estas cosas, el rey dijo: "¿Qué debo hacer para tener esta vida eterna de la que has hablado?" (Énfasis añadido)

Y Aarón respondió:

<u>Alma 13:51 RCE, Alma 22:16 LDS:</u>

... "Si deseas esto, si te inclinas ante Dios, Sí, si te arrepientes de todos tus pecados y te inclinas ante Dios e invocas Su nombre con fe, creyendo que recibirás, Entonces recibirás la esperanza [de la vida eterna] que deseas". (Énfasis añadido)

En otro lugar, Helamán aconsejó a sus hijos, recomendándoles que hicieran lo que era bueno para el Señor, para que pudieran recibir la vida eterna:

<u>Helamán 2:70 RCE, Helamán 5:8 LDS:</u>

...Pero para que hagáis estas cosas a fin de acumular para vosotros un tesoro en el cielo, Sí, que es eterno y que no se desvanece; Sí, para que tengáis ese precioso don de la vida eterna, que tenéis razón para suponer que ha sido dado a nuestros padres. (Énfasis añadido)

Nefi más tarde recordó a los que habían querido matarlo la vez que Dios envió serpientes voladoras a los campamentos de Israel. Todo lo que la gente tenía que hacer para ser sanada era mirar a la serpiente de Moisés. Muchos, por incredulidad, se negaron a mirar y por eso murieron:

<u>Helamán 3:47-48 RCE, Helamán 8:14-15 LDS:</u>

"Sí, ¿No dio [Moisés] testimonio de que el Hijo de Dios había de venir? Y como él levantó la serpiente de bronce en el desierto, así debía ser levantado el que había de venir; Y todos los que miraran a esa serpiente vivirían, Así también, todos los que miraran al Hijo de Dios con fe, teniendo un espíritu contrito, podrían vivir, hasta esa vida que es eterna....". (Énfasis añadido)

En la siguiente cita, Jesucristo estaba hablando al remanente del pueblo después de la destrucción que sobrevino a Su muerte pero antes de que descendiera de los cielos. En ese momento, sólo oían Su voz:

<u>3 Nefi 4:42 RCE, 3 Nefi 9:14 LDS:</u>

Sí, de cierto os digo que si queréis venir a Mí, tendréis vida eterna;... (Énfasis añadido)

Luego se dirigió a la gente en persona después de haber descendido de los cielos, como lo había profetizado tanto en la Biblia como en el Libro del Mormón:

3 Nefi 7:10 RCE, 3 Nefi 15:9 LDS:

He aquí, yo soy la ley y la luz; Miradme y perseverad hasta el fin y viviréis, Porque al que persevere hasta el fin le daré vida eterna. (Énfasis añadido)

Como cristianos, nuestra creencia en los principios fundamentales arriba enunciados se basa en nuestra aceptación de:

- La divinidad de Jesús.
- La suficiencia de Su expiación.
- Su gracia amorosa e inmerecida hacia nosotros.
- Su plan para nuestra redención y salvación.

Atributos de Cristo
Su Divinidad

¿Qué dice el Libro del Mormón sobre esto?
2 Nefi 11:36 RCE, 2 Nefi 25:19 LDS:

Y de acuerdo con las palabras de los profetas, y también con la palabra del ángel de Dios, su nombre debe ser Jesucristo, el Hijo de Dios. (Énfasis añadido)

2 Nefi 11:39 RCE, 2 Nefi 25:20 LDS:

Sí, he aquí que os digo que como estas cosas son verdaderas, Y como vive el Señor Dios, No hay otro nombre dado debajo del cielo, a no ser este Jesucristo del cual he hablado, por el cual el hombre pueda ser salvo. (Énfasis añadido)

2 Nefi 11:78 RCE, 2 Nefi 26:12-13 LDS:

Y así como he hablado acerca de convencer a los judíos de que Jesús es el mismo Cristo, es necesario que los gentiles también se convenzan de que Jesús es el Cristo, el Dios Eterno, y que se manifiesta a todos los que creen en él por el poder del Espíritu Santo,... (Énfasis añadido)

2 Nefi 15:7 RCE, 2 Nefi 33:6 LDS:

¡Me glorío en la claridad! ¡Me glorío en la verdad! Me glorío en mi Jesús, ¡porque ha redimido mi alma del infierno! (Énfasis añadido)

Jacob 3:7 RCE, Jacob 4:6 LDS:

Por lo tanto, escudriñamos a los profetas, Y tenemos muchas revelaciones, y el espíritu de profecía, Y teniendo todos estos testigos, obtenemos una esperanza, Y nuestra fe se vuelve inquebrantable, hasta el punto de que verdaderamente podemos mandar en el nombre de Jesús, Y los mismos árboles nos obedecen, o las montañas, o las olas del mar;... (Énfasis añadido)

Mosíah 1:102-103 RCE, Mosíah 3:8-9 LDS:

'Y se llamará Jesucristo, el Hijo de Dios, el Padre del cielo y de la tierra, el Creador de todas las cosas desde el principio; Y su madre se llamará María; Y he aquí, viene a los suyos para que la salvación llegue a los hijos de los hombres, mediante la fe en su nombre...' (Énfasis añadido)

Mosíah 2:4 RCE, Mosíah 4:2 LDS:

Creemos en Jesucristo, el Hijo de Dios, que creó el cielo y la tierra y todas las cosas, que descenderá entre los hijos de los hombres. (Énfasis añadido)

Alma 3:83-84 RCE, Alma 5:48 LDS:

...Yo sé que Jesucristo vendrá, Sí, el Hijo del--Unigénito del--Padre, lleno de gracia y misericordia y verdad. Y he aquí, es Él quien viene para quitar los pecados del mundo; Sí, los pecados de todo hombre que cree firmemente en Su nombre. (Énfasis añadido)

Alma 4:10 RCE, Alma 6:8 LDS:

Y conforme al espíritu de profecía que había en él, conforme al testimonio de Jesucristo, el Hijo de Dios, que había de venir para redimir a su pueblo de sus pecados,... (Énfasis añadido)
El pueblo de Alma confiaba en el poder del Señor para salvar sus almas:

Alma 21:74 RCE, Alma 46:39 LDS:

Y sucedió que hubo muchos que murieron, creyendo firmemente que sus almas habían sido redimidas por el Señor Jesucristo; así salieron del mundo regocijándose. (Énfasis añadido)

Helamán 2:71 RCE, Helamán 5:9 LDS:

Oh, recordad, recordad, hijos míos, las palabras que el rey Benjamín dijo a su pueblo; sí, recordad que no hay otro camino ni medio por el cual el hombre pueda salvarse, sino por medio de la sangre expiatoria de Jesucristo, que vendrá; sí, recordad que él viene para redimir al mundo. (Énfasis añadido)

3 Nefi 2:103 RCE, 3 Nefi 5:20 LDS:

Tengo motivos para bendecir a mi Dios y a mi Salvador Jesucristo, porque Él sacó a nuestros padres de la tierra de Jerusalén, y nadie lo supo, salvo Él mismo y los que Él sacó de esa tierra.

Y que nos ha dado a mí y a mi pueblo tanto conocimiento para la salvación de nuestras almas. (Énfasis añadido)

3 Nefi 2:109 RCE, 3 Nefi 5:26 LDS:

Y entonces conocerán a su Redentor, que es Jesucristo, el Hijo de Dios;... (Énfasis añadido)

3 Nefi 3:63 RCE, 3 Nefi 7:21 LDS:

Pero todos los que se convirtieron dieron verdaderamente a entender al pueblo que habían sido visitados por el poder y el Espíritu de Dios que estaba en Jesucristo, en quien habían creído. (Énfasis añadido)

3 Nefi 4:44-45 RCE, 3 Nefi 9:15 LDS:

He aquí yo soy Jesucristo, el hijo de Dios; yo creé los cielos y la tierra y todas las cosas que en ellos hay; yo estaba con el Padre desde el principio; yo estoy en el Padre y el Padre en mí, y en mí el Padre ha glorificado su nombre. (Énfasis añadido)

Su Expiación

Jesús derramó Su sangre por nosotros en la cruz del Calvario, y Su expiación es suficiente para lo peor de nosotros. Debemos aceptar Su sacrificio y creer que Él murió por nuestros pecados y fue resucitado por Su Padre, derrotando así a la muerte. El Libro del Mormón da fe de ello.

Mosíah 1:118 RCE, Mosíah 3:18 LDS:

Pero los hombres beben la condenación para sus propias almas, a menos que se humillen y se vuelvan como niños pequeños, y crean que la salvación fue y es y está por venir, en y por medio de la sangre expiatoria de Cristo, el Señor Omnipotente. (Énfasis añadido)

El amor de Dios se muestra por Su gracia dada hacia nosotros:

2 Nefi 7:42 RCE, 2 Nefi 10:24 LDS:

Y recordad, que después de reconciliaros con Dios, Que sólo en y por la gracia de Dios sois salvos;... (Énfasis añadido)

Si conocemos a Jesús, nos rebelamos contra Él a sabiendas y morimos en nuestra rebelión, no recibiremos la salvación:

Mosíah 1:113 RCE, Mosíah 3:15 LDS:

Sin embargo, endurecieron sus corazones y no entendieron que la ley de Moisés no sirve para nada, a menos que sea mediante la expiación de Su sangre. (Énfasis añadido)

Debemos aceptar a Jesús y convertirnos en sus hijos e hijas:

Mosíah 2:10-11 RCE, Mosíah 4:6-7 LDS:

Y también la expiación que ha sido preparada desde la fundación del mundo, para que por medio de ella llegara la salvación al que pusiera su confianza en el Señor, y fuera diligente en guardar Sus mandamientos y perseverara en la fe, aun hasta el fin de su vida -me refiero a la vida del cuerpo mortal-; digo que éste es el hombre que recibe la salvación por medio de la expiación que fue preparada desde la fundación del mundo para toda la humanidad, la que siempre ha existido, desde la caída de Adán, o la que es o la que siempre será, aun hasta el fin del mundo. (Énfasis añadido)

Debemos comprender que incluso ahora sólo hay una manera de permanecer en la presencia de Dios, mediante la expiación de Jesucristo:

Alma 16:208-209, 213 RCE, Alma 34:9, 13 LDS:

Porque es conveniente que se haga una expiación; Porque de acuerdo con los grandes planes del Eterno Dios, debe hacerse una expiación, o de lo contrario toda la humanidad debe perecer inevitablemente; Sí, todos están endurecidos, Sí, todos están caídos y están perdidos y deben perecer, a menos que sea por medio de la expiación que es conveniente que se haga. (Énfasis añadido)

Pero la ley exige la vida de aquel que ha asesinado; Por lo tanto, no hay nada que no sea una expiación infinita que baste para los pecados del mundo, Por lo tanto, es conveniente que haya un gran y último sacrificio. (Énfasis añadido)

Jacob 5:21 RCE, Jacob 7:13 LDS:

Por lo tanto, sé que si no se hiciera expiación, toda la humanidad se perdería. (Énfasis añadido)

Mosíah 1:115-116 RCE, Mosíah 3:16-17 LDS:

Porque he aquí, como en Adán, o por naturaleza, caen, así también la sangre de Cristo expía sus pecados. Y más aún, les digo que no habrá otro nombre dado, ni otro camino ni medio por el cual la salvación pueda llegar a los hijos de los hombres--Sólo en y a través del nombre de Cristo, el Señor Omnipotente. (Énfasis añadido)

Mosíah 1:118-120 RCE, Mosíah 3:18-19 LDS:

Pero los hombres beben la condenación para sus propias almas, a menos que se humillen y se vuelvan como niños pequeños, Y crean que la salvación fue, y es, y ha de venir, en y a través de la <u>sangre expiatoria de Cristo</u>, el Señor Omnipotente. Porque el hombre natural es un enemigo de Dios y lo ha sido desde la caída de Adán y lo será por los siglos de los siglos, Pero si cede a las seducciones del Espíritu Santo y se despoja del hombre natural - y se convierte en un santo a través de la expiación de Cristo el Señor, y se vuelve *como un niño - sumiso, manso, humilde, paciente, lleno de amor, dispuesto a someterse a todas las cosas que el Señor considere oportuno infligirle, como un niño se somete a su padre. (Énfasis añadido)*

Estos profetas nos hablan "desde el polvo". Necesitamos aceptar a Jesús como nuestro Salvador, pedirle perdón y vivir vidas perdonadas y redimidas.

Su Gracia

Vivimos y nos movemos y tenemos nuestro ser en la gracia amorosa e inmerecida del Señor Jesucristo hacia nosotros. El Libro del Mormón nos dice:

<u>2 Nefi 1:71 RCE, 2 Nefi 2:6 LDS:</u>
Por lo tanto, la redención viene en y por medio del Santo Mesías, Porque Él está lleno de gracia y de verdad; (Énfasis añadido)

<u>2 Nefi 1:73-75 RCE, 2 Nefi 2:8 LDS:</u>
Por lo tanto, cuán grande es la importancia de dar a conocer estas cosas a los habitantes de la tierra, para que sepan que no hay carne que pueda morar en la presencia de Dios, a menos que sea por medio de los méritos, y la misericordia, y la gracia del Santo Mesías, el cual entregó su vida, según la carne, y la volvió a tomar, por el poder del Espíritu, a fin de llevar a cabo la resurrección de los muertos, siendo el primero que debía resucitar. (Énfasis añadido)

<u>2 Nefi 6:19 RCE, 2 Nefi 9:8 LDS:</u>
¡Oh la sabiduría de Dios, Su misericordia y gracia! (Énfasis añadido)

<u>2 Nefi 8:11-12 RCE, 2 Nefi 11:5-6 LDS:</u>
Sí, mi alma se deleita en Su gracia y Su justicia y poder y misericordia, En el grande y eterno plan de liberación de la muerte. Y mi alma se deleita en probar a mi pueblo que salvo que Cristo venga, todos los hombres deben perecer;... (Énfasis añadido)

<u>Alma 5:4 RCE, Alma 7:3 LDS:</u>
Y he aquí, he venido teniendo grandes esperanzas y mucho deseo de hallar que os habíais humillado ante Dios, y que habíais continuado en la súplica de su gracia, para hallar que erais irreprensibles ante él,... (Énfasis añadido)

Alma 7:40 RCE, Alma 9:26 LDS:

Y no muchos días después, el Hijo de Dios vendrá en Su gloria; Y Su gloria será la gloria del Unigénito del Padre, Lleno de gracia, equidad y verdad, Lleno de paciencia, misericordia y largo sufrimiento, Rápido para escuchar los clamores de Su pueblo, y para responder a sus oraciones. (Énfasis añadido)

Helamán 4:70-72 RCE, Helamán 12:23-25 LDS:

Por lo tanto, bienaventurados los que se arrepientan y escuchen la voz del Señor su Dios, porque éstos son los que se salvarán; y que Dios conceda en su gran plenitud que los hombres sean llevados al arrepentimiento y a las buenas obras, para que sean restaurados en gracia según sus obras. Y quisiera que todos los hombres se salvaran;... (Énfasis añadido)

Éter 5:27-28 RCE, Éter 12:26-27 LDS:

...el Señor me habló diciendo: "Los necios se burlan, pero se lamentarán; y mi gracia es suficiente para los mansos para que no se aprovechen de vuestra debilidad; y si los hombres vienen a mí, les mostraré su debilidad; doy a los hombres debilidad para que sean humildes, y mi gracia es suficiente para todos los hombres que se humillan ante mí; porque si se humillan ante mí y tienen fe en mí, entonces haré que las cosas débiles se vuelvan fuertes para ellos....". (Énfasis añadido)

Moroni 9:28 RCE, Moroni 9:26 LDS:

Y que la gracia de Dios Padre, cuyo trono está en lo alto de los cielos, y de nuestro Señor Jesucristo, que está sentado a la diestra de Su poder hasta que todas las cosas se le sujeten, esté y permanezca con ustedes para siempre. Amén. (Énfasis añadido)

Moroni 10:29-30 RCE, Moroni 10:32-33:

Si, venid a Cristo, y perfeccionaos en El y negaros a vosotros mismos de toda impiedad, Y si os negareis a vosotros mismos de toda impiedad y amareis a Dios con todo vuestro poder, mente y fuerza, Entonces su gracia os es suficiente, para que por su gracia seáis perfectos en Cristo; Y si por la gracia de Dios sois perfectos en Cristo, de ninguna manera podréis negar el poder de Dios. Y además, si por la gracia de Dios sois perfectos en Cristo y no negáis su poder, Entonces sois santificados en Cristo por la gracia de Dios mediante el derramamiento de la sangre de Cristo, Que está en el pacto del Padre para la remisión de vuestros pecados, a fin de que seáis santos sin mancha. (Énfasis añadido)

Su Plan Para Nuestra Redención Y Salvación

Alma 9:42 RCE, Alma 12:25 LDS:
Ahora bien, si no hubiera sido por el plan de redención que fue establecido desde la fundación del mundo, no podría haber habido resurrección de los muertos. (Énfasis añadido)

Alma 9:44-45 RCE, Alma 12:26 LDS:
Y ahora he aquí, si fuera posible que nuestros primeros padres pudieran haber salido y participado del árbol de la vida, habrían sido por siempre miserables, al no tener ningún estado preparatorio; Y así se habría frustrado el plan de la redención. Y la palabra de Dios habría sido nula, sin efecto. (Énfasis añadido)

Alma 9:49 RCE, Alma 12:30
Y comenzaron desde entonces a invocar Su nombre. "Por lo tanto, Dios conversó con los hombres y les dio a conocer el plan de redención que había sido preparado desde la fundación del mundo;..." (Énfasis añadido)

Alma 9:52-53 RCE, Alma 12:32 LDS:
Por lo tanto, Dios les dio mandamientos, después de haberles dado a conocer el plan de redención, para que no hicieran el mal, Siendo la pena de ello una segunda muerte que era una muerte eterna en cuanto a las cosas que pertenecen a la justicia, Porque sobre los tales el plan de redención no podía tener ningún poder, porque las obras de la justicia no podían ser destruidas de acuerdo con la bondad suprema de Dios. (Énfasis añadido)

Alma 9: 54 RCE, Alma 12:33 LDS:
Pero Dios hizo un llamamiento a los hombres en el nombre de Su Hijo, siendo este el plan de redención que fue establecido, diciendo: "Si os arrepentís y no endurecéis vuestros corazones, tendré misericordia de vosotros por medio de mi Hijo unigénito;..." (Énfasis añadido)

Alma 12:119 RCE, Alma 18:39 LDS:
Pero esto no es todo-Pues él [Ammón] les expuso el plan de redención, el cual fue preparado desde la fundación del mundo;... (Énfasis añadido)

Alma13:45 RCE, Alma 22:13 LDS:
Y Aarón le expuso las Escrituras desde la creación de Adán, presentándole la caída del hombre y su estado carnal, y también el plan de redención que fue preparado desde la fundación del mundo por medio de Cristo para todos los que creyeran en Su nombre;...
(Énfasis añadido)

Alma 9:44-45 RCE, Alma 12:26 LDS:

Y ahora he aquí, si fuera posible que nuestros primeros padres pudieran haber salido y participado del árbol de la vida, habrían sido miserables para siempre, al no tener ningún estado preparatorio; Y así se habría frustrado el plan de la redención. Y la palabra de Dios habría sido nula, sin efecto. (Énfasis añadido)

Alma 9:49 RCE, Alma 12:30

Y comenzaron desde entonces a invocar Su nombre. "Por lo tanto, Dios conversó con los hombres y les dio a conocer el plan de redención que había sido preparado desde la fundación del mundo;..." (Énfasis añadido)

Alma 9:52-53 RCE, Alma 12:32 LDS:

Por lo tanto, Dios les dio mandamientos, después de haberles dado a conocer el plan de redención, para que no hicieran el mal, Siendo la pena de ello una segunda muerte que era una muerte eterna en cuanto a las cosas que pertenecen a la justicia, Porque sobre los tales el plan de redención no podía tener ningún poder, porque las obras de la justicia no podían ser destruidas de acuerdo con la bondad suprema de Dios. (Énfasis añadido)

Alma 9: 54 RCE, Alma 12:33 LDS:

Pero Dios hizo un llamamiento a los hombres en el nombre de Su Hijo, siendo este el plan de redención que fue establecido, diciendo: "Si os arrepentís y no endurecéis vuestros corazones, tendré misericordia de vosotros por medio de mi Hijo unigénito;..." (Énfasis añadido)

Alma 12:119 RCE, Alma 18:39 LDS:

Pero esto no es todo-Pues él [Ammón] les expuso el plan de redención, el cual fue preparado desde la fundación del mundo;... (Énfasis añadido)

Alma 13:45 RCE, Alma 22:13 LDS:

Y Aarón le expuso las Escrituras desde la creación de Adán, presentándole la caída del hombre y su estado carnal, y también el plan de redención que fue preparado desde la fundación del mundo por medio de Cristo para todos los que creyeran en Su nombre;... (Énfasis añadido)

Alma 15:53 RCE, Alma 29:2 LDS:

Sí, yo declararía a cada alma, como con la voz del trueno, el arrepentimiento y el plan de redención, para que se arrepientan y vengan a nuestro Dios, para que no haya más tristeza sobre toda la faz de la tierra. (Énfasis añadido)

Alma 16:217-218 RCE, Alma 34:16-18 LDS:

...Por lo tanto, sólo a aquel que tiene fe para arrepentimiento se le realiza el gran y eterno plan de redención. Por lo tanto, que Dios os conceda, hermanos míos, que empecéis a ejercer vuestra fe para arrepentimiento, Que empecéis a invocar Su santo nombre para que tenga misericordia de vosotros; Sí, clamad a Él por misericordia, porque Él es poderoso para salvar;... (Énfasis añadido)

Alma 16:227-228 RCE, Alma 34:31-32 LDS:

Sí, quisiera que salierais y no endurecierais vuestros corazones por más tiempo; Porque he aquí, ahora es el tiempo, y el día de vuestra salvación; Y por lo tanto, si os arrepentís y no endurecéis vuestros corazones, Inmediatamente se llevará a cabo el gran plan de redención para vosotros; Porque he aquí, que esta vida es el tiempo para que los hombres se preparen para encontrarse con Dios;... (Énfasis añadido)

Alma 19:26 RCE, Alma 39:18 LDS:

¿No es tan necesario que el plan de redención se dé a conocer a este pueblo, así como a sus hijos? (Énfasis añadido)

Como en todas las cosas espirituales, el plan de redención de Dios se recibe por medio de la fe.

Alma 16:217 RCE, Alma 34:16 LDS:

...Por lo tanto, sólo a aquel que tiene fe para arrepentimiento se le realiza el gran y eterno plan de redención....(Énfasis añadido)

Alma 19:92 RCE, Alma 42:11 LDS:

Y ahora recuerda, hijo mío, si no fuera por el plan de redención- -haciéndolo a un lado-, tan pronto como murieron, sus almas fueron miserables, al ser apartadas de la presencia del Señor. (Énfasis añadido)

Alma 14:38 RCE, Alma 24:14 LDS:

Sí, y Él nos ha dado a conocer estas cosas de antemano porque Él ama nuestras almas, así como ama a nuestros hijos; Por lo tanto, en Su misericordia Él nos visita por medio de Sus ángeles, para que el plan de salvación nos sea dado a conocer a nosotros, así como a las generaciones futuras; ¡Oh cuán misericordioso es nuestro Dios! (Énfasis añadido)

Jarom 1:3-4 RCE, Jarom 1:2 LDS:

Pues, ¿Qué podría yo escribir más de lo que han escrito mis padres? Pues, ¿No han revelado ellos el plan de salvación? (Énfasis añadido)

<u>Alma 19:85-86 RCE, Alma 42:5 LDS:</u>
Porque he aquí, si Adán hubiera extendido su mano inmediatamente, y hubiera participado del árbol de la vida, habría vivido para siempre, según la palabra de Dios, sin tener espacio para el arrepentimiento; Sí, y también la palabra de Dios habría sido nula, Y el gran plan de salvación se habría frustrado. (Énfasis añadido)

<u>1 Nefi 4:20 RCE, 1 Nefi 15:15 LDS:</u>
Y entonces, en ese día, ¿No se regocijarán y darán alabanzas a su Dios eterno, su roca y su salvación? (Énfasis añadido)

<u>Alma 10:95-100 RCE, Alma 15:6-11 LDS:</u>
Y sucedió que Alma le dijo, tomándole de la mano: "¿Crees en el poder de Cristo para salvación?" Y él respondió y dijo: "Sí, creo en todas las palabras que has enseñado". Y Alma dijo: "Si crees en la redención de Cristo, puedes ser sanado". Y él dice: "Sí, creo según tus palabras". Y entonces Alma clamó al Señor, diciendo: "¡Oh Señor Dios nuestro, ten piedad de este hombre y sánalo según su fe que está en Cristo!". Y sucedió que cuando Alma hubo dicho estas palabras, Zeezrom saltó sobre sus pies y comenzó a caminar. (Énfasis añadido).

Incluso si una persona sólo puede creer un poco, dice Alma:

<u>Alma 16:203-204 RCE, Alma 34:4-6 LDS:</u>
Sí, incluso que tuvierais tanta fe como para plantar la palabra en vuestros corazones, para que probéis el experimento de su bondad. Y hemos visto que la gran pregunta que está en vuestras mentes es si la palabra está en el Hijo de Dios, o si no habrá Cristo. Y también habéis contemplado que mi hermano os ha probado en muchos casos que la palabra está en Cristo para salvación;... (Énfasis añadido)

<u>1 Nefi 3:185-186 RCE, 1 Nefi 13:35-36 LDS:</u>
...He aquí, estas cosas [el Libro del Mormón] se esconderán para salir a los gentiles por el don y el poder del Cordero; **y en ellas estará escrito Mi evangelio, dice el Cordero, y Mi roca y Mi salvación.** (Énfasis añadido)

<u>1 Nefi 5:256 RCE, 1 Nefi 19:17 LDS:</u>
"Sí, y toda la tierra verá la salvación del Señor", dice el profeta. (Énfasis añadido)

<u>2 Nefi 1:63 RCE, 2 Nefi 2:3 LDS:</u>
Por tanto, sé que eres redimido a causa de la justicia de tu Redentor, Porque has visto que en la plenitud de los tiempos Él viene para traer salvación a los hombres,... (Énfasis añadido)

2 Nefi 1:65-66 RCE, 2 Nefi 2:4 LDS:

Porque el Espíritu es el mismo ayer, hoy y siempre; Y el camino está preparado desde la caída del hombre, y la salvación es gratuita;... (Énfasis añadido)

2 Nefi 3:50 RCE, 2 Nefi 4:30 LDS

Alégrate, corazón mío, y clama al Señor y di: ¡Oh Señor, te alabaré por siempre! Sí, mi alma se regocijará en Ti, mi Dios, y la Roca de mi salvación. (Énfasis añadido)

2 Nefi 9:133-134 RCE, 2 Nefi 22:2-3 LDS:

He aquí, Dios es mi salvación, confiaré y no temeré; Porque el Señor Jehová es mi fortaleza y mi canción; Él también se ha convertido en mi salvación. Por tanto, con alegría sacaréis agua de los pozos de la salvación;... (Énfasis añadido)

Omni 1:45-47 RCE, Omni 1:25-26 LDS:

Porque no hay nada que sea bueno, si no viene del Señor; y lo que es malo, viene del diablo. Y ahora, mis amados hermanos, quisiera que vinieran a Cristo, que es el Santo de Israel, y participaran de su salvación y del poder de su redención; Sí, vengan a él, y ofrézcanle sus almas enteras como ofrenda, y continúen ayunando y orando, y perseveren hasta el fin; Y vive el Señor, que serán salvos. (Énfasis añadido)

Mosíah 2:8-10,12 RCE, Mosíah 4:5-6,8 LDS:

Porque he aquí, que si el conocimiento de la bondad de Dios en este momento os ha despertado a un sentido de vuestra insignificancia y vuestra inutilidad y estado caído, os digo que si habéis llegado a un conocimiento de la bondad de Dios y Su poder incomparable y Su sabiduría y Su paciencia y Su compasión hacia los hijos de los hombres, Y también la expiación que ha sido preparada desde la fundación del mundo, para que de esta manera la salvación pueda venir a aquel que ponga su confianza en el Señor,....

Y no hay otra salvación sino ésta de que se ha hablado; Ni hay condiciones por las cuales el hombre pueda ser salvo, excepto las condiciones que os he dicho:... (Énfasis añadido)

Mosíah 3:11 RCE, Mosíah 5:8 LDS:

No hay otro nombre dado por el cual venga la salvación; Por lo tanto, quisiera que tomarais sobre vosotros el nombre de Cristo -todos los que habéis entrado en el convenio con Dios- para que seáis obedientes hasta el fin de vuestras vidas. (Énfasis añadido)

2 Nefi 11:39 RCE, 2 Nefi 25:20 LDS:

Sí, he aquí os digo, que como estas cosas son verdaderas, Y como vive el Señor Dios, No hay otro nombre dado debajo del cielo, a no ser este Jesucristo del cual he hablado, por el cual el hombre pueda ser salvo. (Énfasis añadido)

2 Nefi 15:15 RCE, 2 Nefi 33:12 LDS:

Y yo oro al Padre en el nombre de Cristo para que muchos de nosotros, si no todos, seamos salvos en su reino en aquel grande y postrer día. (Énfasis añadido)

En conclusión, podemos decir que el evangelio es simple, pero nuestro orgullo y arrogancia intelectual a menudo se interponen en el camino. ¿Notó cómo la gente del Libro del Mormón se regocijaba por su don de la salvación? Si lo aceptamos, esa alegría también está ahí para nosotros. A veces suponemos que no necesitamos ayuda, pero mire lo que aconseja el Libro del Mormón:

2 Nefi 6:58-61 RCE, 2 Nefi 9:28-29 LDS:

¡Oh la vanidad, la fragilidad y la necedad de los hombres! Cuando son sabios, piensan que son sabios y no escuchan el consejo de Dios, Porque lo dejan de lado, suponiendo que saben por sí mismos; Por lo tanto, su sabiduría es necedad y no les aprovecha; Por lo tanto, perecerán; Pero ser sabios es bueno, si es que escuchan los consejos de Dios.

CAPÍTULO 8

¿QUÉ ENSEÑAN LA BIBLIA Y EL LIBRO DEL MORMÓN SOBRE LOS DONES DEL ESPÍRITU?

Si observamos las condiciones del mundo actual, ciertamente parece que vivimos en lo que los cristianos llaman "el fin de los tiempos". Creo que la venida de Cristo está cerca y que debemos prepararnos pronto para Él. Por lo tanto, debemos aprovechar los dones y el poder disponibles a través del Espíritu Santo. Moroni nos da la lista completa:

Moroni 10:10-12 RCE. Moroni 10:9-17:
Porque he aquí, a uno es dado por el Espíritu de Dios, para que enseñe la palabra de sabiduría; Y a otro, para que enseñe la palabra de conocimiento por el mismo Espíritu; Y a otro, una fe sobreabundante; Y a otro, los dones de sanación por el mismo Espíritu; Y otra vez, a otro. para que pueda obrar milagros poderosos; Y de nuevo, a otro, para que profetice acerca de todas las cosas; Y de nuevo, a otro, la contemplación de ángeles y espíritus ministradores; Y de nuevo, a otro, toda clase de lenguas; Y de nuevo, a otro, la interpretación de lenguas y de diversas clases de lenguas. Y todos estos dones vienen por el Espíritu de Cristo; Y vienen a cada hombre por separado, según su voluntad. (Énfasis añadido)

Debemos tomarnos en serio estos dones, y podemos tenerlos siempre que decidamos pedirlos, ya que somos el remanente de las Doce Tribus de Israel o podemos ser hijos adoptivos de Cristo.

En un libro de tamaño limitado, no podemos explorar todos los dones en profundidad, así que vamos a explorar el "hablar en lenguas", ya que muchas personas tienen interés en ese tema. Encontraremos que tanto la Biblia como el Libro del Mormón son constantes en su testimonio, con respecto a esto.

Hablar En Lenguas
La primera experiencia mencionada en el Nuevo Testamento nos da una buena ilustración de lo que les sucedió a los doce apóstoles después de que Jesús ascendió al cielo:

Hechos 2:1-8

"Cuando llegó el día de Pentecostés, estaban todos unánimes juntos. Y de repente vino del cielo un estruendo como de un viento recio que soplaba, el cual llenó toda la casa donde estaban sentados; y se les aparecieron lenguas repartidas, como de fuego, asentándose sobre cada uno de ellos. Y fueron todos llenos del Espíritu Santo, y comenzaron a hablar en otras lenguas, según el Espíritu les daba que hablasen. Moraban entonces en Jerusalén judíos, varones piadosos, de todas las naciones bajo el cielo. Y hecho este estruendo, se juntó la multitud; y estaban confusos, porque cada uno les oía hablar en su propia lengua. Y estaban atónitos y maravillados, diciendo: Mirad, ¿no son galileos todos estos que hablan? ¿Cómo, pues, les oímos nosotros hablar cada uno en nuestra lengua en la que hemos nacido?"

El Espíritu Santo descendió sobre los apóstoles con un poder tan grande que su predicación, que fue hablada en su propia lengua materna, fue escuchada en múltiples idiomas por la gente que escuchaba desde diversos países, de modo que todo el pueblo entendió la predicación. En este ejemplo, las lenguas fueron interpretadas por el Espíritu. Este tipo de experiencia se nos promete a cada uno de nosotros.

Hablar en lenguas es uno de los dones del Espíritu Santo. Se menciona en las dos citas siguientes:

Marcos 16:17-18

"Y estas señales seguirán a los que creen: En mi nombre echarán fuera demonios; hablarán nuevas lenguas; tomarán en las manos serpientes, y si bebieren cosa mortífera, no les hará daño; sobre los enfermos pondrán sus manos, y sanarán."

La palabra "nuevas" significa una lengua que los hablantes nunca han aprendido, o en otras palabras, es "nueva" para ellos. ¿Hablar en lenguas significa siempre utilizar una lengua ya existente? Algunas personas creen eso, pero se dice de otra manera en la siguiente escritura:

Romanos 8:26:

"Y de igual manera el Espíritu nos ayuda en nuestra debilidad; pues qué hemos de pedir como conviene, no lo sabemos, pero el Espíritu mismo intercede por nosotros con gemidos indecibles."

Creo que cuando una persona experimenta estos "gemidos", se trata de palabras de petición, intercesión, alabanza y adoración que son oradas a través de nosotros por el Espíritu Santo y que no pueden ser entendidas por nadie excepto por Dios mismo. Estos se llaman "la lengua de los ángeles" en el Libro del Mormón y siguen a lo que se llama "el bautismo de fuego". El Libro del Mormón enriquece nuestra percepción de este concepto.

2 Nefi 13:17-18 RCE, 2 Nefi 31:13-14 LDS:

Sí, entonces viene el bautismo de fuego y del Espíritu Santo, y entonces podréis hablar con la lengua de los ángeles y gritar alabanzas al Santo de Israel. Pero he aquí, mis amados hermanos, así me llegó la voz del Hijo, diciendo: 'Después de que os hayáis arrepentido de vuestros pecados, y hayáis dado testimonio al Padre de que estáis dispuestos a guardar mis mandamientos por el bautismo de agua, y hayáis recibido el bautismo de fuego y del Espíritu Santo, y podáis hablar con una lengua nueva, sí, aun con la lengua de los ángeles, y después de esto me negaseis, mejor os hubiera sido no haberme conocido' (Énfasis añadido).

2 Nefi 13:27-28 RCE, 2 Nefi 31:19 LDS:

Y ahora mis amados hermanos, después de que os habéis metido en este camino estrecho y angosto, quisiera preguntar si todo está hecho. He aquí, os digo: No; Porque no habéis llegado hasta aquí sino por la palabra de Cristo, con fe inquebrantable en Él, Confiando enteramente en los méritos de Aquel que es poderoso para salvar. (Énfasis añadido)

Al pensar en las siguientes citas, considere ¿cuál es el significado de la "**palabra de Cristo**"? ¿Y qué significa hablar con la "**lengua de los ángeles**"? ¿Son lo mismo? Nefi nos da las respuestas:

2 Nefi 14:2-4 RCE, 2 Nefi 32:2-3 LDS:

Pero he aquí, ¿Por qué meditáis estas cosas en vuestros corazones? ¿No recordáis que os dije que después de haber recibido el Espíritu Santo, podríais hablar con la lengua de los ángeles? Y ahora, ¿cómo podríais hablar con la lengua de los ángeles si no fuera por el Espíritu Santo? Los ángeles hablan por el poder del Espíritu Santo, por lo tanto, hablan las palabras de Cristo. Por eso os he dicho: Festejad las palabras de Cristo, porque he aquí, las palabras de Cristo os dirán todo lo que debéis hacer. (Énfasis añadido)

2 Nefi 13:30 RCE, 2 Nefi 31:20 LDS:

Por tanto, si seguís adelante, deleitándoos en la palabra de Cristo y perseveráis hasta el fin, 'He aquí', así dice el Padre, 'tendréis vida eterna'. (Énfasis añadido)

Jacob 4:12-13 RCE, Jacob 6:8 LDS:

He aquí, ¿rechazaréis estas palabras? ¿Rechazaréis las palabras de los profetas? ¿Y rechazaréis todas las palabras que se han dicho acerca de Cristo, después de que tantos han hablado acerca de Él? ¿Y negaréis la buena palabra de Cristo y el poder de Dios y el don del Espíritu Santo? ¿Y apagaréis al Espíritu Santo y os burlaréis del gran plan de redención que ha sido establecido para vosotros? (Énfasis añadido)

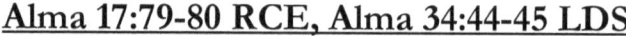

Alma 17:79-80 RCE, Alma 34:44-45 LDS

Porque he aquí, es tan fácil prestar atención a la palabra de Cristo, que os señalará un curso angosto hacia la bienaventuranza eterna, como lo fue para nuestros padres prestar atención a esta brújula, que les señalaría un curso angosto hacia la Tierra Prometida. Y ahora digo, ¿No hay un ejemplo en esto? Porque con la misma seguridad con que este director llevó a nuestros padres, siguiendo su curso, a la Tierra Prometida, la palabra de Cristo, si seguimos su curso, nos llevará más allá de este valle de dolor a una mucho mejor Tierra de Promisión. (Énfasis añadido)

3 Nefi 13:45-47 RCE, 3 Nefi 28:33-35

Y si tuvierais todas las escrituras que dan cuenta de todas las obras maravillosas de Cristo, sabríais, de acuerdo con las palabras de Cristo, que estas cosas ciertamente han de suceder; Y ¡Ay de aquel que no escuche las palabras de Jesús, y también a los que él ha escogido y enviado entre ellos! Porque quien no reciba las palabras de Jesús, y las palabras de los que Él ha enviado, no lo recibe a Él; Y por lo tanto, Él no los recibirá en el último día; Y sería mejor para ellos si no hubieran nacido;... (Énfasis añadido)

3 Nefi 13:60 RCE, 3Nefi 29:7 LDS:

Sí, y ¡Ay de aquel que diga en aquel día que no puede haber ningún milagro obrado por Jesucristo, para obtener ganancia! Porque el que haga esto será semejante al hijo de perdición para quien no hubo misericordia, según las palabras de Cristo. (Énfasis añadido)

2 Nefi 13:26 RCE, 2 Nefi 31:18 LDS:

Y vosotros habéis recibido el Espíritu Santo que da testimonio del Padre y del Hijo para el cumplimiento de la promesa que Él ha hecho, de que si entrabais por el camino recibiríais.

Las escrituras nos aconsejan que nos deleitemos con las palabras de Cristo. Creo que hay dos maneras de hacerlo: una es hablar bajo la influencia del Espíritu Santo de modo que se hable por inspiración, con la lengua de los ángeles que, según el Libro del Mormón, son las palabras de Cristo. La segunda forma es estudiar las escrituras con plena intención de corazón, pidiéndole la comprensión de sus palabras y un testimonio de su validez.

Si lo hace, con un corazón contrito, dispuesto a escuchar Su respuesta, entonces Él le dará ese testimonio a través de Su Espíritu Santo, y usted recibirá una visión sobre cómo vivir su vida.

Reflexiones Personales

Las palabras de Cristo son palabras de vida eterna. Pero, ¿qué pasa si una persona dice: "Lo he intentado, pero no recibo la confirmación que necesito". La siguiente escritura nos dice que aquellos que no comprenden perecerán en la oscuridad:

2 Nefi 14:5 RCE, 2 Nefi 33:4 LDS:

Por tanto, ahora, después de haber dicho estas palabras, si no podéis entenderlas, será porque no pedís, ni llamáis; por tanto, no sois llevados a la luz, sino que tenéis que perecer en la oscuridad. (Énfasis añadido)

Debemos estar seguros de que no estamos tratando de decirle a Dios cuál debe ser la respuesta a nuestras oraciones. Si lo hacemos, Él no podrá responder porque ya lo hemos decidido y no estamos dispuestos a permitir que Él nos guíe. Recuerde, satanás quiere que fracasemos. Quiere que dejemos de orar, que nos rindamos, para poder reclamar nuestras almas y atormentarnos para siempre:

2 Nefi 14:11 RCE, 2 Nefi 32:8 LDS:

Porque si escucharais al Espíritu que enseña al hombre a orar, sabríais que debéis orar, Porque el espíritu maligno no enseña al hombre a orar, sino que le enseña que no debe orar. (Énfasis añadido)

Por lo tanto, siempre debemos orar, especialmente antes de hacer cualquier cosa para el Señor, y si hacemos Su trabajo, dándole a Él el crédito, y no a nosotros mismos, entonces Él consagrará nuestro trabajo para el bienestar de nuestras almas y de las almas de los demás.

2 Nefi 14:12 RCE, 2 Nefi 32:9 LDS:

Pero he aquí, os digo que debéis orar siempre y no desfallecer, Que no debéis realizar nada para el Señor a menos que en primer lugar oréis al Padre en el nombre de Cristo, Para que Él os consagre vuestro desempeño, para que vuestro desempeño sea para el bienestar de vuestra alma. (Énfasis añadido)

Podemos orar a través de nuestra lengua materna o de nuestra lengua de oración. Cuando estudiamos Sus escrituras, oramos para que Cristo nos dé claridad de pensamiento para que podamos entender Sus palabras. Si hacemos estas cosas, el Espíritu Santo confirmará su veracidad. ¿Puedo preguntarle si es usted un hijo de Dios nacido de nuevo? Ciertamente no está obligado a serlo. Tiene el vale de elegir. Por desgracia, de lo único que el Señor no puede librarle es de su propio orgullo. Él le da su albedrío. A menudo pensamos que no necesitamos ayuda, y Dios lo respeta. Por lo tanto, debido a Su amor por nosotros, siempre somos libres de decir sí o no. Así que, elijamos sabiamente; elijamos a Jesús.

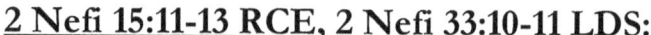

2 Nefi 15:11-13 RCE, 2 Nefi 33:10-11 LDS:

Y ahora mis amados hermanos, y también judíos y todos vosotros los confines de la tierra, Escuchad estas palabras y creed en Cristo; Y si no creéis en estas palabras, creed en Cristo; Y si creéis en Cristo, creeréis en estas palabras, porque son las palabras de Cristo y Él me las ha dado; Y ellas enseñan a todos los hombres que deben hacer el bien.

Y si no son las palabras de Cristo, juzgad vosotros, Porque Cristo os mostrará con poder y gran gloria que son sus palabras en el último día;... (Énfasis añadido)

Aunque usted se niegue a creer las palabras de Cristo en esta vida, Él se las recordará en la otra vida. Le preguntará: "¿Por qué te negaste a aceptar las palabras de mis Sagradas Escrituras y por qué no escuchaste a mis santos profetas?". Es mejor no esperar. Debemos reconocer nuestras imperfecciones, humillarnos y arrepentirnos. Debemos aceptar a Cristo como nuestro Salvador y ser bautizados con la enseñabilidad de un niño. Si está dispuesto a recibir y ha pedido a Jesús que entre en su corazón, Él le proporcionará la afirmación que busca. Si tiene algún problema con estas palabras, mire lo que dice el Libro del Mormón:

2 Nefi 15:6 RCE, 2 Nefi LDS:

Y [El Espíritu Santo] habla severamente contra el pecado, según la claridad de la verdad; Por lo tanto, ningún hombre se enojará por las palabras que he escrito, a menos que sea del espíritu del diablo. (Énfasis añadido)

Aunque no estamos obligados a creer, mire las promesas para los que lo hacen y para los que no (Vea también Apocalipsis 6:1-17):

2 Nefi 5:34-39 RCE, 2 Nefi 6:13-15 LDS:

"...Y el pueblo del Señor no se avergonzará, Porque el pueblo del Señor son los que le esperan, Porque aún aguardan la venida del Mesías". Y he aquí, de acuerdo con las palabras del profeta, el Mesías se establecerá de nuevo la segunda vez para recuperarlos; Por lo tanto, Él se manifestará a ellos con poder y gran gloria, hasta la destrucción de sus enemigos, cuando llegue ese día en que creerán en Él; Y no destruirá a nadie que crea en Él. Y los que no crean en Él serán destruidos, tanto por fuego como por tempestad, y por terremotos y por derramamientos de sangre, y por pestilencia y por hambre. (Énfasis añadido)

Como he dicho, todos los dones del espíritu tienen por objeto edificarnos y equiparnos para el servicio a nuestro Señor Jesucristo. Moroni nos dice:

Moroni 10:14 RCE, Moroni 10:19 LDS:

Y quiero exhortaros, mis amados hermanos, a que recordéis que Él es el mismo ayer, hoy y por los siglos, y que todos estos dones de los que he hablado, que son espirituales, nunca desaparecerán, mientras el mundo subsista, sólo según la incredulidad de los hijos de los hombres.

Por lo tanto, no debemos tomar los dones del Espíritu a la ligera. Dios tiene una severa advertencia para aquellos que busquen acabar con ellos:

Moroni 10:21-25 RCE, Moroni 10:26-28 LDS:

Y ¡Ay de aquellos que hagan estas cosas y mueran! Porque mueren en sus pecados, Y no pueden ser salvos en el reino de Dios; Y lo digo de acuerdo con las palabras de Cristo; Y no miento. ¡Y os exhorto a recordar estas cosas! Porque pronto llegará el tiempo en que sabréis que no miento, Porque me veréis ante el tribunal de Dios, Y el Señor Dios os dirá: "¿No os declaré mis palabras que fueron escritas por este hombre, como quien clama de entre los muertos? Sí, ¿Incluso como uno que habla desde el polvo? Yo declaro estas cosas para que se cumplan las profecías; Y he aquí que saldrán de la boca del Dios Eterno; Y su palabra silbará de generación en generación; (Énfasis añadido)

Finalmente, Jesús mismo nos da estas aleccionadoras palabras:

Marcos 8:38:

"Porque el que se avergonzare de mí y de mis palabras en esta generación adúltera y pecadora, el Hijo del Hombre se avergonzará también de él, cuando venga en la gloria de su Padre con los santos ángeles."

Como cristianos sabemos que debemos *"Pedid y se os dará, buscad y hallaréis, llamad y se os abrirá"* (Lucas 11:9). Cristo le proporcionará el testimonio que desea si pide, busca y llama. Sin embargo, es importante recordar que, si después de recibir estas cosas, negamos a Cristo, si lo avergonzamos abiertamente, habría sido mejor que nunca lo hubiéramos conocido.

CAPÍTULO 9

¿CUÁLES SON LAS DOS OBJECIONES PRINCIPALES AL LIBRO DEL MORMÓN?

Joseph Smith Como Profeta

Joseph Smith inició el Movimiento de Restauración porque Dios le dijo que muchas cosas "claras y preciosas" habían sido eliminadas del evangelio completo y original de Cristo. La consecuencia de su respuesta fue que fue muy difamado en vida y finalmente asesinado en 1844. Uno podría preguntarse cómo pudo ocurrir esto en un país libre que cree en la libertad de religión. Merece la pena investigar la respuesta. Sin embargo, por el momento, digamos que fue un individuo muy incomprendido. Algunas personas afirman que no pudo ser un profeta de Dios debido a todo el malestar que creó. Pero piénselo. Muchos profetas estaban rodeados de odio y descontento, tanto que muchos fueron asesinados por la gente a la que profetizaban. Esto también es cierto sobre el propio Jesucristo. Joseph Smith, como muchos otros hombres justos mencionados en la Biblia, fue asesinado a causa de sus creencias; e incluso hoy, más de un siglo y medio después de su muerte, la mención de su nombre puede hacer que un ministro por lo demás tranquilo y sereno se enfade. ¿Por qué? El apóstol Juan lo explica:

Juan 4:44:

"Porque Jesús mismo dio testimonio de que el profeta no tiene honra en su propia tierra."

A la luz de la escritura anterior, es comprensible por qué Joseph Smith podría no recibir el honor o el respeto que merece, y usted ciertamente tiene el vale de decir que no fue elegido por Dios. Sin embargo, le pido que se reserve su juicio, considere las pruebas y luego pregunte a Dios, a través de su Espíritu Santo, cuál es la verdad. No se fíe sólo de la sabiduría humana: después de todo, ¡Mire lo que hizo con un burro!

Números 22:28-31:

"Entonces Jehová abrió la boca al asna, la cual dijo a Balaam: ¿Qué te he hecho, que me has azotado estas tres veces? Y Balaam respondió al asna: Porque te has burlado de mí. ¡Ojalá tuviera espada en mi mano, que ahora te mataría! Y el asna dijo a Balaam: ¿No soy yo tu asna? Sobre mí has cabalgado desde que tú me tienes hasta este día; ¿He acostumbrado hacerlo así contigo? Y él respondió: No. Entonces Jehová abrió los ojos de Balaam, y vio al ángel de Jehová que estaba en el camino, y tenía su espada desnuda en su mano. Y Balaam hizo reverencia, y se inclinó sobre su rostro"

¿No es obvio que Dios puede utilizar a cualquiera, o cualquier cosa, para cumplir sus propósitos, incluso a una persona inculta e improbable como Joseph Smith o a una persona culta pero improbable como Joseph DeBarthe, o incluso a usted? Como Joseph Smith, simplemente tendríamos que haber

1. Aceptado a Cristo como nuestro Salvador,
2. demostrando nuestra voluntad de aceptarle siendo bautizados, como Cristo,
3. orando, pidiendo al Señor a través de Su Espíritu Santo que dirija nuestros caminos, y
4. formulando a Dios una pregunta directa, y estado dispuestos a aceptar cualquier respuesta que Él nos diera.

Si hemos hecho eso, entonces Dios es libre de utilizarnos de la manera que Él elija. Aunque puede que no tengamos la vocación de un profeta, sólo digo que Dios utilizó a Joseph Smith por su disposición a preguntar con fe y a creer lo que el Espíritu Santo le dijo. Tenemos la misma promesa que él encontró en Santiago:

Santiago 1:5:
"Y si alguno de vosotros tiene falta de sabiduría, pídala a Dios, el cual da a todos abundantemente y sin reproche, y le será dada."

Veamos lo que dijo Joseph Smith sobre su experiencia con Jesús y Dios y las circunstancias que condujeron a ella. Lo siguiente se cita de la *Historia de la Iglesia Reorganizada de Jesucristo de los Santos de los Últimos Días:*

En ese momento yo tenía quince años. La familia de mi padre se hizo prosélita de la fe presbiteriana, y cuatro de ellos se unieron a esa iglesia; a saber, mi madre Lucy, mis hermanos Hyrum, Samuel Harrison y mi hermana Sophronia.

Durante esta época de gran excitación, mi mente fue llamada a serias reflexiones y a una gran inquietud; pero aunque mis sentimientos eran profundos y a menudo punzantes, aun así me mantuve alejado de todos esos partidos, aunque asistí a sus diversas reuniones tan a menudo como la ocasión lo permitía; Con el tiempo, mi mente se inclinó un poco por la secta metodista y sentí cierto deseo de unirme a ellos, pero la confusión y las luchas entre las diferentes denominaciones eran tan grandes que resultaba imposible para una persona joven como yo y tan poco familiarizada con los hombres y las cosas llegar a una conclusión segura sobre quién tenía razón y quién estaba equivocado.

Mi mente se agitó mucho en diferentes momentos, el clamor y el tumulto eran tan grandes e incesantes. Los presbiterianos estaban muy decididos contra los bautistas y los metodistas, y utilizaban todos sus poderes de razón o sofistería para probar sus errores, o al menos para hacer creer a la gente que estaban en el error; por otra parte, los bautistas y los metodistas, a su vez, eran igualmente celosos para establecer sus propios principios y refutar todos los demás. En medio de esta guerra de palabras y tumulto de opiniones, me decía a menudo:

¿Qué hacer? ¿Quién de todos estos partidos tiene razón? O, ¿están todos equivocados a la vez? Si alguno de ellos tiene razón, ¿Cuál es, y cómo lo sabré?

Mientras trabajaba bajo las extremas dificultades causadas por las contiendas de estos partidos de religiosos, estaba un día leyendo la epístola de Santiago, primer capítulo y quinto versículo, que dice: 'Si a alguno de vosotros le falta sabiduría, que se la pida a Dios, que da a todos los hombres con liberalidad y sin reproche, y le será dada'. Nunca ningún pasaje de las Escrituras llegó con más fuerza al corazón de un hombre como lo hizo éste en ese momento al mío. Parecía entrar con gran fuerza en cada sentimiento de mi corazón. Reflexioné sobre él una y otra vez, sabiendo que si alguna persona necesitaba sabiduría de Dios yo la necesitaba, pues cómo actuar no lo sabía, y a menos que pudiera obtener más sabiduría de la que entonces tenía nunca lo sabría; pues los maestros de religión de las diferentes sectas entendían el mismo pasaje de forma tan diferente que destruía toda confianza en resolver la cuestión apelando a la Biblia. Al final llegué a la conclusión de que o bien debía permanecer en la oscuridad y la confusión, o bien debía hacer lo que Santiago indica; es decir, preguntar a Dios. Al final llegué a la determinación de "pedir a Dios", concluyendo que si Él daba sabiduría a los que carecían de ella y la daba generosamente, sin reprender, yo podría aventurarme. Así que de acuerdo con esta mi determinación, de pedir a Dios, me retiré al bosque para hacer el intento. Fue en la mañana de un hermoso día claro, a principios de la primavera de mil ochocientos veinte. Era la primera vez en mi vida que hacía tal intento, pues en medio de todas mis ansiedades nunca había hecho hasta entonces el intento de orar vocalmente.

Después de haberme retirado al lugar que me había propuesto previamente, habiendomirado a mi alrededor y encontrándome sola, me arrodillé y comencé a ofrecer a Dios los deseos de mi corazón. Apenas lo había hecho cuando inmediatamente me asaltó un poder que me dominó por completo y ejerció sobre mí una influencia tan asombrosa que me trabó la lengua de modo que no podía hablar.

Unas densas tinieblas se cernieron a mi alrededor, y durante un tiempo me pareció que estaba condenada a una destrucción repentina. Pero ejerciendo todas mis fuerzas para invocar a Dios para que me librara del poder de este enemigo que se había apoderado de mí, y en el preciso momento en que estaba dispuesta a hundirme en la desesperación y abandonarme a la destrucción, (no a una ruina imaginaria sino al poder de algún ser real del mundo invisible que tenía un poder tan maravilloso como nunca antes había sentido en mi ser,) justo en este momento de gran alarma, vi una columna de luz exactamente sobre mi cabeza, por encima del brillo del sol; que descendió gradualmente hasta caer sobre mí. Apenas apareció, me encontré liberado del enemigo que me mantenía atado. Cuando la luz se posó sobre mí, vi a dos personajes (cuyo brillo y gloria desafían toda descripción) de pie sobre mí en el aire. Uno de ellos me habló, llamándome por mi nombre, y dijo (señalando al otro): 'Este es mi Hijo amado, escúchale'.

Mi objeto al ir a preguntar al Señor era saber cuál de todas las sectas era la correcta, para saber a cuál unirme. No bien tomé posesión de mí mismo para poder hablar, pregunté a los personajes que estaban sobre mí en la luz, cuál de todas las sectas era la correcta, (pues en ese momento nunca había entrado en mi corazón que todas estuvieran equivocadas) y a cuál debía unirme. Se me respondió que no debía unirme a ninguna de ellas, porque todas estaban equivocadas, y el personaje que se dirigió a mí dijo que todos sus credos eran una abominación a sus ojos; que esos profesantes eran todos corruptos; "se acercan a mí con sus labios, pero sus corazones están lejos de mí; enseñan como doctrina mandamientos de hombres, teniendo apariencia de piedad, pero niegan el poder de la misma." Volvió a prohibirme que me uniera a ninguno de ellos: y muchas otras cosas me dijo que no puedo escribir en este momento. Cuando volví en mí me encontré tendido de espaldas, mirando al cielo. (7-10)

Recuerde, José sólo tenía quince años en ese momento, y fue un acontecimiento quele cambió la vida; sé que lo sería para mí si Dios me proporcionara ese tipo de experiencia. Incluso a los sesenta y un años, tendría un impacto en mí para el resto de mi vida. Ninguna cantidad de ira, ridículo o persecución me haría cambiar mi testimonio. Si es sincero consigo mismo, usted tampoco lo haría y tampoco lo hizo Joseph Smith. Sufrió mucho por sus creencias, incluso hasta la muerte. Ningún otro profeta produjo tantas escrituras que enseñan el evangelio eterno, hablan del ministerio Cristo, verifican la autenticidad de la Biblia y son predichas por la profecía bíblica. Usted y yo sabemos que los grandes líderes del Antiguo Testamento (Abraham, Isaac, Jacob, Moisés, David y Salomón) eran hombres imperfectos, pero Dios los utilizó para sus propósitos a pesar de sus debilidades. Lo mismo podría decirse de Joseph Smith.

Sin embargo, independientemente de su opinión personal sobre Joseph Smith, ¿nos habla la Biblia de un hombre como Joseph Smith? Fíjese en Isaías 29:

Isaías 29:11-12, 14:
"Y os será toda visión como palabras de libro sellado, el cual si dieren al que sabe leer, y le dijeren: Lee ahora esto; él dirá: No puedo, porque está sellado. Y si se diere el libro al que no sabe leer, diciéndole: Lee ahora esto; él dirá: No sé leer."
"Por tanto, he aquí que nuevamente excitaré yo la admiración de este pueblo con un prodigio grande y espantoso; porque perecerá la sabiduría de sus sabios, y se desvanecerá la inteligencia de sus entendidos."

Para aquellos de ustedes que todavía piensan que el Nuevo Testamento es el Bastón de José, consideren las siguientes preguntas:

1. Mientras que yo creo que el libro mencionado es el Libro del Mormón, usted cree que es el Nuevo Testamento. ¿Es eso cierto?

2. La escritura anterior nos dice que el libro será sellado. ¿Qué parte del Nuevo Testamento fue sellada? Sabemos por testimonio que parte de las planchas de oro del Libro del Mormón fueron, de hecho, selladas.

3. Esta escritura también nos dice que el libro fue llevado a un hombre erudito. En referencia al Nuevo Testamento, ¿Quién sería ese hombre erudito? Sabemos que una parte del manuscrito del Libro del Mormón fue llevada al profesor Anton en Nueva York para que verificara la traducción. Se negó a validar la traducción de Joseph Smith porque no podía ver todo el libro. Dijo: "No puedo, porque está sellado".

4. Esta escritura nos dice entonces que fue dada a un hombre inculto. Con respecto al Nuevo Testamento, ¿Quién era ese hombre inculto? En referencia al Libro del Mormón, sabemos que ese hombre era Joseph Smith.

5. Entonces Dios dijo, en efecto, lo haré yo mismo ("una obra maravillosa y un prodigio") a través del hombre ignorante. ¿Cuál fue la obra maravillosa y un prodigio que ocurrió en relación con la escritura del Nuevo Testamento?

Ni uno solo de los requisitos de Isaías para el bastón de José fue cumplido por el Nuevo Testamento, pero cada uno de ellos lo fue por la aparición del Libro del Mormón. ¿Preferiría usted negar las palabras de Isaías antes que aceptar que Dios pudo haber utilizado a Joseph Smith para Sus propósitos? Sí, José era un hombre imperfecto, pero también lo eran muchos de los siervos favorecidos de Dios. Recuerde, Abraham cometió adulterio; Jacob también, además de poligamia; Moisés cometió asesinato y otros pecados; Salomón tuvo 700 esposas y por último, pero no menos importante, el rey David no sólo cometió adulterio sino también asesinato para encubrirlo. Sin embargo, Dios no apartó a ninguno de ellos de sus cargos, sino que los utilizó a pesar de sus fracasos. Lo mismo puede decirse de Joseph Smith, hijo. No era un hombre perfecto, pero Dios también lo utilizó.

Sé que ya hemos examinado esto brevemente, pero veamos más de cerca a Ezequiel. ¿Qué dice la Biblia sobre ese segundo testigo?

Ezequiel 37:16-17

"Hijo de hombre, toma ahora un palo, y escribe en él: Para Judá, y para los hijos de Israel sus compañeros. Toma después otro palo, y escribe en él: Para José, palo de Efraín, y para toda la casa de Israel sus compañeros. Júntalos luego el uno con el otro, para que sean uno solo, y serán uno solo en tu mano."

La mayoría de la gente estaría de acuerdo en que la Biblia es el bastón de Judá. Algunos dicen que el Nuevo Testamento es el bastón de José, pero ¡No puede ser! Muéstreme una sola instancia que se refiera a cualquiera de las Diez Tribus (la Casa de Israel) en el marco temporal de la escritura del Nuevo Testamento. No puede. Sencillamente, ¡No están ahí! No se las vuelve a mencionar después de su dispersión o dispersión. Simplemente desaparecen de la Biblia. Por lo tanto, el registro de José, debe tratarse de algunos de los descendientes de José, el hijo de Israel, una de las tribus perdidas. Ezequiel 37 afirma que el bastón de José es un libro completamente separado de la Biblia. El Nuevo Testamento no cumple ese requisito, pero el Libro del Mormón sí.

Para continuar, veamos la "Estampación en el Tiempo". Ocurre cuando un profeta de Dios profetiza que después de que ocurra cierto evento, ocurrirá un segundo evento específico. Como ejemplo, en el nacimiento de Cristo, se nos dice que aparecería una nueva estrella. Así que sabemos que cuando apareció la nueva estrella, el niño Jesús ya había nacido. En el siguiente versículo, se da una marca temporal:

Isaías 29:17-18:

"¿No se convertirá de aquí a muy poco tiempo el Líbano en campo fructífero, y el campo fértil será estimado por bosque? En aquel tiempo los sordos oirán las palabras del libro, y los ojos de los ciegos verán en medio de la oscuridad y de las tinieblas."

Esta escritura es parte de la misma profecía de Isaías discutida en la página anterior. Explica que este libro predicho saldría a la luz poco antes de que el Líbano se convirtiera en un campo fructífero. Roy Weldon nos dice:

En 1830 había muy pocos judíos en Palestina y el propio país estaba desolado. La restauración de los judíos implica algo más que personas. Implica también tierras.

Una vieja enciclopedia nos da la situación de Palestina a principios del siglo XVIII. Dieciocho siglos de guerra, ruina y abandono han pasado sobre ella. Sus valles han sido cultivados durante siglos sin el menor intento de fertilización. Se ha permitido que sus muros en terrazas se desmoronen y su suelo ha sido arrastrado por sus barrancos, dejando las laderas rocosas y estériles. Sus árboles han sido talados y nunca reemplazados. Sus campos han quedado desolados. Sus estructuras saqueadas y todas sus mejoras destruidas sin piedad. Una tierra de ruinas sin hombres ni bestias. En todas partes, en la llanura o en la montaña, en el desierto rocoso o en el acantilado escarabajo se ha posado la mano saqueadora. (80)

Los judíos empezaron a regresar al Líbano después de 1830; en 1889 había 50 mil: en 1935 eran 61.541. En 1958 eran dos millones. Alrededor de 1850 se introdujeron el riego y la fertilización en los campos del Líbano, que se volvieron productivos por primera vez en siglos. El Libro del Mormón se tradujo en 1830, pocos años antes de que el Líbano se convirtiera en "un campo fructífero", cumpliéndose así esta profecía. (80)

Para poner esto en perspectiva, ¿Cuándo se creó el canon del Nuevo Testamento? La versión King James se compiló en 1611 d.C., pero la versión más antigua del Nuevo Testamento fue la Vulgata latina en 380 d.C. El "tiempo muy corto" de Dios podría ser fácilmente de 20 a 45 años, pero no es probable que muchos siglos (1611 a 1850 =) 239 años o (380 a 1850 =) 1.470 años antes de que el Líbano se convirtiera en un campo fructífero. Así que el Nuevo Testamento no cumple la profecía anterior, pero el Libro del Mormón sí.

Veamos ahora más a fondo estas palabras de Isaías. La siguiente parte de la escritura señala que los sordos oirán y los ciegos verán. ¿Qué cree que significa esto? Creo que esta palabra profética también se cumplió, en 1825. ¿Cómo ven los ciegos y oyen los sordos? Piénselo: los invidentes pueden ver leyendo braille, y los sordos pueden oír viendo el lenguaje de signos. Existen diversas formas de lenguaje de signos desde el siglo VI, pero el braille fue inventado por Louis Braille en 1825. Así que la declaración profética de que "los sordos oirán las palabras del libro, y los ojos de los ciegos verán desde la oscuridad y las tinieblas" se cumplió en 1825 y el libro se imprimió en 1830. Tal y como yo lo veo, esta profecía se ha cumplido completamente con dos marcas de tiempo y una tercera circunstancia (el Líbano fructificando, el Braille y el lenguaje de signos), que verifican que el libro sobre el que se profetizó es el Libro del Mormón.

Permítame también llamar su atención sobre esta curiosa palabra profética.

Apocalipsis 14:6:

"Vi volar por en medio del cielo a otro ángel, que tenía el evangelio eterno para predicarlo a los moradores de la tierra, a toda nación, tribu, lengua y pueblo."
Estoy convencido de que estas palabras de Juan se cumplieron a través de Joseph Smith y el Libro del Mormón. La mayoría de la gente cree que la Biblia contiene el Evangelio eterno. Pero si eso es así, entonces ¿Por qué el ángel trae el evangelio eterno a la tierra en los últimos días? Se predijo que el cumplimiento de este mensaje del ángel ocurriría mucho después de que la Biblia estuviera disponible para el hombre.

¿Cómo pudo este hombre imperfecto darnos tantas escrituras? Porque preguntó y luego escuchó a Dios cuando, al parecer, nadie más lo hacía. El Señor tomó la iniciativa y José recibió las planchas de oro y el don y el poder de utilizar el Urim y el Tumim1 para traducirlas. Por lo tanto, el libro no vino por el conocimiento del hombre o por su habilidad. Como resultado, la faz del cristianismo ha cambiado para siempre.

Un Libro Racista

De acuerdo con nuestra intención de responder a las objeciones sobre el Libro del Mormón, parafraseo información tomada de un artículo inédito de Ralph Williston y utilizada con su permiso. Aunque algunas personas afirman que el Libro del Mormón es racista, Williston sostiene que eso no es cierto. Pero, para empezar, establezcamos primero en qué podemos estar de acuerdo. Creo que podemos estar de acuerdo en que las Escrituras enseñan que todos han sido creados a imagen de Dios y son iguales a Sus ojos. Considere lo siguiente:

Génesis 1:27:

"Y creó Dios al hombre a su imagen, a imagen de Dios lo creó; varón y hembra los creó."

Génesis 5:1:

"Este es el libro de las generaciones de Adán. El día en que creó Dios al hombre, a semejanza de Dios lo hizo."

Gálatas 3:28

"Ya no hay judío ni griego; no hay esclavo ni libre; no hay varón ni mujer; porque todos vosotros sois uno en Cristo Jesús.".

2 Nefi 11:114-115 RCE, 2 Nefi 26:33:

Y no niega a ninguno de los que vienen a Él: negros y blancos, esclavos y libres, hombres y mujeres; y se acuerda de los paganos; y todos son iguales para Dios: tanto judíos como gentiles.

Romanos 10:12-13:

"Porque no hay diferencia entre judío y griego, pues el mismo que es Señor de todos, es rico para con todos los que le invocan; porque todo aquel que invocare el nombre del Señor, será salvo."

Aunque las escrituras enseñan que todos son iguales para Dios, sin embargo, Dios seleccionó a un grupo de personas en la Biblia comúnmente conocido como "el pueblo elegido". Como sabemos, fueron elegidos con un propósito especial. Debían serlo:

---

[1] Urim y Tumim, Objetos no descritos específicamente, tal vez piedras, colocados en el pectoral del sumo sacerdote: mediante los cuales averiguaba la voluntad de Dios en cualquier asunto importante que afectara a la nación (Éxodo 28:30; Levítico 8:8). The New Compact Dictionary, Zondervan Publishing House, Grand Rapids, Michigan 1967 (597).

Deuteronomio 7:6:

"Porque tú eres pueblo santo para Jehová tu Dios; Jehová tu Dios te ha escogido para serle un pueblo especial, más que todos los pueblos que están sobre la tierra."

Creo que Dios también eligió a otro grupo de personas que se encuentran en el Libro del Mormón y que se llamaban los Nefitas. Ellos también se consideraban a sí mismos:

Helaman 5:90 RCE, Helaman 15:3 LDS:

... un pueblo elegido del Señor;...

La consecuencia más severa por la rebelión en la Biblia era que una persona fuera **"excluida de la presencia del Señor"** (2 Tesalonicenses 1:9 NVI). De manera similar, se le dijo a Nefi:

1 Nefi 1:55,57 RCE, 1 Nefi 2:21,23 LDS:

Y en la medida en que tus hermanos se rebelen contra ti, serán cortados de la presencia del Señor.

Porque he aquí, en aquel día en que ellos se rebelen contra mí, yo los maldeciré aun con una maldición dolorosa, Y no tendrán poder sobre tu simiente a menos que ellos también se rebelen contra mí;... (Énfasis añadido)

En el siguiente caso, se hizo alguna marca o cambio de color de la piel. A modo de comparación, en la Biblia, esto era para protección o para distinguir a un pueblo (Génesis 4:15). En el Libro del Mormón, la intención es ligeramente diferente:

Alma 1:104 RCE, Alma 3:6 LDS:

Y las pieles de los Lamanitas eran oscuras, de acuerdo a la marca que fue puesta sobre sus padres, La cual fue una maldición sobre ellos debido a su transgresión y su rebelión contra sus hermanos los cuales consistían de Nefi, Jacob y José y Sam, los cuales eran hombres justos y santos. (Énfasis añadido)

Como vemos en la escritura anterior, con aquellos que fueron apartados, hubo alguna referencia a la marca o cambio de color de la piel. (También se encuentra en 2 Nefi 4:35 RCE, 2 Nefi 5:21 LDS; Jacob 2:60 RCE, Jacob 3:9 LDS; Alma 1:104-117 RCE, Alma 3:6-18 LDS)

Sólo el Libro del Mormón explica que cuando un grupo desobediente se arrepentía, no sólo volvía a ellos el Espíritu de Dios, sino que también desaparecía el color o la "mancha" de su piel:

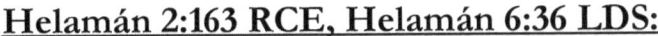

Helamán 2:163 RCE, Helamán 6:36 LDS:

...el Señor comenzó a derramar Su Espíritu sobre los Lamanitas debido a su facilidad y disposición para creer en Su palabra.

Alma 14:33 RCE, Alma 24:11 LDS:

Y ahora he aquí, hermanos míos, puesto que ha sido todo lo que hemos podido hacer --ya que éramos los más perdidos de toda la humanidad-- arrepentirnos de todos nuestros pecados y de los muchos asesinatos que hemos cometido y conseguir que Dios los quitara de nuestros corazones --porque era todo lo que podíamos hacer para arrepentirnos lo suficiente ante Dios para que Él quitara nuestra mancha.

Para las definiciones completas de discriminación racial, véase la nota a pie de página.
1. Creencia o doctrina según la cual las diferencias inherentes entre las distintas razas humanas determinan los logros culturales o individuales, que suele implicar la idea de que la propia raza es superior y tiene el vale de gobernar a las demás.
2. Una política, sistema de gobierno, etc., basado en o que fomenta tal doctrina de discriminación.
3. El odio o la intolerancia hacia otra raza u otras razas.

Racialismo: "doctrina o enseñanza, sin apoyo científico, que pretende encontrar diferencias raciales en el carácter, la inteligencia, etc., que afirma la superioridad de una raza sobre otra u otras, y que busca mantener la supuesta pureza de una raza o razas".

Discriminación: "Muestra de parcialidad o prejuicio en el trato; acción o políticas específicas dirigidas contra el bienestar de grupos minoritarios".

Prejuicio: " Juicio u opinión que se forma antes de conocer los hechos, idea preconcebida, sospecha, intolerancia u odio hacia otras razas, credos, regiones, ocupaciones,... ".

Según Williston, el prejuicio en el Libro del Mormón, como tal y por definición, sólo se encontraba entre la cultura lamanita y tenía que ver con sus sentimientos de haber sido agraviados (sentimientos que se remontaban a su salida de Jerusalén), y no con su raza (Mosíah 6:46-53 RCE, Mosíah 10:12-17 LDS).

Nota: Estas definiciones se incluyeron con el material de Williston.
Racismo: cualquier programa o práctica de discriminación racial; basado en el racismo.

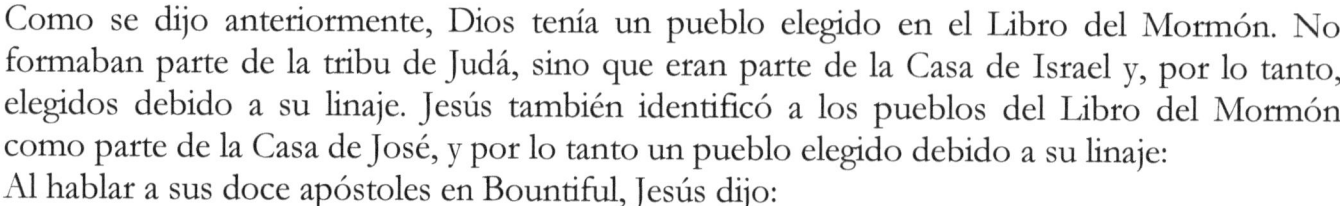

Como se dijo anteriormente, Dios tenía un pueblo elegido en el Libro del Mormón. No formaban parte de la tribu de Judá, sino que eran parte de la Casa de Israel y, por lo tanto, elegidos debido a su linaje. Jesús también identificó a los pueblos del Libro del Mormón como parte de la Casa de José, y por lo tanto un pueblo elegido debido a su linaje:

Al hablar a sus doce apóstoles en Bountiful, Jesús dijo:

3 Nefi 7:13 RCE, 3 Nefi 15:12 LDS:

...'Vosotros sois mis discípulos; y sois una luz para este pueblo, que es un remanente de la casa de José' (Énfasis añadido)

Aunque reafirmamos el amor de Dios por todas las personas y Su provisión para ellas, sin embargo, al menos dos veces en la historia Dios ha separado a un pueblo debido a la desobediencia--una vez en la Biblia y una vez en el Libro del Mormón.

Génesis 4:15-16:

"Y le respondió Jehová: Ciertamente cualquiera que matare a Caín, siete veces será castigado. Entonces Jehová puso señal en Caín, para que no lo matase cualquiera que le hallara. Salió, pues, Caín de delante de Jehová, y habitó en tierra de Nod, al oriente de Edén."

Al parecer, la vida de Caín corría peligro de ser destruida ("la venganza se cobrará siete veces") a causa del asesinato de su hermano Abel, y el Señor quiso protegerlo colocándole "una marca". Probablemente lo más importante no fue la marca, sino que Caín fue apartado "de la presencia del Señor", o que Dios retiró Su Espíritu de él y de su familia.

¿Se encuentra esta enseñanza también en el Libro del Mormón? Sí, cuando los seguidores de Lamán se rebelaron:

1 Nefi 1:55 RCE, 1 Nefi 2:21 LDS:

Y en cuanto tus hermanos se rebelen contra ti [Nefi], serán cortados de la presencia del Señor;... (Énfasis añadido)

(Véase también: 2 Nefi 1:34, 3:9, 4:31-32, 6:14 RCE, 2 Nefi 1:20, 4:4, 5:20, 9:6 LDS; Alma 7:16-18, 17:30, 17:44; 19:88, 19:90, 19:92, 19:96; 22:21 RCE, Alma 9:13-14, 36:30, 37:13; 42:7,9,11,14; 50:20 LDS; Helamán 4:68, 5:70 RCE, Helamán 12:21, 14:16 LDS; Éter 1:41, 4:55 RCE, Éter 2:15, 10:11 LDS).

Pero esta acción no se limitó sólo a los Lamanitas:

Helaman 2:162 RCE, Helaman 6:35 LDS:

Y así vemos que el Espíritu del Señor comenzó a retirarse de los nefitas a causa de la maldad y la dureza de sus corazones. (Énfasis añadido)

Por el contrario, como se dijo anteriormente, cuando los malvados lamanitas se arrepintieron:

Helamán 2:163 RCE, Helamán 6:36 LDS:

...que el Señor comenzó a derramar Su Espíritu sobre los Lamanitas debido a su facilidad y disposición para creer en Su palabra.

Consideremos: ¿Fue realmente la piel oscura una maldición pronunciada sobre los Lamanitas por Dios? Ese parece ser el consenso general, pero ¿Qué dice realmente el Libro del Mormón? Hablando a Nefi, el Señor distinguió entre la maldición y la marca.

Alma 1:113 RCE, Alma 3:14 LDS:

He aquí, he maldecido a los lamanitas; y pondré una marca sobre ellos, para que ellos y su simiente sean separados de ti y de tu simiente desde ahora y para siempre, a menos que se arrepientan de su maldad y se vuelvan a mí, para que yo tenga misericordia de ellos. (Énfasis añadido)

En el momento en que esta promesa fue dada, aparentemente la maldición de la separación ya había sido puesta sobre los Lamanitas mientras que la marca aún estaba por suceder. El Señor también le dijo a Nefi que otros, incluyendo su propia posteridad, que se mezclaran con los lamanitas, serían afectados de la misma manera:

Alma 1:114-115 RCE, Alma 3:15-16 LDS:

Y otra vez, pondré una marca sobre aquel que mezcle su simiente con tus hermanos, para que también sean maldecidos [separados]. Y otra vez, pondré una marca sobre aquel que luche contra ti y contra tu simiente. (Énfasis añadido)

Por lo tanto, en conexión con la maldición de la separación, el Señor "puso una marca" sobre los lamanitas. El propósito de ello, según el Libro del Mormón, era distinguir a los lamanitas de los nefitas, para que los nefitas no se casaran entre sí y aceptaran sus creencias incorrectas. Después de que Alma alejara a los que aceptaron sus enseñanzas sobre Jesús, escribió:

Alma 1:105-108 RCE, Alma 3:7-10 LDS:

Y sus hermanos trataron de destruirlos [Nefi, Jacob, José y Sam]; Por lo tanto, fueron maldecidos, Y el Señor Dios puso <u>una marca sobre ellos, sí, sobre Lamán y Lemuel</u>, y también sobre los hijos de Ismael y las mujeres ismaelitas; Y esto se hizo, para que su <u>simiente se distinguiera de la simiente de sus hermanos,</u> para que así el Señor Dios preservara a Su pueblo, para que no se mezclaran y creyeran en tradiciones incorrectas que probarían su destrucción. Y sucedió que cualquiera que mezclara su simiente con la de los lamanitas traía la misma maldición sobre su simiente; por lo tanto, cualquiera que se dejara llevar por los lamanitas era llamado bajo esa cabeza y se le ponía una marca. (Énfasis añadido)

Así que, aunque muchos de los nefitas evitaban a los lamanitas debido a la marca en su piel, el Señor estaba preocupado por la naturaleza pecaminosa de sus hermanos y simplemente utilizó una característica física para evitar que otros aceptaran sus malos caminos.

Es interesante que algunos nefitas, habiendo rechazado la religión nefita, sí se mezclaron con los lamanitas, trayendo así "la misma maldición sobre su descendencia" y teniendo "una marca puesta sobre ellos." De nuevo, vemos que la maldición y la marca, aunque iban juntas, eran dos cosas diferentes. La maldición era la separación de Dios. La marca era una mancha o una imperfección. En referencia a la marca, lo que comenzó como una "piel de tinieblas"(2 Nefi 4:35 RCE, 2 Nefi 5:21 LDS) se convirtió en una piel de "tinieblas"(Jacob 2:60 RCE, Jacob 3:9) luego una "marca roja" en la piel (Alma 1:104-117 RCE, Alma 3:6-18) y finalmente, una "mancha" en ella (Alma 14:33 RCE, Alma 24:11 LDS). A través de todo esto, sólo continuó la retirada del Espíritu de Dios.

Cuando Moroni buscaba un espía para entrar en el campamento lamanita, pidió que se presentara cualquier lamanita que se hubiera unido a su ejército. Laman respondió y fue al campamento enemigo. Así que cuando Laman se unió al ejército de Moroni, aparentemente no había diferencia de color de piel. (Ver Alma 25:30-35 RCE, Alma 55:4-8 LDS) Por lo tanto, ni el color de la piel ni el retiro del Espíritu del Señor eran permanentes, así que cuando los Lamanitas se arrepintieron:

3 Nefi 1:52-53 RCE, 3 Nefi 2:15-16:
...que aquellos Lamanitas que se habían unido con los Nefitas fueron contados entre los Nefitas; Y su maldición les fue quitada, y su piel se volvió blanca como la de los Nefitas, Y sus jóvenes y sus hijas se volvieron sumamente hermosas, Y fueron contados entre los Nefitas y fueron llamados Nefitas;...

Tanto la Biblia como el Libro del Mormón utilizan términos como blanco o rubio o sucio o deleitoso en referencia a la espiritualidad de las personas y no deben confundirse con una referencia al color de la piel. (Isaías 1:18, Daniel 11:33-35; Daniel 12:10; 2 Corintios 7:1 Jacob 2:54,59 RCE, Jacob 3:5,8 LDS; 3 Nefi 9:25 RCE, 3 Nefi 19:25 LDS; Mormón 4:65 RCE, Mormón 9:6 LDS) Al leer las siguientes analogías del color de la piel que se encuentran en la Biblia y en el Libro del Mormón, recuerde la definición de Noah Webster de 1928 de blanco como "purificado del pecado":

Génesis 6:2:
"que viendo los hijos de Dios que las hijas de los hombres eran hermosas, tomaron para sí mujeres, escogiendo entre todas."

Daniel 11:35:
"También algunos de los sabios caerán para ser depurados y limpiados y emblanquecidos, hasta el tiempo determinado; porque aun para esto hay plazo."

Daniel 12:10:
"Muchos serán limpios, y emblanquecidos y purificados; los impíos procederán impíamente, y ninguno de los impíos entenderá, pero los entendidos comprenderán."(Énfasis añadido)

1 Samuel 17:42:
"Y cuando el filisteo miró y vio a David, le tuvo en poco; porque era muchacho, y rubio, y de hermoso parecer."

En la visión dada a Nefi cuando vio a los gentiles venir a su tierra en el futuro, tenemos lo siguiente:

1 Nefi 3:151 RCE, 1 Nefi 13:15 LDS:
Y vi el Espíritu del Señor, que estaba sobre los gentiles; que prosperaban y obtenían la tierra por herencia; y vi que eran blancos y sumamente hermosos y bellos, como mi pueblo antes de que fueran muertos. (Énfasis añadido)

2 Nefi 4:34-35 RCE, 2 Nefi15:21:
Porque he aquí, ellos habían endurecido sus corazones contra él que se habían vuelto como un pedernal; Por lo tanto, como ellos eran blancos y sumamente hermosos y deleitosos, Para que no fueran tentadores a mi pueblo, por lo tanto, el Señor Dios hizo que una piel de negrura viniera sobre ellos;... (Énfasis añadido)

2 Nefi 12:82-84 RCE, 2 Nefi 30:5-7 LDS:
Y el evangelio de Jesucristo será declarado entre ellos; Por lo cual, serán restaurados al conocimiento de sus padres, Y también al conocimiento de Jesucristo, que se tuvo entre sus padres. Y entonces se regocijarán, Porque sabrán que es una bendición para ellos de la mano de Dios; Y sus escamas de oscuridad comenzarán a caer de sus ojos; Y no pasarán muchas generaciones entre ellos, <u>hasta que sean un pueblo blanco y agradable</u>. (Énfasis añadido)

Este es un bello ejemplo del uso apropiado para los términos "serán un pueblo blanco y deleitoso" y "sus escamas de oscuridad comenzarán a caer de sus ojos...." ¿Podría ser que la mejor comprensión de estos términos es que se refieren a una condición espiritual y no al color de la piel?

Entonces, entendamos. Los siguientes ejemplos se refieren en realidad a un cambio en la condición espiritual de los lamanitas:

3 Nefi 9:25 RCE, 3 Nefi 19:25:
Y sucedió que Jesús los miró, mientras oraban a él, y su semblante les sonrió, y la luz de su semblante brilló sobre ellos; y he aquí, eran tan blancos como el semblante, y también las vestiduras de Jesús;... (Énfasis añadido).

3 Nefi 9:31 RCE, 3 Nefi 19:30 LDS:

Y aconteció que cuando Jesús hubo dicho estas palabras, vino otra vez a sus discípulos; y he aquí, ellos oraban firmemente sin cesar a él; y él les sonrió otra vez; y he aquí, eran blancos como Jesús. (Énfasis añadido)

Mormón 4:65 RCE, Mormón 9:6 LDS:

¡Oh, pues, incrédulos, volveos al Señor! Clamad poderosamente al Padre en el nombre de Jesús, para que quizá seáis hallados sin mancha, puros, hermosos y blancos, habiendo sido limpiados por la sangre del Cordero en aquel gran y postrer día. (Énfasis añadido)

Jacob advirtió a su pueblo, los nefitas, que debido a que estaban sumidos en el pecado, los lamanitas podrían llegar a ser más justos que ellos:

Jacob 2:59 RCE, Jacob 3:8 LDS:

Oh hermanos míos, me temo que a menos que os arrepintáis de vuestros pecados, que sus pieles serán más blancas que las vuestras cuando seáis llevados con ellos ante el trono de Dios. (Énfasis añadido)

De nuevo, el uso de imágenes en blanco y negro para tipificar la pureza y la rectitud es ejemplificado por Jacob en la frase "...que sus pieles serán más blancas que las vuestras....".

En la cita siguiente, el hecho de que la Biblia no se refiere al color de la piel sino a las condiciones espirituales es obvio en el siguiente simbolismo:

Juan 4:35:

"¿No decís vosotros: Aún faltan cuatro meses para que llegue la siega? He aquí os digo: Alzad vuestros ojos y mirad los campos, porque ya están blancos para la siega."

A modo de ilustración, ahora podemos entender el simbolismo de lo que Isaías quiso decir cuando dijo

Isaías 1:18:

"Venid luego, dice Jehová, y estemos a cuenta: si vuestros pecados fueren como la grana, como la nieve serán emblanquecidos; si fueren rojos como el carmesí, vendrán a ser como blanca lana."

Por lo tanto, ahora podemos interpretar lo que Daniel estaba diciendo:

Daniel 12:10:

"Muchos serán limpios, y emblanquecidos y purificados; los impíos procederán impíamente, y ninguno de los impíos entenderá, pero los entendidos comprenderán."

Tal vez quiera mirar otras escrituras que mencionan "sus vestiduras se volvieron blancas" y considerar que Dios está ilustrando la condición espiritual del pueblo. Aquí, por ejemplo, hay otra:

1 Nefi 3:117-119 RCE, 1 Nefi 12:10-11 LDS:

Y he aquí, ellos son justos para siempre, Porque a causa de su fe en el Cordero de Dios, sus vestiduras están emblanquecidas en Su sangre. Y el ángel me dijo: "¡Mira!" Y miré y contemplé tres generaciones que pasaron en justicia; Sus vestiduras eran blancas, como las del Cordero de Dios; Y el ángel me dijo: "Estos están emblanquecidos en la sangre del Cordero por su fe en Él". (Énfasis añadido)

Si todos los seres humanos son creados a imagen de Dios y semejantes a Él, ¿No es probable que términos como blanco, agradable, hermoso e inmundo se refieran a una condición espiritual y no a un color de piel? En otras palabras, el uso de tales palabras no es prueba de una mentalidad racista. Tenga en cuenta que las Escrituras deben estudiarse en el contexto de la época en que fueron escritas. Recuerde también que nuestro idioma cambia con el tiempo a medida que se añaden nuevas palabras, se eliminan las arcaicas y cambian los significados. Según el diccionario Webster de 1928 (el que se usaba en la época de Joseph Smith), una definición de blanco es "Que tiene el color de la pureza; puro; limpio; libre de mancha; como la inocencia vestida de blanco, Puro, sin mancha, y en un sentido espiritual, purificado del pecado; santificado. Salmo 51".

Ahora volvamos a repasar lo que dicen realmente las Escrituras sobre la perspectiva de Dios. He aquí cuatro puntos:

Punto 1. La Biblia y el Libro del Mormón nos enseñan que todos los seres humanos fueron creados a imagen de Dios. (Génesis 5:1; Mosíah 5:45 RCE, Mosíah 7:27 LDS)

Génesis 1:26

Y dijo Dios: Hagamos al hombre a nuestra imagen, conforme a nuestra semejanza...

Alma 12:112 RCE, Alma 18:34 LDS:

Ammón le dijo: Yo soy un hombre; y el hombre en el principio fue creado a imagen de Dios... (Énfasis añadido)

Alma 13:44 RCE, Alma 22:12:

...leyendo las Escrituras al rey--Cómo Dios creó al hombre a Su imagen.... (Énfasis añadido)

Punto 2. La Biblia y el Libro del Mormón nos dicen que Dios acepta a todas las personas:

Gálatas 3:28:

Ya no hay judío ni griego; no hay siervo ni libre; no hay varón ni mujer; porque todos vosotros sois uno en Cristo Jesús. (Énfasis añadido)

2 Nefi 11:96-97 RCE, 2 Nefi 26:24 LDS:

...Porque Él ama al mundo, hasta el punto de dar su propia vida para atraer a todos los hombres hacia Él; por lo tanto, no ordena a nadie que no participe de su salvación. (Énfasis añadido)

2 Nefi 11:114-115 RCE, 2 Nefi 26:33 LDS:

Y Él no niega a nadie que venga a Él: negros y blancos, esclavos y libres, hombres y mujeres; y se acuerda de los paganos; y todos son iguales para Dios: tanto judíos como gentiles. (Énfasis añadido)

Punto 3. Ambos libros nos dicen que Dios descendería entre los hijos de los hombres y tomaría sobre sí carne y sangre y recorrería la faz de la tierra para traernos a todos de vuelta a Él.

Isaías 7:14:

Por tanto, el SEÑOR mismo os dará una señal: He aquí que una virgen concebirá y dará a luz un hijo, y llamará su nombre Emanuel.

3 Nefi 12:26, 28 RCE, 3 Nefi 27:14-15 LDS:

Y mi Padre me envió para que fuera levantado en la cruz; y después de haber sido levantado en la cruz, para atraer a todos los hombres hacia mí; y por esta causa he sido levantado; por tanto, según el poder del Padre, atraeré a todos los hombres hacia mí, para que sean juzgados según sus obras. (Énfasis añadido)

Punto 4. Históricamente, vemos que Dios ha separado a ciertos grupos para Sus propósitos. En el Antiguo Testamento, Él dividió a la humanidad en dos grupos: Judíos y gentiles. Su intención era que los judíos fueran un reino que ministrara a las naciones gentiles; pero, en lugar de eso, en su mayor parte, los judíos se enorgullecieron de su estatus y miraron por encima del hombro a los gentiles. Sin embargo, Jesús volverá a unirlos:

Efesios 2:14:

"Porque él es nuestra paz, que de ambos pueblos hizo uno, derribando la pared intermedia de separación,"

Dentro de este contexto, Dios sí seleccionó un grupo al que llamó para un propósito especial:

Deuteronomio 7:6:

"Porque tú eres pueblo santo para Jehová tu Dios; Jehová tu Dios te ha escogido para serle un pueblo especial, más que todos los pueblos que están sobre la tierra."

<u>Deuteronomio 14:2:</u>
"Porque eres pueblo santo a Jehová tu Dios, y Jehová te ha escogido para que le seas un pueblo único de entre todos los pueblos que están sobre la tierra."

En conclusión, podemos estar de acuerdo en que:

1. <u>Nuestras escrituras enseñan que todos son creados a imagen de Dios y todos son iguales para Él.</u>

2. <u>En la historia, Dios separó a ciertos grupos para Sus propósitos:</u>

A. <u>Un grupo, llamado "el pueblo elegido", fueron las Doce Tribus de Israel, a las que se encomendó una tarea divina. Esta acción no refleja racismo porque Dios extiende Su Espíritu a todos.</u>

B. <u>Al menos dos veces en la historia Dios señaló a grupos debido a su desobediencia:</u>

i. <u>Caín y su familia fueron separados y llamados "malditos". Esta acción implicó dos partes: la retirada de Su Espíritu de esa familia y la colocación de una marca para proteger a esa familia de los demás.</u>

ii. <u>Los seguidores de Laman tambien fueron desconectados de los Nefitas, y Dios nuevamente retiro Su Espiritu e hizo un cambio temporal de piel. Esta acción fue levantada cuando se arrepintieron.</u>

CAPÍTULO 10

¿CUÁLES SON LAS EVIDENCIAS NO BÍBLICAS DE QUE EL LIBRO DEL MORMÓN FUE TRADUCIDO, NO ESCRITO?

Como ya se ha dicho, Joseph Smith tenía una educación exigua según los estándares actuales. Sólo tenía veintitrés años cuando tradujo el Libro del Mormón de las planchas de oro... ¡Y lo hizo en sólo ochenta días! No es humanamente posible que una persona escriba un libro de ese tamaño tan rápidamente. (Basta con echar un vistazo a este libro; ha tardado alrededor de nueve meses en escribirse--¡Con mucha ayuda editorial, y un nivel de educación mucho más alto!)

El Proceso de Traducción

¡La velocidad de descifrado de Joseph fue asombrosa! Hacía una media de ocho páginas al día, ¡Y algunos días diez! Compare eso con los traductores de hoy en día, que normalmente logran sólo una página al día, y piense que eso es rápido. Dios tuvo que estar involucrado para que José pudiera trabajar tan rápidamente. Cuando hubo interrupciones, José nunca pidió una revisión de su trabajo anterior.

Nunca preguntó: "Ahora, ¿Dónde vamos?" Dios siempre le dirigió al siguiente símbolo pictórico que debía convertir, y nunca utilizó ninguna fuente externa como ayuda en el proceso. Su esposa Emma fue muy clara a este respecto. Ella declaró: "Él no tenía ni manuscrito ni libro del que leer, si hubiera tenido algo por el estilo no podría habérmelo ocultado" (Maxwell 8). Por lo tanto, el Libro del Mormón vino a través de Joseph Smith, pero no de él. Además, no era un erudito de la Biblia. Según Emma, cuando ella era su escriba para la sección que hablaba de que Jerusalén era una ciudad amurallada, él le preguntó si los escritores del Libro del Mormón le estaban tomando el pelo. Ella le confirmó que Jerusalén era efectivamente una ciudad amurallada (Maxwell 8). Ella fue testigo de la existencia de las planchas de oro ya que las había tocado a través de un paño, pero debido a que había sido instruida por José, no las leyó.

Oliver Cowdery fue el testigo más involucrado en el proceso de traducción. Aunque más tarde se desafilió de la iglesia, después de un tiempo regresó humildemente. En su lecho de muerte, reafirmó su testimonio de la validez del Libro del Mormón. La hermanastra de Oliver, Lucy C. Young, informo:

Justo antes de exhalar su último suspiro pidió que lo levantaran en la cama para poder hablar con la familia y amigos y les dijo que vivieran de acuerdo al Libro del Mormón, y que se reunirían con él en el cielo, luego dijo recuéstame y déjame dormir en los brazos de Jesús, y se durmió sin luchar. (Maxwell 11)

¡¿Cuánto más respaldo quieres?!

Uno de los autores en Ecos y Evidencias del Libro del Mormón, Neal A Maxwell, señaló lo siguiente:

La importancia espiritual del libro, por supuesto, radica en su capacidad para "convencer... al judío y al gentil de que Jesús es el Cristo". Esta es la misma razón que dio el apóstol Juan en relación con un texto que escribió: "Pero éstas se han escrito para que creáis que Jesús es el Cristo, el Hijo de Dios, y para que creyendo tengáis vida por su nombre." (Juan 20:31) Por eso escriben los profetas, ya sea [Mateo, Marcos, Lucas] Juan, Nefi, Mormón o Moroni. (11) (Énfasis añadido)

El problema con las pruebas es que nada puede probarse con una certeza absoluta. ¿Significa esto que todo es una sarta de mentiras? Por supuesto que no. ¿Cómo se determina entonces lo que es verdad y lo que es mentira? La respuesta es sencilla: es por el testimonio del Espíritu Santo. La Biblia dice claramente: "...No te apoyes en tu propia sabiduría". (Proverbios 3:5) "...sino [vive] de toda palabra que sale de la boca de Dios". (Mateo 4:4) Eso también significa no fiarse de las palabras de los demás. Es decir, ponga a prueba el espíritu de todo lo escrito o dicho por cualquiera. Pregunte a Dios qué es verdad porque Él es la única fuente en la que puede confiar plenamente para que le diga la verdad.

Familiaridad con la Península Arábiga

Al principio del Libro del Mormón, Nefi describió sus viajes a través de varios puntos de referencia a lo largo del camino a Bountiful en Arabia. Esos lugares remotos han sido verificados recientemente por los investigadores, pero habrían sido totalmente desconocidos para cualquiera durante la vida de Joseph Smith. (Brown 61) Veamos algunas pistas específicas del Libro del Mormón. Nefi nos habla de su viaje a su primer campamento:

1 Nefi 1:33 RCE, 1 Nefi 2:6 LDS:
Y sucedió que cuando él [Lehi] había viajado tres días por el desierto, acampó en un valle junto a un río de agua.

1 Nefi 1:36 RCE 1 Nefi 2:9 LDS:
Y cuando mi padre vio que las aguas del río se vaciaban en la fuente del Mar Rojo, habló a Lamán, diciendo: "¡Ojalá fueras semejante a este río, que corre continuamente hacia la fuente de toda justicia!".

¡Esto es asombroso! He aquí un río actual que fluye desde el desierto, ¡Durante todo el año! Muy llamativo, ¿No crees? Nefi también dijo que el valle era impresionante:

1 Nefi 1:37 RCE 1 Nefi 2:10 LDS:

Y también habló a Lemuel, diciendo: "¡Oh, que pudieras ser como este valle, firme y firme e inamovible en guardar los mandamientos del Señor!"

¿Río Laman?　　　　　　　　　　　　*¿Valle de Lemuel?*

Históricamente, era tradicional que los recién llegados a un lugar le dieran un nombre significativo para ellos. Por lo tanto, Lehi, al nombrar al río Lamán y al valle Lemuel, está de acuerdo con las costumbres de la zona en la época en que se encontraban en ese lugar. (Brown 61)

Nefi nos da así algunas pruebas de la ubicación de su primer campamento. Estaba en un gran valle junto a un río que fluía todo el año y desembocaba en el Mar Rojo. Parece imposible, pero existe. El candidato a valle de Lemuel, "wadi Tayyib al- ism" (valle del Buen Nombre), fue descubierto por George Potter en 1995. Está situado a casi setenta y cinco millas al sur de Aqaba a pie y alberga un río que fluye continuamente. Este río ha cortado profundamente las montañas de granito y tiene "pasos estrechos y lados escarpados que se elevan a unos dos mil pies, características que encajarían con la descripción de Lehi de un valle impresionante". (Brown 61) En el norte de Arabia no hay otros arroyos que desemboquen continuamente en el Mar Rojo. Considérelo: Joseph Smith no tenía ningún acceso a información sobre la geografía árabe.

Fue en ese momento cuando Lehi envió a sus hijos de vuelta a Jerusalén para conseguir las planchas de bronce; días después, cuando regresaron:

1 Nefi 1:157 RCE, 1 Nefi 5:9 LDS:

Y sucedió que se regocijaron sobremanera y ofrecieron sacrificios [ofrendas de paz] y holocaustos [ofrendas de expiación] al Señor;...

A pesar de que Joseph Smith conocía muy poco las escrituras y absolutamente nada sobre la cultura hebraica o las prácticas religiosas, el Libro del Mormón describe el sacrificio correcto (ofrenda de paz) y las ofrendas quemadas (ofrendas de expiación) como lo requerían sus creencias religiosas.

A continuación, Nefi registró la segunda fase de su viaje en la que:

1 Nefi 5:16-17 RCE, 1 Nefi 16:13-14 LDS:

...viajamos por el lapso de cuatro días en dirección sur, casi sureste; Y acampamos de nuevo; Y llamamos el nombre del lugar Shazer. Y sucedió que tomamos nuestros arcos y nuestras flechas y salimos al desierto a matar comida para nuestras familias,...

Observando el lugar propuesto para el primer campamento y yendo luego cien millas hacia el sur, yo los situaría en el extremo norte de las montañas de Al-Sarat. Este habría sido un buen lugar para cazar provisiones. Nadie en América podría haber sabido esto.

Nefi también explicó que viajaban:

1 Nefi 5:18 RCE, 1 Nefi 16:14 LDS:

...en el desierto siguiendo la misma dirección, manteniéndose en las partes más fértiles del desierto que estaban en las fronteras cerca del Mar Rojo.

Deben haber viajado a lo largo de la ladera de estas montañas, luego continuaron sus viajes a Nahom. (Brown 79) En Yemen encontramos la zona tribal de Nihm. Las consonantes usadas, NHM, se aplican tanto a Nahom como a Nihm, y concordarían con la declaración de Nefi sobre girar directamente al este al salir de Nahom. (79) (1 Nefi 5:55 RCE, 1 Nefi 17:1 LDS)

Lehi y su familia siguieron viaje hasta "Bountiful". Algunos creen que la actual ciudad de Salalah en Omán es ese lugar. Observando un mapa de Omán y Salalah, encontramos que hay muchos arroyos y montañas. Según Brown, el flujo noreste de las corrientes de aire del océano proporciona cantidades masivas de humedad que crean una selva tropical en esa zona, que sería ciertamente fructífera (92).

Nefi contó entonces que Dios le ordenó encontrar minerales para crear herramientas para construir un barco. (1 Nefi 5:72 RCE, 1 Nefi 17:10) Algunas personas han cuestionado la habilidad de Nefi para construir un barco que pudiera llevarlos a través del océano Pacífico. Sin embargo, no tienen ningún problema en aceptar que los israelitas fueron alimentados por Dios mientras viajaban por el desierto.

Para mí, tiene sentido que si Dios puede dirigir y alimentar a más de tres millones de israelitas durante cuarenta años, seguramente tenía la capacidad de darle a Nefi los planos para construir un barco. Tampoco me cuesta creer que Dios tuviera la habilidad de proporcionarles una brújula para guiarlos a través de la tierra y el océano hasta su Tierra Prometida. Bueno, Nefi respondió a esta crítica por nosotros y por sus hermanos Laman y Lemuel porque ellos también cuestionaron su habilidad:

Lehi's Possible Routes to Bountiful

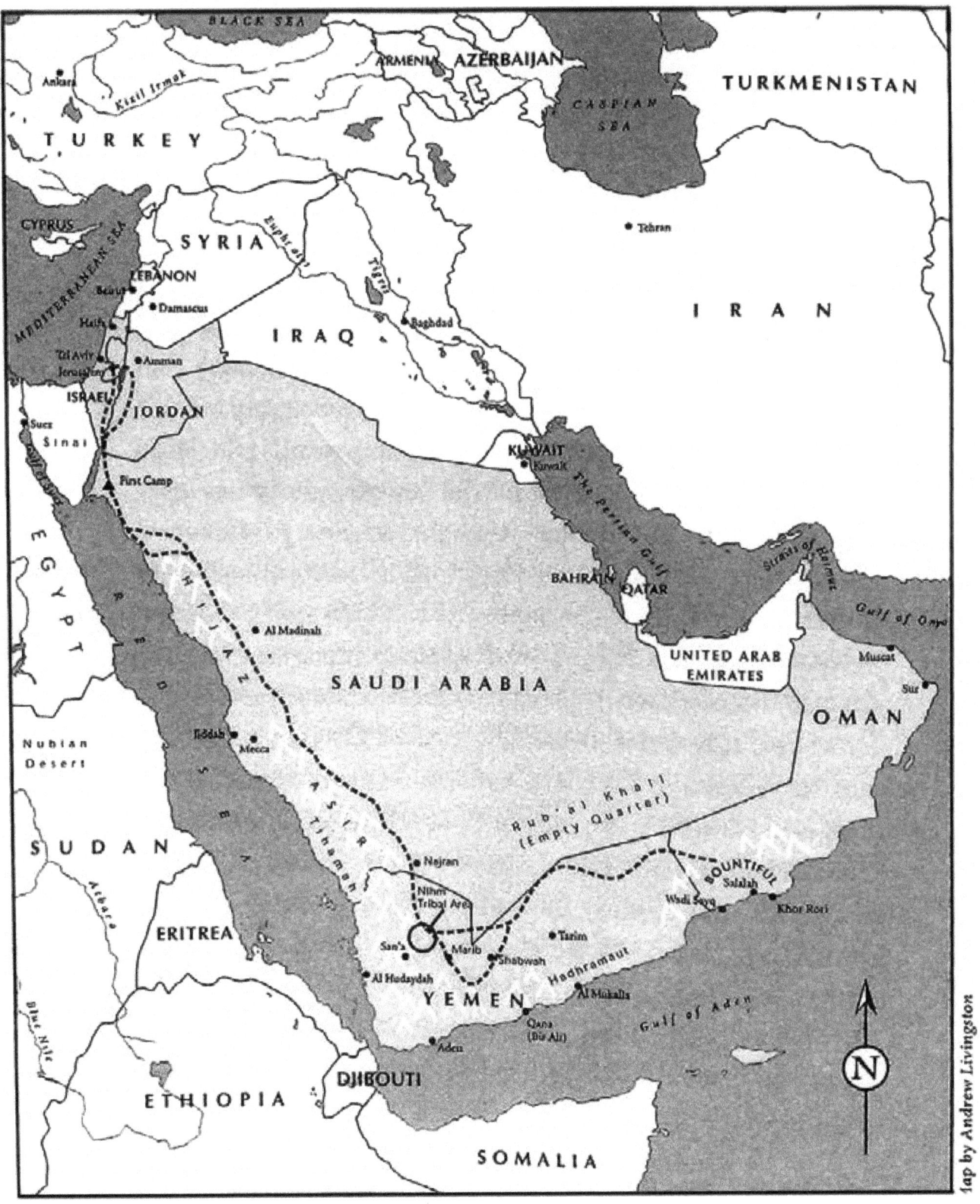

Mapa de Brown "Nueva luz de Arabia sobre el rastro de Lehi" (58)

1 Nefi 5:159 RCE, 1 Nefi 17:51 LDS:

Y ahora, si el Señor tiene un poder tan grande y ha hecho tantos milagros entre los hijos de los hombres, ¿Cómo es que no puede instruirme para que construya un barco?

Así que Nefi, con la ayuda de sus hermanos, construyó un barco por encima de sus objeciones. Según él, el barco no se construyó utilizando las técnicas de aquella época:

1 Nefi 5:170-171 RCE, 1 Nefi 18:2 LDS:

Ahora bien, yo, Nefi, no trabajé los maderos según la manera aprendida por los hombres, Ni construí el barco según la manera de los hombres, Sino que lo construí según la manera que el Señor me había mostrado; Por lo tanto, no fue según la manera de los hombres.

(Creo que es interesante que la gente de Omán eran renombrados constructores de barcos en la época y en la zona en que Nefi construyó su barco. Algunos incluso los han llamado los "vikingos del Golfo Arábigo". Utilizaban una técnica de construcción naval conocida como "barco cosido". Esta técnica utilizaba 56.000 metros de cuerda de pelo de coco. (Reynolds 129) Como se ha dicho antes, obviamente Nefi no utilizó ese método, porque el Señor le dio instrucciones específicas sobre cómo construir el barco). Todas estas referencias geográficas regionales recientemente probadas son cosas que serían imposibles de saber para cualquiera en el siglo XIX. Serían difíciles de averiguar hoy en día, incluso si usted fuera allí.

Fórmulas del Discurso Profético

Una similitud entre la Biblia y el Libro del Mormón se encuentra en lo que se conoce como Fórmulas del Discurso Profético. Estas fórmulas son

1. **Mensajero (Así dice el Señor) Amós 1:3,6; 1 Nefi 6:24 RCE, 1 Nefi 20:17**
2. **Proclamación (Oíd la palabra del Señor) 1 Reyes 22:19; Jacob 2:36, Jacob 2:27**
3. **Juramento (El Señor Dios ha jurado) Jueces 8:19; 1 Nefi 1:75 RCE, 1 Nefi 3:15 LDS**
4. **Revelación (La palabra del Señor vino a...) 1 Samuel 15:10; Helamán 5:4 RCE, Helamán 13:3**
5. **Woe (Wo unto...) (Parry 169) Isaías 5:8; 1 Nefi 1:11-12 RCE, 1 Nefi 1:13**

No es casualidad que el Libro del Mormón contenga estas fórmulas, y un escritor que quisiera imitar a la Biblia probablemente las habría pasado por alto, las habría empleado en contextos inadecuados o no las habría integrado en el texto de forma natural. (169)

Numeros

Para continuar, la lengua hebrea no utiliza números complejos, es decir, mono, bi, di, uni, tri, multi y poli. Sólo utiliza números cardinales, es decir, 1, 2, 3, etc., y números ordinales, es decir, primero, segundo, tercero, etc. También conecta dos o más números con la conjunción "y", como "treinta y dos reyes", en lugar de "treintaidós reyes"". El Libro del Mormón utiliza los números en su verdadera forma hebrea. Sin embargo, a diferencia de los traductores de la Biblia, Joseph Smith no añadió palabras descriptivas para facilitar la lectura. Por ejemplo, para "diez pesos de oro", añade siclos para que se lea "diez siclos de oro". (Parry 174)

Preposiciones Compuestas

Las preposiciones compuestas, o preposiciones dobles, utilizan expresiones como: de delante, de detrás y a detrás. (172) Estas expresiones son comunes en el Antiguo Testamento. He aquí un ejemplo de la Biblia:

Jueces 11:23:

"Así que, lo que Jehová Dios de Israel desposeyó al amorreo delante de su pueblo Israel, ¿pretendes tú apoderarte de él?"

Según Parry, el Libro del Mormón también utiliza estas expresiones:

1 Nefi 1:132 RCE, 1 Nefi 4:28 LDS:

Y huyeron delante de mi presencia, Porque supusieron que era Labán y que me había dado muerte y había procurado quitarles también la vida.(172) (Énfasis añadido)

1 Nefi 3:51 RCE, 1 Nefi 11:12 LDS:

Y sucedió que Él me dijo: "¡Mira!" Y miré como para mirarlo y no lo vi, porque se había ido de delante de mi presencia. (172) (Énfasis añadido)

2 Nefi 6:20 RCE, 2 Nefi 9:8 LDS:

Porque he aquí, si la carne no se levantara más, nuestros espíritus deben quedar sujetos a aquel ángel que cayó de delante de la presencia del Eterno Dios y se convirtió en el diablo, para no levantarse más;... (172) (Énfasis añadido)

Y Sucedió

La mayoría de los lectores recordarán que una de las frases más frecuentes utilizadas en la Biblia es Y sucedió. En el texto original hebreo, esta frase aparece 1.200 veces, pero en la versión King James, sólo 727 veces. (Parry 163) Dado que el Libro del Mormón tiene historias y cronologías similares a las de la Biblia, no es sorprendente que Y aconteció que se utilice con frecuencia para llevar al lector hacia adelante en el tiempo.

La Impresión de Palabras

Hay muchos que, comprensiblemente, creen que Joseph Smith escribió el Libro del Mormón, así que examinemos esta técnica científica que se basa en el hecho de que cada persona utiliza palabras diferentes para describir los mismos temas o temas similares. Reynolds, citando a Hilton, comparte los resultados de un análisis de impresión de palabras que se muestra en el gráfico de la página siguiente y se resume aquí:

Hilton comparó tres textos independientes de los escritos didácticos de Nefi y Alma entre sí y con los escritos de Joseph Smith, Oliver Cowdery y Solomon Spaulding. Los resultados mostraron inequívocamente que las impresiones de palabras de Nefi y Alma son distintas y significativamente diferentes entre sí y de las impresiones de palabras de Smith, Cowdery y Spaulding. Por lo tanto, se confirmaron los hallazgos originales, haciendo que, en palabras de Hilton, fuera "estadísticamente indefendible" afirmar que Joseph Smith o alguno de sus contemporáneos fuera el autor del Libro del Mormón. (Reynolds 135)

En otras palabras, es una suposición falsa que Joseph Smith o cualquiera de sus contemporáneos escribió el Libro del Mormón. Como demuestran las recientes revelaciones de este capítulo, todo el libro es de origen hebreo y no un texto en inglés americano del siglo XIX. Por ejemplo, Donald Parry en su artículo "Hebraísmos y otras peculiaridades antiguas en el Libro del Mormón" señala que tanto la Biblia como el Libro del Mormón sólo utilizan nombres propios, no apellidos. Además, nos informa de que q, x o w no se utilizan en ningún nombre propio, y ninguno de ellos empieza por la letra f en ninguno de los dos libros. (159) Esto demuestra la conformidad del Libro del Mormón con la Biblia.

Paralelismos

Además, según E. W. Bullinger, al que hace referencia Parry, hay siete tipos de "paralelismos" que se encuentran en la Biblia. Son "sinónimos, sintéticos, antitéticos, alternos, alternos repetidos, alternos extendidos y quiasmos" (160). En uno de sus trabajos, Angela Crowell señala uno llamado escalonado o climático (1). También existen ejemplos de estos mismos paralelismos en el Libro del Mormón. Ilustraré algunos de ellos. Todos mis ejemplos proceden de Parry (160- 179) y Crowell (1-4). Empecemos por

Sinónimos

Esta forma consiste en dos oraciones en las que la primera se repite o tiene eco en la segunda. (160) He aquí un ejemplo bíblico:

Job 38:16:

"¿Has entrado tú hasta las fuentes del mar, Y has andado escudriñando el abismo?"

El paralelo se adentra - se recorre.(160)

WORDPRINTS AND THE BOOK OF MORMON

NUMBER OF REJECTIONS

	TESTS	0	1	2	3	4	5	6	7	8	9	10	11	12	13	14	15
Nephi vs. Nephi	3			x		x	x										
Alma vs. Alma	3	x	x	x													
Smith vs. Smith	3	x		xx													
Cowdery vs. Cowdery	1		x														
Spaulding vs. Spaulding	1			x													
Nephi vs. Alma	9			x			xx	xx	x	x	x	x					
Smith vs. Nephi	6					x			xx	xx		x	x	x			
Smith vs. Alma	6				xx	x	x		xx								
Cowdery vs. Nephi	6							x	x				xx		x	x	
Cowdery vs. Alma	6								xxxx	x	x						
Spaulding vs. Nephi	5											x	x	x		x	x
Spaulding vs. Alma	6							xxx		xx				x			

Clearly different author

The higher the number of "rejections," or differences in measurable stylometric elements, the less likely it is that two blocks of text were written by the same author. This chart shows results comparing blocks by the same authors and then by different authors.

He aquí varios ejemplos del Libro del Mormón:

2 Nefi 6:103 RCE, 2 Nefi 9:52 LDS:

...Oradle continuamente de día y dad gracias a su santo nombre de noche.

Vemos tres paralelismos: Él-Su Santo Nombre, Orar- dar gracias, de día-de noche. (160)

2 Nefi 11:3 RCE, 2 Nefi 25:2 LDS:

...sus obras eran obras de tinieblas y sus obras eran obras de abominaciones.

Paralelismos: sus obras - sus obras, obras de las tinieblas - obras de abominaciones. (161)

3 Nefi 13:58 RCE, 3 Nefi 29:5 LDS:

¡Ay de aquel que desdeñe las obras del Señor! Sí, ¡Ay de aquel que niegue a Cristo y Sus obras!

Los paralelismos aquí son ¡Ay de aquel - Ay de aquel que desdeñe - ¡Ay de aquel que niegue a Cristo y Sus obras! (161)

Antítesis

Esta forma de paralelismo muestra oposición o contraste de pensamientos, donde dos pensamientos se unen con las palabras y o pero. (161) Un ejemplo bíblico:

Proverbios 17:22:

"El corazón alegre constituye buen remedio; Mas el espíritu triste seca los huesos."

Estos paralelismos son de corazón alegre - espíritu quebrantado, bueno como una medicina - seca los huesos. He aquí varios ejemplos del Libro del Mormón:

1 Nefi 5:144 RCE, 1 Nefi 17:45 LDS:

Sois prestos para cometer iniquidad pero lentos para acordaros del Señor vuestro Dios;...

Los contrastes son evidentes: prestos - lentos, para hacer iniquidad - para recordar al Señor. (161)

Alma 3:67 RCE, Alma 5:40 LDS:

Porque os digo que todo lo que es bueno viene de Dios, Y todo lo que es malo viene del diablo.

Los opuestos son todo lo que es bueno - todo lo que es malo, viene de Dios - viene del diablo. (162)

Alma 13:37 RCE, Alma 22:6 LDS:

"...'Si os arrepentís, seréis salvos, y si no os arrepentís, seréis desechados en el último Día'".

Los paralelismos son arrepentís - no os arrepentís, salvados - desechados. (162)

Alternancia Reiterada

Esta forma de paralelismo crea un patrón AB, AB, AB. (162-163) Empecemos con un ejemplo bíblico:

Jueces 5:24:

A Bendita sobre todas las mujeres será Jael
B la esposa de Heber el ceneo,
A bendita será sobre las mujeres en la tienda.

He aquí varios ejemplos del Libro del Mormón:

1 Nefi 5:240-242 RCE, 1 Nefi 19:10 LDS:

A ...el Dios de Jacob, se entrega,
B según las palabras del ángel,
A como a un hombre en manos de hombres malvados, para ser levantado,
B según las palabras de Zenock,
A y para ser crucificado
B según las palabras de Neum,
A y para ser enterrado en un sepulcro,
B según las palabras de Zenós..., (Parry 162)
Alma 16:11 RCE, Alma 30:10 LDS:
A Pero si asesinaba
B fue castigado hasta la muerte,
A y si hurtaba
B también era castigado,
A y si engañaba
B también era castigado,
A y si cometía adulterio
B también era castigado;
A Sí, por toda esta maldad
B eran castigados,... (163)

Escalada o Clímax

Se trata de una repetición hacia el clímax. (Crowell 1) He cambiado de la versión bíblica que utilizaba Angela Crowell a la versión King James. He aquí su ejemplo bíblico:

<u>Salmo 29:1:</u>
"Tributad a Jehová,
oh hijos de los poderosos,
Dad a Jehová la gloria y el poder."
He aquí su ejemplo del Libro del Mormón:

<u>Mosíah 2:13-17 RCE, Mosíah 4:9-10:</u>
Creed en Dios;
Creed que Él es
y que Él creó todas las cosas, tanto en el cielo como en la tierra; Creed que Él tiene toda la sabiduría y todo el poder
tanto en el cielo como en la tierra;
Creed que el hombre no comprende todas las cosas que el Señor puede comprender.
Y otra vez
creed que debéis arrepentiros de vuestros pecados y abandonarlos,
Y humillaos ante Dios y pedid con sinceridad de corazón que os perdone;
Y ahora, si creéis todas estas cosas, procurad hacerlas. (2)

Quiasmo

Se trata de "una secuencia de palabras o ideas que se repiten en orden inverso después de alcanzar el punto central". (Crowell 4) Las palabras subrayadas a continuación ilustran la palabra o palabras coincidentes que llevan y alejan del punto central. Se trata de un paralelismo hebreo común que no se reconoció hasta tiempos más recientes. No sólo las frases, sino también los capítulos y al menos un libro entero del Libro del Mormón están escritos en este formato. Encontré el siguiente ejemplo bíblico mientras investigaba las escrituras:

<u>Mateo 23:12:</u>
    A   Y cualquiera que se <u>enaltezca</u>
    B   <u>a sí mismo</u>
    C   será <u>humillado</u>; y

C' el que se <u>humille</u>

B' <u>a sí mismo</u>

A' será <u>enaltecido.</u>

He aquí un ejemplo del Libro del Mormón:

1 Nefi 1:1-2 RCE, 1 Nefi 1:1-3 LDS:

A   *...Sí, habiendo tenido un gran conocimiento de la bondad y de los misterios de Dios,*

B   *por lo tanto, hago un registro de mis procedimientos en mis días;*

C   *sí, hago un registro en la lengua de mi padre,*

D   *que consiste en el aprendizaje de los judíos,*

C'   *Y la lengua de los egipcios;*

B'   *Y sé que el registro que hago es verdadero,*

A'   *y lo hago con mi propia mano, y lo hago según mi conocimiento. (4)*

Joseph Smith no tenía esta información ni la capacidad de escribir en hebreo; sin embargo, el Libro del Mormón está lleno de todo tipo de paralelismos, incluido el quiasmo. Por lo tanto, en un sentido literario, sería inverosímil que él hubiera escrito el Libro del Mormón.

Perfección Profética

La siguiente forma literaria tiene que ver con la estructura de la oración. Se trata del "uso del tiempo pasado o de formas verbales de participio pasado... cuando se hace referencia a acontecimientos futuros" al expresar una palabra profética (Parry 164). Parry ofrece el siguiente ejemplo bíblico:

Isaías 53:4-8:

"Ciertamente llevó él nuestras enfermedades, y sufrió nuestros dolores; y nosotros le tuvimos por azotado, por herido de Dios y abatido. Mas él herido fue por nuestras rebeliones, molido por nuestros pecados; el castigo de nuestra paz fue sobre él, y por su llaga fuimos nosotros curados. Todos nosotros nos descarriamos como ovejas, cada cual se apartó por su camino; mas Jehová cargó en él el pecado de todos nosotros. Angustiado él, y afligido, no abrió su boca; como cordero fue llevado al matadero; y como oveja delante de sus trasquiladores, enmudeció, y no abrió su boca. Por cárcel y por juicio fue quitado; y su generación, ¿quién la contará? Porque fue cortado de la tierra de los vivientes, y por la rebelión de mi pueblo fue herido."

El Libro del Mormón también utiliza el perfecto profético cuando describe acontecimientos que ocurrirán en el futuro. Mientras aún estaban en Tierra Santa, Lehi exclamó:

1 Nefi 1:150 RCE, 1 Nefi 5:5 LDS:
Pero he aquí, que he obtenido una tierra prometida, en la cual me regocijo;... (165) (Énfasis añadido)

1 Nefi 3:74 RCE, 1 Nefi 11:27 LDS:
Y después de que fue bautizado, vi que los cielos se abrían y que el Espíritu Santo descendía del cielo y se posaba sobre él en forma de paloma;... (165) (Énfasis añadido)

2 Nefi 13:10 RCE, 2 Nefi 31:8 LDS:
Por tanto, después de ser bautizado con agua, el Espíritu Santo descendió sobre Él en forma de paloma. (165) (Énfasis añadido)

Mosíah 8:79 RCE, Mosíah 16:6 LDS:
Y ahora, si Cristo no hubiera venido al mundo, hablando de las cosas por venir como si ya hubieran venido, no podría haber habido redención;... (165) (Énfasis añadido)

Jarom 1:25 RCE, Jarom 1:11 LDS:
Persuadiéndolos a esperar al Mesías y a creer en Él por venir como si ya hubiera venido;... (165) (Énfasis añadido)

El Libro del Mormón, con sus formas proféticas perfectas, se lee como una obra escritural antigua y no como un texto del siglo XIX. (166) Esta forma de escritura muestra las profundas expectativas del escritor para el futuro.

Nombres de la Deidad
No es sorprendente que el Libro del Mormón refleje múltiples nombres para Dios y Jesucristo, al igual que la Biblia. (Parry 171) Mire esta enorme lista de nombres bíblicos para Dios que se encuentra en www.smilegod:

Nombres del Antiguo Testamento para Dios

ELOHIM......	Génesis 1:1
que significa "Dios", una referencia al poder y la fuerza de Dios	Salmo 19:1
ADONAI......	Malachi 1:6
que significa "Señor", una referencia al señorío de Dios	
JEHOVAH--YAHWEH	Génesis 2:4
una referencia a la salvación divina de Dios	
JEHOVAH-MACEADDESHEM	Éxodo 31:13
que significa "El Señor tu santificador"	
JEHOVAH-ROHI	Salmo 23:1
que significa "El Señor mi pastor"	
JEHOVAH-SHAMMAH	Ezequiel 48:35
que significa "El Señor que está presente"	
JEHOVAH-RAPHA	Éxodo 15:26
que significa "El Señor nuestro sanador"	
JEHOVAH-TSIDKENU	Jeremías 23:6
que significa "El Señor nuestra justicia"	
JEHOVAH-JIREH	Génesis 22:13-14
que significa "El Señor proveerá"	
JEHOVAH-NISSI	Éxodo 17:15
que significa "El Señor nuestro estandarte"	
JEHOVAH-SHALOM	Jueces 6:24
que significa "El Señor es la paz"	
JEHOVAH-SABBAOTH	Isaías 6:1-3
que significa "El Señor de los Ejércitos"	
JEHOVAH-GMOLAH	Jeremías 51:6
que significa "El Dios de las Recompensas"	
EL-ELYON	Génesis 14:17-20,
que significa "El Dios altísimo"	Isaías 14:13-14
EL-ROI	Génesis 16:13
que significa "El fuerte que ve"	
EL-SHADDAI	Génesis 17:1,
que significa "El Dios de las montañas o Dios Todopoderoso".	Salmo 91:1
EL-OLAM	Isaías 40:28-31
que significa "El Dios eterno"	

JEHOVAH-ROHI
que significa "El Señor mi pastor"

Salmo 23:1

JEHOVAH-SHAMMAH
que significa "El Señor que está presente"

Ezequiel 48:35

JEHOVAH-RAPHA
que significa "El Señor nuestro sanador"

Éxodo 15:26

JEHOVAH-TSIDKENU
que significa "El Señor nuestra justicia"

Jeremías 23:6

JEHOVAH-JIREH
que significa "El Señor proveerá"

Génesis 22:13-14

JEHOVAH-NISSI
que significa "El Señor nuestro estandarte"

Éxodo 17:15

JEHOVAH-SHALOM
que significa "El Señor es la paz"

Jueces 6:24

JEHOVAH-SABBAOTH
que significa "El Señor de los Ejércitos"

Isaías 6:1-3

JEHOVAH-GMOLAH
que significa "El Dios de las Recompensas"

Jeremías 51:6

EL-ELYON
que significa "El Dios altísimo"

Génesis 14:17-20,
Isaías 14:13-14

EL-ROI
que significa "El fuerte que ve"

Génesis 16:13

EL-SHADDAI
que significa "El Dios de las montañas o Dios Todopoderoso".

Génesis 17:1,
Salmo 91:1

EL-OLAM
que significa "El Dios eterno"

Isaías 40:28-31

Más Nombres de Dios del Antiguo y Nuevo Testamento

ABBA	Romanos 8:15
DEFENSOR	1 Juan 2:1
MAJESTAD	Génesis 17:1
ALFA	Apocalipsis 22:13
AMEN	Apocalipsis 3:14
EL ANTIGUO	Daniel 7:9
EL UNGIDO	Salmo 2:2
APÓSTOL	Hebreos 3:1
BRAZO DEL SEÑOR	Isaías 53:1

AUTOR DE LA VIDA	Hechos 3:15
AUTOR DE NUESTRA FE	Hebreos 12:2
PRINCIPIO	Apocalipsis 21:6
BENDITO Y SANTO GOBERNADOR	1 Timoteo 6:15
VÁSTAGO	Jeremías 33:15
PAN DE DIOS	Juan 6:33
PAN DE VIDA	Juan 6:35
PADRINO	Isaías 62:5
LUCERO Y ESTRELLA DE LA MAÑANA	Apocalipsis 22:16
SALVADOR	Salmo 18:2
	Salmo 18:30
	Proverbios 2:7
PASTOR	1 Pedro 5:4
EL ELEGIDO	Isaías 42:1
CRISTO	Mateo 22:42
CRISTO DE DIOS	Lucas 2:11
CRISTO, EL HIJO DEL DIOS VIVO	Mateo 16:16
CONSOLADOR	Juan 14:26
COMANDANTE	Isaías 55:4
CONSUELO DE ISRAEL	Lucas 2:25
FUEGO CONSUMADOR	Deut. 4:24
	Hebreos 12:29
PIEDRA ANGULAR	Isaías 28:16
CONSEJERO	Isaías 9:6
CREADOR	1 Pedro 4:19
LIBERADOR	Romanos 11:26
SEÑOR DE TODAS LAS NACIONES	Hageo 2:7
PORTAL	Juan 10:7
FINAL	Apocalipsis 21:6
DIOS ETERNO	Deut. 33:27
PADRE ETERNO	Isaías 9:6
FIEL Y VERDADERO	Apocalipsis 19:11
TESTIGO FIEL	Apocalipsis 1:5
PADRE	Mateo 6:9
PRIMOGÉNITO	Rom.8:29
	Ap.1:5, Col.1:15
PRIMEROS FRUTOS	1 Cor.15:20-23
FUNDADOR	1 Cor. 3:11
AMIGO DE LOS RECAUDADORES	Mateo 11:19
AMABLE SUSURRADOR	1 Reyes 19:12

DON DE DIOS	Juan 4:10
GLORIA DEL SEÑOR	Isaías 40:5
DIOS	Génesis 1:1
DIOS PODEROSO	Génesis 17:1
DIOS SOBERANO DE TODO	Romanos 9:5
DIOS QUE ME VE	Génesis 16:13
BUEN PASTOR	Juan 10:11
GRAN SUMO SACERDOTE	Hebreos 4:14
GRAN PASTOR	Hebreos 13:20
GUIA	Salmo 48:14
CABEZA DEL CUERPO	Colosenses 1:18
CABEZA DE LA IGLESIA	Efesios 5:23
HEREDERO DE TODAS LAS COSAS	Hebreos 1:2
SUMO SACERDOTE	Hebreos 3:1
SUMO SACERDOTE PARA SIEMPRE	Hebreos 6:20
SANTO	Hechos 2:27
SANTO DE ISRAEL	Isaías 49:7
ESPÍRITU SANTO	Juan 15:26
ESPERANZA	Tito 2:13
CUERNO DE SALVACIÓN	Lucas 1:69
YO SOY	Éxodo 3:14
	Juan 8:58
IMAGEN DE DIOS	2 Cor. 4:4
IMAGEN DE SU PERSONA	Hebreos 1:3
EMANUEL	Isaías 7:14
JEHOVÁ	Éxodo 34:14
JEHOVÁ	Salmo 83:18
JESÚS	Mateo 1:21
JESUCRISTO NUESTRO SEÑOR	Romanos 6:23
JUEZ	Isaías 33:22
	Hechos 10:42
REY	Zacarías 9:9
REY ETERNO	1 Timoteo 1:17
REY DE REYES	1 Timoteo 6:15
REY DE LOS SIGLOS	Apocalipsis 15:3

EL CORDERO DE DIOS	Juan 1:29
ÚLTIMO ADÁN	1 Cor. 15:45
GOBERNADOR	Isaías 33:22
LÍDER	Isaías 55:4
VIDA	Juan 14:6
LUZ DEL MUNDO	Juan 8:12
ÁGUILA	Deut. 32:11
LIRIO DE LOS VALLES	Cantar de los Cantares 2:1
LEÓN DE LA TRIBU DE JUDÁ	Apocalipsis 5:5
PIEDRA VIVA	1 Pedro 2:4
AGUA VIVA	Juan 4:10
SEÑOR	Juan 13:13
DIOS TODOPODEROSO	Apocalipsis 15:3
SEÑOR JESUCRISTO	1 Cor. 15:57
SEÑOR DE TODO	Hechos 10:36
SEÑOR DE LA GLORIA	1 Cor. 2:8
SEÑOR DE LOS EJÉRCITOS	Hageo 1:5
SEÑOR DE LOS SEÑORES	1 Ti. 6:15
SEÑOR JUSTO	Jeremías 23:6
AMOR	1 Juan 4:8
HOMBRE DE DOLORES	Isaías 53:3
MAESTRO	Lucas 5:5
MEDIADOR	1 Timoteo 2:5
DIOS MISERICORDIOSO	Jeremías 3:12
MENSAJERO DE LA ALIANZA	Malaquías 3:1
MESÍAS	Juan 4:25
DIOS PODEROSO	Isaías 9:6
EL PODEROSO	Isaías 60:16
NAZARENO	Mateo 2:23
DESCENDIENTE DE DAVID	Apocalipsis 22:16
OMEGA	Apocalipsis 22:13
HIJO UNIGÉNITO	Juan 1:18
NUESTRO CORDERO PASCUAL	1 Cor. 5:7
NUESTRA PAZ	Efesios 2:14

ALFARERO	Isaías 64:8
PODER DE DIOS	1 Cor. 1:24
PRÍNCIPE DE LA PAZ	Isaías 9:6
PURIFICADOR	Malaquías 3:3
RABBONI (MAESTRO)	Juan 20:16
RESPLANDOR DE LA GLORIA DE DIOS	Hebreos 1:3
REDENTOR	Job 19:25
FUEGO REFINADOR	Malaquías 3:2
RESURRECCIÓN	Juan 11:25
JUSTO	1 Juan 2:1
ROCA	1 Cor.10:4
RAÍZ DE DAVID	Apocalipsis 22:16
ROSA DE SHARON	Cantares 2:1
SOBERANO DE LA CREACIÓN DE DIOS	Ap. 3:14
SOBERANO DE LOS REYES DE LA TIERRA	Ap 1:5
SOBERANO DE ISRAEL	Miqueas 5:2
SALVADOR	Lucas 2:11
CETRO DE ISRAEL	Números 24:17
SEMILLA	Génesis 3:15
SERVIDOR	Isaías 42:1
PASTOR DE NUESTRAS ALMAS	1 Pedro 2:25
ESCUDO	Génesis 15:1
HIJO DE DAVID	Mateo 1:1
HIJO DE DIOS	Mateo 27:54
HIJO DEL HOMBRE	Mateo 8:20
HIJO DEL ALTÍSIMO	Lucas 1:32
FUENTE	Hebreos 5:9
ESPÍRITU DE DIOS	Génesis 1:2
ESTRELLA SALIDA DE JACOB	Números 24:17
PIEDRA	1 Pedro 2:8
TORRE FUERTE	Proverbios 18:10
SOL DE JUSTICIA	Malaquías 4:2

MAESTRO	Juan 13:13
LUZ VERDADERA	Juan 1:9
VERDADERO TESTIGO	Apocalipsis 3:14
VERDAD	Juan 14:6
VID	Juan 15:5
CAMINO	Juan 14:6
SABIDURÍA DE DIOS	1 Cor. 1:24
TESTIGO	Isaías 55:4
MARAVILLOSO	Isaías 9:6
PALABRA	Juan 1:1
PALABRA DE DIOS	Apocalipsis 19:13

Nombres del Libro del Mormón para Dios o Cristo

Según la estudiosa del Libro del Mormón Susan Easton Black (Parry 171), el Libro del Mormón tiene 101 epítetos para Cristo. Esta lista incluye:

NOMBRE	APARICIÓN
Redentor de Israel	1 vez
Hijo del Dios Vivo	1 vez
Señor Dios Omnipotente	1 vez
Verdadero Mesías	2 veces
Gran Creador	2 veces
Roca	2 veces
Cordero de Dios	10 veces o más
Señor Jesucristo	10 o más veces
Santo de Israel	10 o más veces
Dios	100 veces o más
Jesús	100 veces o más
Señor	100 veces o más
Señor Dios	100 veces o más
Cristo	100 veces o más

Black aporta más pruebas del testimonio del libro:

...por término medio, un nombre o título de Cristo aparece una vez cada 1,7 versículos. La frecuente aparición y variedad de nombres y títulos divinos en el Libro del Mormón distinguen al libro de las obras religiosas creadas en el siglo XIX y lo sitúan de lleno en la tradición de los textos religiosos antiguos. (Parry 172)

Amplificaciones del Plural

Se trata de un recurso literario en el que los autores ingleses más contemporáneos habrían utilizado un sustantivo singular, pero los antiguos escritores hebreos empleaban un sustantivo plural. En la versión King James, los sustantivos plurales se traducen de nuevo en singulares. He aquí algunos ejemplos de la lista de Parry (173):

Génesis 4:10

Y Él [el Señor] dijo: ¿Qué has hecho? la voz de la sangre de tu hermano clama a mí desde la tierra. (173) (Énfasis añadido)

En este versículo, el original del texto hebreo se tradujo como sangre para ajustarlo a las normas inglesas.

Isaías 33:6:

"Y reinarán en tus tiempos la sabiduría y la ciencia, y abundancia de salvación; el temor de Jehová será su tesoro." (173) (Énfasis añadido)

Aquí, salvations se tradujo como salvación.

Salmo 94:1:

"Jehová, Dios de las venganzas, Dios de las venganzas, muéstrate." (173) (Énfasis añadido)

Una vez más, en este versículo, la palabra vengeances del texto hebreo se tradujo como venganza. El Libro del Mormón también utiliza la amplificación plural, pero Joseph Smith tradujo las palabras correctamente utilizando la forma plural Observe los siguientes ejemplos del Libro del Mormón
de Parry (173):

2 Nefi 1:25 RCE, 2 Nefi 1:12 LDS:

Sí, a medida que pase una generación a otra, habrá derramamientos de sangre y grandes visitaciones entre ellos. (173) (Énfasis añadido)

Jacob 3:8 RCE, Jacob 4:7 LDS:

Sin embargo, el Señor Dios nos muestra nuestra debilidad, para que sepamos que es por Su gracia y Sus grandes condescendencias hacia los hijos de los hombres que tenemos poder para hacer estas cosas. (173) (Énfasis añadido)

Jacob 3:140 RCE, Jacob 5:72 LDS:

Y sucedió que los siervos fueron a ella y trabajaron con sus pesos, Y el Señor de la viña trabajó también con ellos, Y ellos obedecieron los mandamientos del Señor de la viña en todas las cosas;... (173) (Énfasis añadido)

Mosíah 5:85 RCE, Mosíah 8:20 LDS:

Sí, ¡Y cuán ciegos e impenetrables son los entendimientos de los hijos de los hombres! (173) (Énfasis añadido)

Debido a que esta es una evidencia importante que demuestra que Joseph Smith no plagió de la Biblia, aquí hay seis citas adicionales: 1 Nefi 3:99 RCE, 1 Nefi 12:2 LDS (matanzas); Mormón 1:20 RCE, Mormón 1:19 LDS (magias); Alma 12:196 RCE, Alma 20:13 LDS (mentiras); 1 Nefi 4:6 RCE, 1 Nefi 15:5 LDS (aflicciones); 1 Nefi 1:39 RCE, 1 Nefi 2:11 LDS (imaginaciones) (173).

De nuevo, si Joseph Smith estuviera copiando de la Biblia, probablemente habría hecho las mismas "correcciones" que hicieron los traductores de la King James. Pero él no cometió esos errores. Esto proporciona una prueba adicional de que estaba traduciendo de un texto hebreo original.

Repetición

Parry continúa. Indica que los escribas que escribían en hebreo, a diferencia del inglés, repiten el artículo definido the para cada sustantivo de una frase. Por ejemplo, nosotros diríamos: "Observamos guardar los juicios, estatutos y mandamientos del Señor", mientras que Parry dice que los escritores hebreos escribirían (176):

2 Nefi 4:14 RCE, 2 Nefi 5:10 LDS:

Y observamos guardar los juicios y los estatutos y los mandamientos del Señor en todas las cosas, según la ley de Moisés. (176) (Énfasis añadido)

Uso Frecuente De "Y"

Muchas veces los escritores hebreos repiten la palabra y. En Ecos y evidencias del Libro del Mormón, Parry (177) da estos dos ejemplos bíblicos:

1 Samuel 17:34-35:

"David respondió a Saúl: Tu siervo era pastor de las ovejas de su padre; y cuando venía un león, o un oso, y tomaba algún cordero de la manada, salía yo tras él, y lo hería, y lo libraba de su boca; y si se levantaba contra mí, yo le echaba mano de la quijada, y lo hería y lo mataba." (177) (Énfasis añadido)

Josué 7:24:

"Entonces Josué, y todo Israel con él, tomaron a Acán hijo de Zera, el dinero, el manto, el lingote de oro, sus hijos, sus hijas, sus bueyes, sus asnos, sus ovejas, su tienda y todo cuanto tenía, y lo llevaron todo al valle de Acor." (178) (Énfasis añadido)

En el Libro del Mormón, encontré esta cita que utiliza la repetición de y:

1 Nefi 3:70-87 RCE, 1 Nefi 11:26-33 LDS:

Y el ángel me dijo de nuevo "¡Mira y contempla la Condescendencia de Dios!" Miré y contemplé al Redentor del mundo del que había hablado mi padre; y contemplé también al profeta que prepararía el camino delante de Él; Y después que fue bautizado, vi abrirse los cielos y descender del cielo el Espíritu Santo, que se posó sobre él en forma de paloma; y vi que salía ministrando al pueblo con poder y gran gloria; y se reunieron las multitudes para oírle; y vi que le echaban de en medio de ellas; y vi también a otros doce que le seguían; y sucedió que fueron llevados en el Espíritu de delante de mí, que no los vi. Y sucedió que el ángel me habló, diciendo: "¡Mira!" Y miré y vi los cielos abiertos de nuevo; Y vi ángeles que descendían sobre los hijos de los hombres, Y les servían. Y me habló de nuevo, diciendo: "¡Mira!" Y miré y vi al Cordero de Dios que salía entre los hijos de los hombres; Y vi multitudes de personas que estaban enfermas y aquejadas de toda clase de enfermedades y de demonios y espíritus inmundos; Y el ángel habló y me mostró todas estas cosas; Y fueron sanadas por el poder del Cordero de Dios, Y los demonios y los espíritus inmundos fueron echados fuera. Y sucedió que el ángel me habló de nuevo, diciendo: "¡Mira!" Y miré y contemplé al Cordero de Dios, que fue tomado por el pueblo, Sí, el Dios Eterno fue juzgado del mundo; Y vi y doy testimonio; Y yo, Nefi, vi que fue levantado en la cruz y muerto por los pecados del mundo;... (Énfasis añadido)

Hay treinta y siete instancias del uso de la palabra y en la cita anterior. Este uso frecuente de y aparece en todo el Libro del Mormón. Si Joseph Smith hubiera escrito el libro habría utilizado y como lo hacemos nosotros, no como los autores hebreos.

Cognado Acusativo

Es el uso de una forma verbal con un sustantivo relacionado. Ejemplos bíblicos serían (Parry 176-177):

Génesis 37:5:

"Y soñó José un sueño, y lo contó a sus hermanos; y ellos llegaron a aborrecerle más todavía." (176) (Énfasis añadido)

Esto está escrito en contraste con "José tuvo un sueño".

Isaías 35:2:

"Florecerá profusamente, y también se alegrará y cantará con júbilo; la gloria del Líbano le será dada, la hermosura del Carmelo y de Sarón. Ellos verán la gloria de Jehová, la hermosura del Dios nuestro." (177) (Énfasis añadido)

La frase hebrea anterior se escribiría en español de la siguiente manera: "Florecerá profusamente, y también se alegrará y cantará con júbilo".

El Libro del Mormón también contiene este tipo de escritos acusativos cognados:

1 Nefi 1:57 RCE, 1 Nefi 2:23 LDS:

Porque he aquí, en aquel día en que se rebelen contra mí, los maldeciré severamente,... (177) (Énfasis añadido)

Nosotros diríamos: "Los maldeciré duramente".

1 Nefi 1:60 RCE, 1 Nefi 3:2 LDS:

Y sucedió que me habló diciendo: "He aquí, he soñado un sueño en el que el Señor me ha ordenado que tú y tus hermanos regreséis a Jerusalén,..." (177) (Énfasis añadido)

En español probablemente diríamos: "He tenido un sueño" o "He tenido una visión".

He encontrado el siguiente ejemplo:

Mosíah 5:20 RCE, Mosíah 7:415 LDS:

Porque he aquí, estamos en esclavitud a los Lamanitas y somos cargados con un impuesto que es penoso de soportar. (Énfasis añadido)

En español probablemente diríamos: "Hemos sido gravemente sometidos". Hay muchos más casos; vea cuántos puede encontrar.

Pronombres Posesivos

En hebreo se repiten con frecuencia, por ejemplo, su, nuestro, vuestro, tu, su y su. Los siguientes ejemplos bíblicos están tomados de Parry (179):

Éxodo 10:9:

"Moisés respondió: Hemos de ir con nuestros niños y con nuestros viejos, con nuestros hijos y con nuestras hijas; con nuestras ovejas y con nuestras vacas hemos de ir; porque es nuestra fiesta solemne para Jehová." (179) (Énfasis añadido)

La palabra nuestro se utiliza seis veces en ese versículo. Se trata de una convención poco común en español. Otros ejemplos son:

Deuteronomio 26:7:

"Y clamamos a Jehová el Dios de nuestros padres; y Jehová oyó nuestra voz, y vio nuestra aflicción, nuestro trabajo y nuestra opresión;" (179) (Énfasis añadido)

La palabra nuestro se utiliza cinco veces en esta única frase.

Éxodo 12:11:

"Y lo comeréis así: ceñidos vuestros lomos, vuestro calzado en vuestros pies, y vuestro bordón en vuestra mano; y lo comeréis apresuradamente; es la Pascua de Jehová." (179) (Énfasis añadido)

Aquí, la palabra vuestro se utiliza cinco veces. Muchos ejemplos del mismo uso aparecen en el Libro del Mormón. Por ejemplo, en los versículos siguientes vuestro se usa doce veces, y y se usa catorce veces:

2 Nefi 14:2-3 RCE, 3 Nefi 30:2 LDS:

Convertíos, gentiles todos, de vuestros malos caminos. Y arrepentíos de vuestras malas obras -de vuestras mentiras y engaños, y de vuestras prostituciones, y de vuestras abominaciones secretas, y de vuestras idolatrías, y de vuestros asesinatos, y de vuestros sacerdocios, y de vuestras envidias, y de vuestras contiendas, y de todas vuestras maldades y abominaciones- ¡Y venid a mí y sed bautizados en mi nombre! Para que recibáis la remisión de vuestros pecados y seáis llenos del Espíritu Santo, Para que seáis contados con Mi pueblo que es de la casa de Israel. (179) (Énfasis añadido)

A continuación, su se utiliza ocho veces:

Mosíah 7:6 RCE, Mosíah 11:3 LDS:

Y les impuso un impuesto de una quinta parte de todo lo que poseían: Una quinta parte de su oro y de su plata, Y una quinta parte de su ziff y de su cobre y de su latón y de su hierro, Y una quinta parte de sus engordados, Y también una quinta parte de todo su grano;... (180) (Énfasis añadido)

Hay, por supuesto, muchos otros lugares en la Biblia y en el Libro del Mormón que utilizan la repetición del pronombre posesivo.

Pronombres Enfáticos

Los pronombres enfáticos son otra distinción entre la forma de escribir hebrea y la inglesa. Los siguientes ejemplos bíblicos fueron tomados de Parry (180):

Génesis 6:17

"Y he aquí que yo traigo un diluvio de aguas sobre la tierra, para destruir toda carne en que haya espíritu de vida debajo del cielo; todo lo que hay en la tierra morirá."

Génesis 27:38

"Y Esaú respondió a su padre: ¿No tienes más que una sola bendición, padre mío? Bendíceme también a mí, padre mío. Y alzó Esaú su voz, y lloró."

Hay muchos casos de este tipo en el Libro del Mormón. He aquí uno:

Mosíah 1:62 RCE, Mosíah 2:26 LDS

Y yo, a quien vosotros llamáis vuestro rey, no soy mejor que vosotros mismos, pues también soy del polvo. (Énfasis añadido)

Aquí termina nuestra breve discusión sobre la lingüística hebrea. Obviamente, Joseph Smith no tenía los conocimientos ni los recursos para escribir un libro que incluyera tal variedad de recursos literarios hebreos. Estos rasgos estilísticos proporcionan pruebas sólidas de que tuvo que haber traducido el Libro del Mormón a partir de un texto hebreo antiguo, como él afirmó.

CAPÍTULO 11

¿CUÁLES SON ALGUNOS DESCUBRIMIENTOS HISTÓRICOS, CIENTÍFICOS Y ARQUEOLÓGICOS RECIENTES QUE CONFIRMAN EL LIBRO DEL MORMÓN?

Evidencias Históricas

En un sentido amplio de la historia, es cierto que muchas cosas relacionadas con el Libro del Mormón eran sencillamente desconocidas en 1830. En consecuencia, podemos estar de acuerdo con John Clark en que ***"lo que Joseph Smith sabía y entendía sobre el libro deberían ser preguntas de investigación más que presunciones (84)"***. Gracias en gran parte a sus críticos, cada vez está más claro que, como dice Clark, "Joseph Smith no comprendía plenamente la geografía, el alcance, la escala histórica, la forma literaria o el contenido cultural del libro" (85). Sabemos que Joseph Smith no tuvo acceso a grandes bibliotecas ni a otras fuentes especializadas de información en Palmira antes de 1830; sin embargo, en el Times and Seasons del 15 de julio de 1842, doce años después de la publicación del Libro del Mormón, nos habla de su

orientación sobre esos antiguos pueblos:

También se me informó acerca de los habitantes aborígenes de este país [América] y se me mostró quiénes eran y de dónde venían; se me dio a conocer [también] un breve bosquejo de su origen, progreso, civilización, leyes, gobiernos, de su rectitud e iniquidad, y de las bendiciones de Dios que finalmente les fueron retiradas como pueblo. (860)

Más tarde ese mismo año (1842), en uno de sus artículos sobre el Libro del Mormón, cuando aún era editor del Times and Seasons, declaró:

Si los hombres, en sus investigaciones sobre la historia de este país, se fijaran en los montículos, las fortificaciones, las estatuas, la arquitectura, los utensilios de guerra, de labranza y los ornamentos de plata y latón, si examinaran el Libro del Mormón, sus conjeturas se desvanecerían y sus opiniones cambiarían; la incertidumbre y la duda se convertirían en certeza y hechos; y descubrirían que esas cosas en las que están husmeando ansiosamente eran asuntos de la historia, revelados en ese libro. Encontrarían que sus conjeturas estaban más que realizadas: que un pueblo grande y poderoso habían habitado este continente y que, las artes, las ciencias y la religión, habían prevalecido en gran medida.

Hubo ciudades en este continente tan grandiosas como en el continente asiático. Ni Babilonia, ni Nínive, ni ninguna de las ruinas del Levante podrían presumir de una escultura más perfecta, mejores diseños arquitectónicos y ruinas más imperecederas que las que se encuentran en este continente. Las investigaciones de Stephens y Catherwood en América Central dan abundante testimonio de ello. Hay estupendas ruinas, elegantes esculturas y magníficas ruinas en Guatemala y otros países. Estas corroboran la afirmación anterior, y proporcionan pruebas de que un pueblo grande y poderoso,-- hombres con grandes mentes, elevado intelecto, genio brillante y amplios diseños de construcción, habitaron este continente. Sus ruinas hablan de su grandeza, y el Libro del Mormón nos cuenta su historia. (Smith 862)

A modo de anécdota, Lucy Mack Smith, en su libro La historia de Joseph Smith ofreció este comentario sobre su hijo:

En el curso de nuestras conversaciones nocturnas, Joseph nos daba algunos de los recitales más divertidos que se puedan imaginar. Describía a los antiguos habitantes de este continente, su vestimenta, su manera de viajar, los animales que montaban, las ciudades que construyeron y la estructura de sus edificios con todo detalle, su modo de guerrear y su culto religioso tan específicamente como si hubiera pasado su vida con ellos. (31)

Puesto que en su descripción no se menciona una ubicación geográfica concreta, parece que ésa no fue una de las cosas reveladas al Profeta.

Para señalar los datos históricos relativos a la época y las circunstancias de Joseph Smith:

1. Joseph Smith tuvo conocimiento de los descubrimientos de Stephens y Catherwood en América Central en 1841, once años después de la publicación del Libro del Mormón.

2. Él y sus allegados estaban muy interesados en esos descubrimientos y pensaban que eran importantes y debían ser difundidos. En su opinión, se correspondían con el Libro del Mormón y lo apoyaban.

3. Joseph Smith fue el editor del Times & Seasons desde aproximadamente el 15 de febrero hasta el 15 de octubre de 1842. La prensa fue destruida por una turba en 1843, y él fue asesinado en 1844.

4. Entre marzo y octubre de 1842, se dice que los únicos hombres que trabajaban en la imprenta eran Joseph Smith, John Taylor y Wilford Woodruff.

5. Se publicaron cinco artículos sobre el Libro del Mormón que respaldaban los descubrimientos de Stephens y Catherwood mientras Joseph Smith era editor.

6. Mientras actuaba como editor, Joseph Smith recibió ayuda en la redacción de John Taylor para asegurar que la escritura fuera correcta.

Evidencias Científicas

Por falta de espacio, no podemos explorar todos los recursos científicos posibles. Veamos sólo tres: El ADN, la epigrafía hebrea y la datación por carbono 14 en su relación con el Libro del Mormón. Rupe afirma.

Aunque este tipo de descubrimientos son asombrosos, [no] "prueban" que el Libro del Mormón sea verdadero. Sin embargo, [sí] demuestran que la historia básica del Libro del Mormón -que inmigrantes judíos llegaron al Nuevo Mundo- es perfectamente plausible. (78)

El ADN y el Libro del Mormón

En su libro El Libro del Mormón Una verdad incómoda, el autor Richard E. Rupe se refiere a Joseph Smith como un "joven prácticamente analfabeto" (69), lo que concuerda con lo afirmado por numerosas otras referencias.

Rupe dedica un capítulo al tema del ADN. Al hablar de las ramificaciones del ADN en relación con el Libro del Mormón, Rupe presenta primero al lector a un detractor, Simon Southerton, que afirmaba que el Libro del Mormón es falso porque el ADN de los indios americanos estudiados mostraba una ascendencia asiática, no de Oriente Medio (69-70). Rupe afirma que, aunque Southerton ignoró muchos de los datos disponibles y refutó la autenticidad del Libro del Mormón, sí explicó por qué podía no haber pruebas:

En el año 600 a.C. había probablemente varios millones de indios americanos viviendo en América. Si un pequeño grupo de israelitas, digamos menos de treinta, se introdujo en una población tan masiva, sería muy difícil detectar sus genes en la actualidad. (71)

Southerton también olvidó mencionar que el Libro del Mormón relata la civilización jaredita que llegó a las Américas alrededor del año 3000 a.C. Este grupo procedía de la Gran Torre (Éter 1:5 RCE, Éter 1:5 LDS) y viajó hacia el norte y presumiblemente hacia el este, alojándose en varios lugares mientras cruzaban el continente asiático. Fueron dirigidos por Dios "...a un barrio donde nunca había estado el hombre" (Éter 1:26 RCE Éter 2:5 LDS). En otras palabras, fueron los primeros en habitar la zona desde el final de la Edad de Hielo. Creo que algunas personas probablemente decidieron no continuar el viaje, y sus descendientes formarían parte de la población asiática actual, por lo que una conexión de ADN asiático proporciona en realidad más pruebas de la validez del Libro del Mormón, y no al revés. (74)

A continuación, Rupe presenta al lector a la Banda Central de los Cherokee. Se trata de un caso tan interesante que me ha permitido citarlo en su totalidad:

Tal vez tenga el potencial de afectar directamente a la discusión sobre el ADN mencionada anteriormente, recientemente me encontré con un artículo de interés relativo a dos grupos de indios cherokee en el condado de Lawrence, Tennessee. Su historia es fascinante. La información que figura a continuación es un pequeño extracto de información tribal de su sitio web:

Hay dos asentamientos principales en el condado de Lawrence, TN que estaban aquí antes de "El Camino de las Lágrimas". No se conocía oro en esta zona, por lo que el ejército estadounidense no se molestó en reunirnos para la "Marcha de la Muerte" a Oklahoma.

Los Pennington (Clan del Viento) fueron los primeros colonos legales del condado de Lawrence con concesiones de tierras. Estos descendientes del Jefe Tuttle y del "Cazador de Póquer" echaron raíces en Heneryville [sic], TN pronunciado (Hen-er-vull) y aún residen y prosperan en la zona.

El otro Grupo Principal son descendientes del Jefe Van Glass y su tribu que huyeron de Muscle Shoals, AL a Steadman Ridge en el condado de Lawrence. El Ejército de EE.UU. con base en Nashville, TN atravesó la zona de Blue Water para acabar con todos los cherokees en Muscle Shoals. Los Cherokees hicieron un excelente movimiento de flanqueo para salvar a todos los niños, mujeres y ancianos.

Como resultado, muchos otros amigos y familiares de los Cherokees encontraron en el condado de Lawrence un buen lugar para vivir y criar a sus familias. Los cherokees llevan más de 200 años en el condado de Lawrence, TN. (72)

Rupe continúa:
En su página web, leí esto de su comunicado de prensa relativo a cómo los cherokees se dieron cuenta por primera vez, a través de las pruebas de ADN, de su herencia judía: (72)
Durante la Luna Nevada Cherokee, el 11 de diciembre, recibimos una llamada telefónica de nuestra Hermana Pequeña, Maryland Dos Lunas Rising Childress de Lynchburg, VA. Ella había estado ayudando a un amigo con los resultados de su prueba de ADN, y notó una oscura obra impresa varias veces en su Haplogrupo, la palabra Ashkenazi.

Cito la nota a pie de página de Rupe:

(El nombre asquenazí se aplicó en la Edad Media a los judíos que vivían a lo largo del río Rin, en el norte de Francia y el oeste de Alemania. El centro de los judíos askenazíes se extendió más tarde a Polonia-Lituania y ahora hay asentamientos askenazíes por todo el mundo. El término "askenazí" pasó a identificarse principalmente con las costumbres alemanas y los descendientes de judíos alemanes. Citado de Shira Schoenberg, 10 de febrero de 2008 (72). Véase http://www.jewish virtuallibrary.org/jsource/Judaism/ Ashkenazim. html/

Ella [Childress] no entendía la palabra pero la buscó y descubrió que era un término científico del ADN utilizado para la raza de los judíos. Inmediatamente se puso en contacto con el jefe Joe Búho Sentado Blanco con su descubrimiento [sic]. Después de la conversación telefónica empezamos a sacar los ficheros de ADN que teníamos en varios lugares y que contenían resultados de ADN de Family Tree DNA. Todos nuestros resultados de ADN demostraron que los Cherokee son judíos Ashkenazi. Después de hacer varias conversaciones telefónicas, y contactos por correo electrónico Todos los otros Cherokee probados resultaron ser Judíos Ashkenazi, y el Jefe tuvo dos aciertos como Levita. Toda esta información ha estado delante de nuestras narices durante más de tres años y no la entendíamos. (72) (Énfasis añadido)

Rupe concluye:
Los resultados de la prueba del judío ashkenazi, prueban científicamente la investigación de James Adair, de 1775, sobre la cultura cherokee, y sus "23 argumentos de por qué los cherokees son hebreos", y una "tribu perdida de Israel", publicada en Londres bajo el título de "Una historia del indio americano". (73)

Para ofrecer más apoyo, Rupe se dirigió directamente al sitio web de los cherokees, a la sección "Anuncios", que se ha trasladado a<http://www.cbcherokee.org>.

HERMANOS Y HERMANAS O'SIYO
LOS CHEROKEE DEL CONDADO DE LAWRENCE, TN NOS COMPLACE ANUNCIAR QUE HEMOS DEMOSTRADO CIENTÍFICAMENTE, CON ADN, QUE LOS CHEROKEE SON HEBREOS (JUDÍOS).
ESTA ES LA UNICA FORMA EN QUE HEMOS PODIDO PROBAR LA CULTURA HISTORICA DE LOS CHEROKEE.
ACTUALMENTE TENEMOS 141 POSITIVOS PARA JUDIO ASHKENAZI, Y 0 NEGATIVOS.
GAY GEY YOU E, JOE SITTING OWL
JEFE PRINCIPAL DE LOS CHEROKEES DEL CONDADO DE LAWRENCE, TN

Tras leer lo anterior con gran interés, yo [Rupe] envié un correo electrónico al grupo como sigue:
Hola June

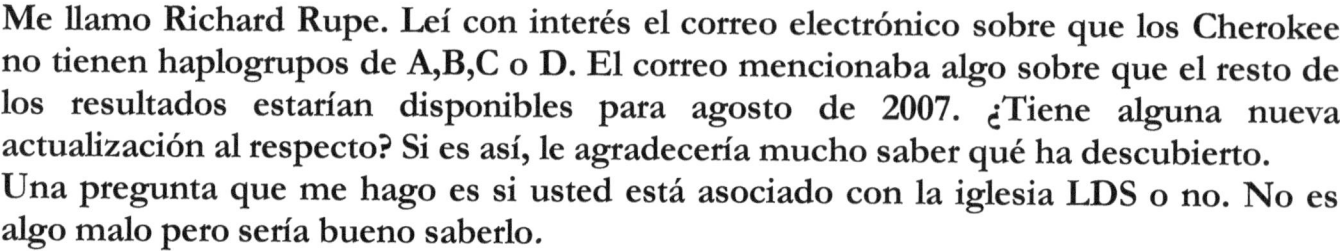

Me llamo Richard Rupe. Leí con interés el correo electrónico sobre que los Cherokee no tienen haplogrupos de A,B,C o D. El correo mencionaba algo sobre que el resto de los resultados estarían disponibles para agosto de 2007. ¿Tiene alguna nueva actualización al respecto? Si es así, le agradecería mucho saber qué ha descubierto.

Una pregunta que me hago es si usted está asociado con la iglesia LDS o no. No es algo malo pero sería bueno saberlo.

Gracias, Richard Rupe

La siguiente es mi respuesta del jefe:

O'Siyo Richard,

June está de viaje por unas semanas, así que respondo a su correo electrónico. La Banda Central de los Cherokee tiene todas las denominaciones representadas en la tribu, incluida la LDS.

Los resultados de la prueba de grupo de ADN más reciente es que los Cherokee no tienen A, B, C, o D, confirmando la primera prueba en el lado de ADNmt de la prueba. No hemos recibido los resultados de la prueba Y-12.

Wado por su interés.

Búho Sentado (73)

Esta es una gran noticia para los creyentes del Libro del Mormón porque ahora tenemos pruebas muy sólidas de que algunos israelitas llegaron a las Américas tal y como afirma el Libro del Mormón. Como aclaración: llamar "judíos" o "judíos askenazíes" a los de ascendencia alemana es un término equivocado. De hecho, no son de la Casa de Judá, sino de las Diez Tribus Perdidas. Por lo tanto, los indios cherokee también son de la Casa de Israel, que forma parte de las Doce Tribus de Israel y de las Diez Tribus Perdidas de Israel, pero no de la Casa de Judá [judíos]. Eso significa que deberían llamarse israelitas, no judíos.

Epigrafía Hebrea

Lo siguiente es controvertido y hay personas educadas en ambos lados de la discusión. Yo opto por aceptarlos como hechos, usted decida por sí mismo.

A continuación, Rupe nos informa sobre la Piedra de Bat Creek hallada en el este de Tennessee por el proyecto Mound Survey del Smithsonian, excavada originalmente en 1889, y el Decálogo de Los Lunas hallado en Los Lunas, Nuevo México. Rupe afirma:

El difunto erudito en lenguas semíticas Cyrus Gordon (1971) confirmó que [la Piedra de Bat Creek] es semítica, y específicamente paleohebrea de aproximadamente el siglo I o II d. C. Según él, las cinco letras... dicen, de derecha a izquierda, LYHWD, o "para Judea". Señaló que la letra rota del extremo izquierdo es consistente con mem, en cuyo caso esta palabra se leería en su lugar LYHWD[M], o "para los judíos". (75)

קץ ליהוד

A continuación nos habla de la piedra del Decálogo de Los Lunas, hallada en Nuevo México. En esta piedra tallada hay una copia de los Diez Mandamientos escritos en una forma modificada del hebreo utilizada en torno al 600 a.C.

Decálogo de Los Lunas   Traducción de la piedra

A continuación figura la traducción al inglés actual:

Yo soy Jehová tu Dios, que te he sacado de la tierra de Egipto, de la casa de los esclavos. No debe haber otros dioses ante mi rostro. No debes hacer ningún ídolo. No debes tomar el nombre de Jehová en vano. Acuérdate del día de reposo y santifícalo. Honra a tu padre y a tu madre para que tus días se alarguen en la tierra que Jehová tu Dios te ha dado. No debes asesinar. No debes cometer adulterio. No debes robar. No debes dar falso testimonio contra tu prójimo. No debes desear la mujer de tu prójimo ni nada que sea suyo. (76)

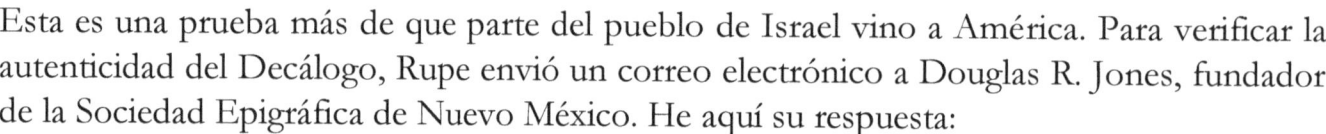

Esta es una prueba más de que parte del pueblo de Israel vino a América. Para verificar la autenticidad del Decálogo, Rupe envió un correo electrónico a Douglas R. Jones, fundador de la Sociedad Epigráfica de Nuevo México. He aquí su respuesta:

Estimado Sr. Rupe

Después de haber investigado la Montaña Oculta durante los últimos 20 años, ya que está cerca de donde vivo, estoy seguro de que la inscripción es muy auténtica.

En realidad no es hebrea, sino paleohebraica. Se trata de una lengua que los últimos [sic] hebreos y griegos junto con los etruscos utilizaron como fundamento básico de sus lenguas. Basándose en la forma y la estructura de la inscripción, y las formas de las palabras utilizadas no hay duda de su antiguo origen. Junto con otros hechos, que no sólo incluyen datos astrológicos que apoyan el marco temporal de esta inscripción. [sic] Yo, como fundador de la Sociedad Epigráfica de Nuevo México he pasado toda mi vida examinando muchos sitios aquí donde hay otras inscripciones de este tipo. No publicamos la mayoría de ellas. La naturaleza frágil, y la desafortunada naturaleza de la gente para perturbarlos siempre nos lleva a documentarlos respetando los derechos actuales de los propietarios de la tierra, el valor para las generaciones posteriores, y sobre todo, la protección de estos sitios. Revelamos nuestra información, cuando se considera apropiado, a agencias específicas para la protección de todos los artefactos encontrados, y su inclusión en programas de preservación. (Énfasis añadido)

Atentamente, Douglas R. Jones
Sociedad Epigráfica de Nuevo México (77-78)

¡Esto es de lo más interesante: Afirma que existen muchos yacimientos como el Decálogo de Los Lunas! Y hace una afirmación muy contundente sobre su autenticidad.

Datación por Carbono-14

Al considerar la datación por Carbono-14, le remito a "¿Hasta qué punto son precisos el Carbono-14 y otros métodos de datación radiactivos?" (www.christiananswers.net) y también "Implicaciones de la datación por radiocarbono para la credibilidad del Libro del Mormón y la validez de los modelos geográficos del Libro del Mormón", de Ted D. Stoddard. En ellos se explica que durante mucho tiempo se ha confiado en las mediciones de radiocarbono como una forma precisa de datar fósiles y otros materiales. Sin embargo, las mediciones se basan en la premisa errónea de que los niveles y las proporciones de carbono-14 y carbono-12 son constantes. Esto simplemente no es así. La cantidad de rayos cósmicos en nuestra atmósfera, la actividad del sol y el magnetismo de la tierra y de nuestro sistema solar influyen en los niveles de Carbono-14.

El resultado global es que hoy se produce más Carbono-14 que hace mucho tiempo. Sin tener en cuenta este cambio, los científicos están datando objetos como más antiguos de lo que realmente son. El autor del siguiente artículo continúa bajo el título "Otros factores que afectan a la datación por Carbono", y nos informa:

Además, el diluvio del Génesis habría alterado enormemente el equilibrio del Carbono. El diluvio enterró una enorme cantidad de Carbono, que se convirtió en carbón, petróleo, etc., disminuyendo así el total de 12C en la biosfera (incluida la atmósfera: las plantas que volvieron a crecer tras el diluvio absorbieron el CO2, que no fue reemplazado por la descomposición de la vegetación enterrada).

El 14C total también disminuye proporcionalmente en esta época, pero mientras que ningún proceso terrestre genera más 12C, el 14C se produce de forma continua, y a un ritmo que no depende de los niveles de carbono (procede del nitrógeno).

Por lo tanto, la proporción 14C/12C en plantas/animales/atmósfera antes del diluvio tuvo que ser más baja de lo que es ahora. (christiananswers)

El autor continúa:

A menos que se corrigiera este efecto (que es adicional a la cuestión del campo magnético que acabamos de discutir), la datación por carbono de los fósiles formados en el diluvio daría edades mucho más antiguas que las verdaderas. Además, los volcanes emiten mucho CO2 empobrecido en Carbono-14. (christiananswers)

El resultado de estos problemas e inexactitudes con respecto al Libro del Mormón es que abren la puerta a discrepancias en la datación. Por lo tanto, la fiabilidad de la datación por carbono debe tomarse en contexto con otros métodos científicos.

Arqueología

Cuando examinamos el registro arqueológico, encontramos algunas pistas interesantes. Veamos sólo un caso como ejemplo. En el libro de David Palmer En busca de Cumorah (impreso con permiso), informa de que:

El conocimiento de [este] uso del cemento en Mesoamérica no existe desde hace [tantas] décadas. En 1929, Heber J. Grant, ex presidente de La Iglesia de Jesucristo de los Santos de los Últimos Días, hizo la siguiente declaración en la conferencia general: "...A menudo he dicho, y deseo repetir aquí, que cuando yo era un joven soltero, otro joven que había recibido el título de doctor me ridiculizó por creer en el Libro del Mormón. Dijo que podía señalar dos mentiras en ese libro. Una era que la gente había construido sus casas con cemento y que eran muy hábiles en el uso del cemento. Dijo que nunca se había encontrado ni se encontraría una casa construida con cemento por los antiguos habitantes de este país, porque la gente de aquella época no sabía nada del cemento. Dijo que eso debería bastar para no creer en el libro.

Le contesté: Eso no afecta mi fe ni una partícula. Leí el Libro del Mormón en oración y supliqué a Dios un testimonio en mi corazón y en mi alma de la divinidad del mismo, y lo he aceptado y creo en él con todo mi corazón". También le dije: "Si mis hijos no encuentran casas de cemento, espero que mis nietos sí lo hagan". Me contestó: "Bueno, ¿de qué sirve hablar con un tonto así? (Informes de la Conferencia de abril de 1929, p128ss)"

(121-122)

Cemento Antiguo de Teotihuacan

Helaman nos habla del uso del cemento por los que viajaban a las zonas del norte:

Helamán 2:7 RCE, Helamán 3:7 LDS:

Y no habiendo sino poca madera sobre la faz de la tierra, Sin embargo, la gente que salió se hizo muy experta en el trabajo del cemento; Por lo tanto, construyeron casas de cemento en las que habitaron.

Palmer continúa:

...el uso del cemento y el hormigón se extendió por toda Mesoamérica en un lapso de tiempo que abarca desde al menos el año 100 a.C. hasta el 400 d.C.. El turista lo ve en gran abundancia en Teotihuacan [cerca de Ciudad de México]. En Kaminaljuyu [Ciudad de Guatemala] la mezcla de hormigón era similar. Pequeños trozos de piedra volcánica de 0,5 a 2 milímetros de diámetro se mezclaban con arcilla y cal.

Tras el secado, se forma una superficie muy lisa y duradera. Una manifestación temprana del uso del cemento se encuentra en Chiapa DeCorzo [Chiapas], donde se utilizó para revestir el templo conocido como Montículo 1. También puede verse en Monte Albán [Oaxaca]. (1)

John (Jack) Welch ha escrito que cuando se le pregunta dónde están las tierras del Libro del Mormón, su respuesta es que tiene que ser un lugar donde haya evidencia de mano de obra experta en estructuras de cemento. Esto identificaría las tierras nefitas. (2)

La documentación del uso del cemento en Mesoamérica es ahora tan abrumadora y obvia que la declaración del presidente Grant destaca como profecía ahora cumplida. (2).

Agricultura

Linda Schele, dando una conferencia en el Malone College de Ohio en la primavera de 1988, afirmó que hasta la década de 1990, los arqueólogos creían que los antiguos centroamericanos utilizaban el método de tala y quema para proporcionar alimentos a sus comunidades. Esto significaría que el Libro del Mormón era falso porque ese sistema no podría haber sustentado a las grandes poblaciones que el libro describía. Más recientemente, se descubrió que los mayas tenían métodos diversos y sofisticados de producción de alimentos. Antes se creía que la agricultura de cultivos itinerantes (swidden) proporcionaba la mayor parte de sus alimentos, pero ahora se piensa que los campos elevados permanentes, el cultivo en terrazas, los huertos forestales, los barbechos gestionados y la recolección silvestre también fueron cruciales para mantener a las grandes poblaciones del periodo Clásico en algunas zonas. Roy Weldon también nos informa de que:

El Libro del Mormón da numerosos ejemplos de destreza en el cultivo de todo tipo de productos agrícolas. (Mosíah 4:9, RCE, Mosíah 6:7 LDS; Enós 1:34 RCE, Enós 1:21 LDS) (92)

[Aunque no en América Central], **los arqueólogos han descubierto que para explotar un solo acre de tierra en la ladera de una montaña en Perú fue necesario colocar aproximadamente setecientas perchas de piedra y transportar cerca de cinco mil toneladas de tierra. Las granjas escalonadas construidas por el hombre prehistórico en**

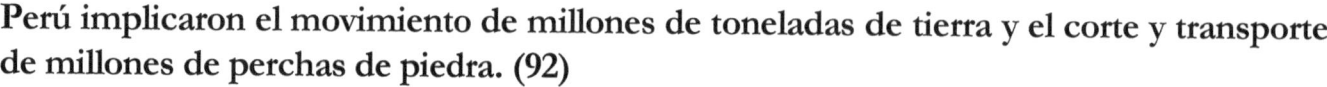

Perú implicaron el movimiento de millones de toneladas de tierra y el corte y transporte de millones de perchas de piedra. (92)

Esto significaría que, efectivamente, podrían haber sostenido a millones de personas. Hoy, en América Central y del Sur, tras este descubrimiento, algunos pueblos están volviendo a estas formas más productivas de producir alimentos.

Períodos de Tiempo

Como ya se ha señalado, tres grupos llegaron a América. Los jareditas procedían de la Gran Torre y fueron los primeros pobladores del Libro del Mormón. Estas gentes cruzaron Asia y finalmente llegaron al océano donde construyeron barcos y cruzaron el Pacífico. Se cree que llegaron a las Américas en algún momento entre el 3114 y el 3000 a.C. Esta fecha coincide con la fecha de creación del Popol Vuh, o se podría decir, el comienzo de su civilización. Según los arqueólogos, la cerámica más antigua descubierta en Mesoamérica, en Puerto Marqués, data de alrededor del 2900 a.C. Sin tener en cuenta el Libro del Mormón, los arqueólogos reconocen que la civilización olmeca comenzó y terminó en el mismo marco temporal que los jareditas (3114 a.C. a 200 a.C.) y en el mismo lugar. (Calentador, página central) El segundo grupo del que nos habla el Libro del Mormón es Lehi y su familia que salieron de Jerusalén alrededor del 600 a. C.:

I Nefi 3:4 RCE, I Nefi 10:4 LDS:

Sí, incluso seiscientos años desde el tiempo en que mi padre dejó Jerusalén, un Profeta levantaría el Señor Dios entre los judíos, Sí, incluso un Mesías, o en otras palabras, un Salvador del Mundo.

El libro también informa de que el tercer grupo fue alejado de Jerusalén hacia el año 586 a.C.
Omni nos da los detalles:

Omni 1:26-27 RCE, Omni 1:15-16 LDS:

He aquí, sucedió que Mosíah descubrió que el pueblo de Zarahemla salió de Jerusalén en el tiempo en que Sedequías, rey de Judá, fue llevado cautivo a Babilonia; Y viajaron por el desierto y fueron llevados por la mano del Señor a través de las Grandes Aguas a la tierra donde Mosíah los descubrió; Y han habitado allí desde entonces; Cruzando el Océano Atlántico, estas gentes llegaron más o menos al mismo tiempo que los nefitas, pero desembarcaron en el lado oriental de América Central.

Basándose en la datación por C-14, los arqueólogos también nos dicen que empezaron a aparecer civilizaciones en las tierras altas de Guatemala en el lado del Pacífico y también en las tierras bajas de la costa del Golfo alrededor del año 600 a.C. (Debido a las dificultades con la datación por C-14, esas fechas podrían tener un desfase de hasta cincuenta años. Esto significa que estos grupos podrían haber

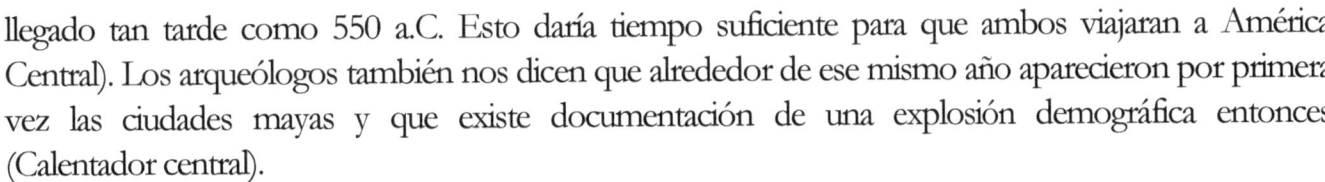

llegado tan tarde como 550 a.C. Esto daría tiempo suficiente para que ambos viajaran a América Central). Los arqueólogos también nos dicen que alrededor de ese mismo año aparecieron por primera vez las ciudades mayas y que existe documentación de una explosión demográfica entonces (Calentador central).

Seguir los cambios de población dentro del Libro del Mormón puede ser todo un reto. En un caso, narra un suceso sobre un grupo de lamanitas que se convirtieron a las creencias nefitas y emigraron de su tierra natal a Jersón para obtener protección de los demás lamanitas. Luego, entre el 100 a.C. y el 76 a.C. abandonaron la tierra de Jersón y se refugiaron en la tierra de Melek para protegerse de los zoramitas. Cambiaron su nombre por el de Anti-Nefi-Lehi, y más tarde, por el de pueblo de Ammón.

Alma 15:29-30 RCE, Alma 27:26-27 LDS:

Y sucedió que descendieron a la Tierra de Jersón y tomaron posesión de la Tierra de Jersón. Y fueron llamados por los Nefitas, el pueblo de Ammón, Por lo tanto, fueron distinguidos por ese nombre desde entonces;...

Alma 16:254 RCE, Alma 35:13 LDS:

Y el pueblo de Ammón salió de la tierra de Jersón y vino a la tierra de Melek, Y dio lugar en la tierra de Jersón a los ejércitos de los nefitas, para que pudieran contender con los ejércitos de los lamanitas y los ejércitos de los zoramitas.

Como un ejemplo de este desplazamiento, los arqueólogos nos dicen que una migración a Barton Raimie y Lamanai en Belice desde Chalchuapa en El Salvador ocurrió entre el 100 a.C. y el 76 a.C. (Heater centerfold). ¿Podría tratarse de la misma gente que emigró a Jershon y luego a Melek?

Para explorar otra pista, hablemos de la estrella que guió a los Reyes Magos. Como sabemos, siguieron una nueva estrella hasta "donde estaba el niño pequeño":

Mateo 2:2:

"Diciendo: ¿Dónde está el rey de los judíos, que ha nacido? Porque su estrella hemos visto en el oriente, y venimos a adorarle."

Mateo 2:9

"Ellos, habiendo oído al rey, se fueron; y he aquí la estrella que habían visto en el oriente iba delante de ellos, hasta que llegando, se detuvo sobre donde estaba el niño."

Según el Libro del Mormón, cuando Jesús nació, una nueva estrella apareció en el cielo después de una noche sin oscuridad:

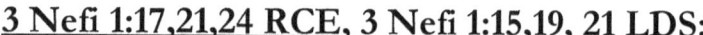

3 Nefi 1:17,21,24 RCE, 3 Nefi 1:15,19, 21 LDS:

Porque vio que al ponerse el sol no había tinieblas, Y la gente comenzó a asombrarse porque no había tinieblas al llegar la noche.

Y sucedió que no hubo oscuridad en toda aquella noche, sino que había tanta luz como si fuera mediodía.

Y sucedió también que una nueva estrella apareció según la palabra.

Las leyendas mesoamericanas hablan de la aparición de una nueva estrella en la época del nacimiento de Jesús. (Heater centerfold)

Del mismo modo, en la época de la muerte de Cristo, el Libro del Mormón atestigua que hubo una gran destrucción. De hecho, hubo tal cantidad de estragos en las Américas que, creo, se sintió en Israel. ¿Por qué? Porque la Biblia también habla de la oscuridad y del temblor de la tierra. Creo que toda la tierra fue literalmente sacudida por su muerte: la tierra misma se lamentó.

3 Nefi 4:6-16 RCE, 3 Nefi 8:5 LDS:

Y sucedió que en el año treinta y cuatro, en el primer mes, en el cuarto día del mes, Se levantó una gran tormenta, tal como nunca se había conocido en toda la tierra; Y también hubo una tempestad grande y terrible; Y hubo truenos terribles, de tal manera que sacudieron toda la tierra como si estuviera a punto de partirse en dos; Y hubo relámpagos sumamente agudos, tales como nunca se habían conocido en toda la tierra. Y la Ciudad de Zarahemla se incendió; Y la Ciudad de Moroni se hundió en las profundidades del mar y sus habitantes se ahogaron; Y la tierra fue arrastrada sobre la Ciudad de Moronihah, que en el lugar de su ciudad se convirtió en una gran montaña; Y hubo una gran y terrible destrucción en la Tierra hacia el Sur. Pero he aquí, hubo una destrucción más grande y terrible en la Tierra hacia el Norte; Porque he aquí, toda la faz de la tierra fue cambiada a causa de las tempestades y los torbellinos y los truenos y los relámpagos y el temblor sumamente grande de toda la tierra; Y las calzadas fueron rotas, Y los caminos llanos fueron estropeados, Y muchos lugares llanos se volvieron escabrosos, Y muchas ciudades grandes y notables fueron hundidas, Y muchas fueron quemadas, Y muchas fueron sacudidas hasta que sus edificios cayeron a tierra, Y sus habitantes fueron muertos, Y los lugares quedaron desolados. Y hubo algunas ciudades que permanecieron, pero el daño que sufrieron fue excesivamente grande, Y hubo muchos en ellas que fueron muertos; Y hubo algunos que fueron llevados en el torbellino, Y a dónde fueron, nadie lo sabe, excepto que ellos saben que fueron llevados. Y la faz de toda la tierra se deformó a causa de las tempestades y los truenos y los relámpagos y el temblor de la tierra; Y he aquí que las rocas se partieron en dos, sí, se quebraron sobre la faz de toda la tierra, De tal manera que se hallaron en fragmentos rotos y en costuras y en grietas sobre toda la faz de la tierra. Y sucedió que cuando los truenos y los relámpagos y la tormenta y la tempestad y el temblor de la tierra cesaron - Porque he aquí, duraron por el espacio de tres horas, Y se dijo por algunos que el tiempo fue mayor;...

Los restos arqueológicos confirman que hay muchos vestigios de ciudades en toda Mesoamérica, algunas bajo el agua de los océanos, otras en el fondo de los lagos, además de muchas en la superficie, algunas de las cuales estaban cubiertas por tierra. Además, muchas fueron abandonadas y posteriormente cubiertas por el follaje y la tierra. Los científicos actuales también nos dicen que la erupción de los volcanes provoca furiosas tormentas en las zonas que los rodean, tal y como se representa. La referencia anterior es una descripción asombrosamente correcta de lo que ocurre durante una erupción, algo que incluso la mayoría de la gente de hoy desconoce.

El Libro del Mormón relata que los lamanitas tenían un rey alrededor del año 330 d.C. y que todo el pueblo se había vuelto malvado:

Mormón 1:30-31 RCE, Mormón 2:8-9 LDS:

Por lo tanto hubo sangre y matanzas esparcidas por toda la faz de la tierra--Tanto de parte de los Nefitas, como también de parte de los Lamanitas; Y fue una revolución completa por toda la faz de la tierra. Y ahora los Lamanitas tenían un rey y su nombre era Aarón, Y vino contra nosotros con un ejército de cuarenta y cuatro mil;

Los descubrimientos arqueológicos revelan que alrededor del año 300 d.C., en la época del Clásico Maya, aparecieron los reyes (Heater centerfold).

El Libro del Mormón también nos dice que había un gran número de personas en Mesoamérica alrededor del año 321 d.C.:

Mormón 1:7 RCE, Mormón 1:6 LDS:

Y sucedió que yo, siendo de once años de edad, fui llevado por mi padre a la Tierra hacia el Sur, hasta la Tierra de Zarahemla--Toda la faz de la tierra se había cubierto de edificios, y la gente era tan numerosa casi como la arena del mar.

Roy Weldon relata que justo antes de la destrucción final de los nefitas, el Señor les ayudó a concertar una tregua con los lamanitas durante diez años. (Mormón 1:63) Pero los nefitas se negaron a arrepentirse. (23)

Roy afirma a continuación:

En el relato de las Razas Nativas de Bancroft encontramos una historia similar.

Incapaz de resistir al formidable ejército, el rey tolteca se vio obligado a enviar embajadores portadores de ricos presentes para solicitar la paz. ...Se concluyó una tregua... en el sentido de que los toltecas no debían ser molestados durante diez años. (Vol. 5 279)

Destrucción Final

Finalmente, el Libro del Mormón informa que entre los años 320 y 384 d.C., los nefitas estuvieron en constante estado de guerra con los lamanitas:

Mormón 3:6 RCE, Mormón 6:5 LDS:

Y cuando habían transcurrido trescientos ochenta y cuatro años, habíamos reunido a todo el resto de nuestro pueblo en la tierra de Cumorah.

Se reunieron para la última batalla en el año 384. Antes de morir, Mormón describió cómo murieron todos los nefitas menos veinticuatro y probablemente fue la última batalla que observó. (Mormón 3:16 RCE, Mormón 6:15 LDS)

Mormón 4:7-8 RCE, Mormón 8:6-7 LDS:

He aquí, han pasado cuatrocientos años desde la venida de nuestro Señor y Salvador. Y he aquí, los lamanitas han perseguido a mi pueblo los nefitas de ciudad en ciudad y de lugar en lugar, hasta que ya no existen, Y grande ha sido su caída, Sí, grande y prodigiosa es la destrucción de mi pueblo los nefitas;

Moroni, el hijo de Mormón, escribió el último capítulo del libro de Mormón:

Mormón 4:10 RCE, Mormón 8:8 LDS:

Y he aquí también, los Lamanitas están en guerra unos con otros; Y toda la faz de esta tierra es una ronda fija de asesinato y derramamiento de sangre; Y nadie sabe el fin de la guerra.

Como observación personal, temo que la misma destrucción traída sobre los Nefitas a causa de su iniquidad esté a punto de caer sobre América por la misma razón. Si no estamos temerosos de los males que ocurren a nuestro alrededor, deberíamos estarlo y debemos arrepentirnos. Todos debemos orar por nuestro país, por nuestros líderes y para que triunfe la voluntad de Dios.

Lo que he incluido aquí representa sólo algunas de las muchas evidencias arqueológicas que concuerdan con el Libro del Mormón. Sin duda, nadie conocía esta información a principios del siglo XIX.

CAPÍTULO 12

PALABRAS PRONUNCIADAS POR JESUCRISTO (EN ROJO) EN EL LIBRO DEL MORMÓN DURANTE SU VISITA A LAS AMÉRICAS

Tercer Libro de Nefi
El Hijo de Nefi Que era el Hijo de Helaman

3 Nefi 5:
1. Y sucedió que había una gran multitud reunida del pueblo de Nefi, alrededor del templo que estaba en la Tierra Generosa [en las Américas];
2. Y estaban maravillados y asombrados unos con otros y se mostraban unos a otros el gran y maravilloso cambio que había tenido lugar;
3. Y también conversaban sobre este Jesucristo del que se había dado la señal relativa a su muerte.
4. Y sucedió que mientras conversaban así unos con otros, Oyeron una voz como salida del cielo; Y pusieron los ojos en derredor, porque no entendían la voz que oían;
5. Y no era una voz áspera, ni era una voz fuerte, Sin embargo, y a pesar de ser una voz pequeña, penetró hasta el centro a los que la oyeron, De tal manera que no hubo parte de su cuerpo que no hiciera temblar; Sí, les penetró hasta el alma misma e hizo arder sus corazones.
6. Y sucedió que otra vez oyeron la voz y no la entendieron; Y otra vez la tercera vez oyeron la voz y abrieron sus oídos para oírla;
7. Y sus ojos estaban atentos a su sonido; y miraban fijamente hacia el cielo, de donde procedía el sonido. Y he aquí que la tercera vez entendieron la voz que oyeron,
8. Y les dijo: "He aquí a mi Hijo amado en quien me complazco, en quien he glorificado mi nombre: ¡Escuchadle!".
9. Y sucedió que mientras entendían, volvieron a levantar los ojos hacia el cielo; Y he aquí, vieron a un Hombre que descendía del cielo;
10. Y estaba vestido de una túnica blanca, Y descendió y se puso en medio de ellos; Y los ojos de toda la multitud estaban fijos en Él, Y no se atrevían a abrir la boca, ni siquiera unos a otros; Y no sabían lo que significaba, pues pensaban que era un ángel el que se les había aparecido.

11. Y sucedió que Él extendió Su mano y habló a la gente, diciendo: "He aquí, Yo Soy Jesucristo, de quien los profetas dieron testimonio que vendría al mundo;

12. 12. Y he aquí, Yo Soy la luz y la vida del mundo; Y he bebido de esa copa amarga que el Padre me ha dado, Y he glorificado al Padre al tomar sobre Mí los pecados del mundo, en los cuales he sufrido la voluntad del Padre en todas las cosas desde el principio."

13. Y sucedió que cuando Jesús hubo dicho estas palabras, toda la multitud cayó a tierra, Porque recordaron que había sido profetizado entre ellos que Cristo se mostraría a ellos después de su ascensión al cielo.

14. Y sucedió que el Señor les habló diciendo: "Levantaos y venid a mí, para que metáis vuestras manos en mi costado, y también para que sintáis las heridas de los clavos en mis manos y en mis pies, para que sepáis que soy el Dios de Israel y el Dios de toda la tierra y que he sido inmolado por los pecados del mundo."

15. Y sucedió que la multitud salió y metió sus manos en Su costado y palparon las huellas de los clavos en Sus manos y en Sus pies;

16. Y esto hicieron, saliendo uno por uno, Hasta que todos hubieron salido, y vieron con sus ojos, y palparon con sus manos, y supieron con certeza, y dieron testimonio, Que era Aquel de quien estaba escrito por los profetas que había de venir.

17. Y sucedió que cuando todos hubieron salido y dieron testimonio por sí mismos, gritaron unánimes, diciendo: "¡Hosanna! Bendito sea el nombre del Altísimo Dios!" Y se postraron a los pies de Jesús y le adoraron.

18. Y sucedió que habló a Nefi -pues Nefi estaba entre la multitud- y le ordenó que saliera;

19. Y Nefi se levantó y salió y se inclinó ante el Señor y besó sus pies;

20. Y el Señor le ordenó que se levantara, Y él se levantó y se puso de pie ante Él.

21. Y el Señor le dijo "Te doy poder para que bautices a este pueblo cuando yo haya subido de nuevo al cielo".

22. Y de nuevo el Señor llamó a otros y les dijo lo mismo; Y les dio poder para bautizar.

23. Y les dijo: "Así bautizaréis -y no habrá disputas entre vosotros-.

24. De cierto os digo que a cualquiera que se arrepienta de sus pecados por vuestras palabras y desee ser bautizado en mi nombre, así lo bautizaréis: He aquí, descenderéis y os pondréis de pie en el agua y en Mi nombre los bautizaréis.

25. "Y he aquí, éstas son las palabras que diréis, llamándolos por su nombre, diciendo: 'Con la autoridad que me ha sido dada por Jesucristo, yo os bautizo en el nombre del Padre y del Hijo y del Espíritu Santo. Amén".

26. "Entonces los sumergiréis en el agua y volveréis a salir de ella.

27. "Y de esta manera bautizaréis en mi nombre. "Porque he aquí, de cierto os digo que el Padre y el Hijo y el Espíritu Santo son uno; y Yo Soy en el Padre y el Padre en Mí y el Padre y Yo somos uno;

28. Y según os he mandado, así bautizaréis;

29. Y no habrá entre vosotros disputas como hasta ahora, Ni sobre los puntos de mi doctrina como hasta ahora;;

30. Porque de cierto os digo, que el que tiene espíritu de discordia no es de Mí, sino del diablo, que es el padre de la discordia, y atiza los corazones de los hombres para que contiendan con ira los unos contra los otros.

31. "He aquí, ésta no es Mi doctrina: incitar a ira los corazones de los hombres unos contra otros; pero ésta es Mi doctrina: que tales cosas deben ser eliminadas.

32. "He aquí, de cierto os digo, que os declararé Mi doctrina; Y ésta es Mi doctrina y es la doctrina que el Padre me ha dado-.

33. Y Yo doy testimonio del Padre, Y el Padre da testimonio de Mí, Y el Espíritu Santo da testimonio del Padre y de Mí, Y Yo doy testimonio de que el Padre ordena a todos los hombres en todas partes que se arrepientan y crean en Mí;

34. Y todo aquel que crea en Mí y sea bautizado, será salvo, Y ellos son los que heredarán el reino de Dios;

35. Y quien no crea en Mí y no sea bautizado, será condenado.

36. "De cierto os digo que ésta es Mi doctrina, Y doy testimonio de ella de parte del Padre; Y quien cree en Mí, cree también en el Padre;

37. Y a él el Padre dará testimonio de Mí, Porque lo visitará con fuego y con el Espíritu Santo;

38. Y así el Padre dará testimonio de Mí; Y el Espíritu Santo le dará testimonio del Padre y de Mí, Porque el Padre y Yo y el Espíritu Santo somos uno.

39. "Y otra vez os digo: Es necesario que os arrepintáis, y os hagáis como un niño pequeño, y seáis bautizados en mi nombre, o de ninguna manera podréis recibir estas cosas".

40. "Y otra vez os digo: Tenéis que arrepentiros, y ser bautizados en Mi nombre, y llegar a ser como un niño pequeño, ¡O de ninguna manera podréis heredar el reino de Dios!"

41. "De cierto os digo que esta es Mi doctrina; Y quien edifica sobre esto, edifica sobre Mi roca, Y las puertas del infierno no prevalecerán contra ellos."

42. "Y cualquiera que declare más o menos que esto y lo establezca como mi doctrina, ése viene del mal y no está edificado sobre mi roca; sino que edifica sobre cimientos arenosos, y las puertas del infierno están abiertas para recibir a los tales cuando vengan las inundaciones y los vientos los azoten;

43. *Por tanto, salid a este pueblo y anunciad las palabras que yo he hablado hasta los confines de la tierra".*

44. *Y sucedió que cuando Jesús hubo dicho estas palabras a Nefi y a los que habían sido llamados -ahora el número de los que habían sido llamados y recibido poder y autoridad para bautizar eran doce-.*

45. *Y he aquí, Él extendió su mano hacia la multitud y les gritó, diciendo: "Benditos seáis si prestáis atención a las palabras de estos doce que he elegido de entre vosotros para que os sirvan y sean vuestros servidores;*

46. *Y a ellos les he dado poder para que os bauticen con agua; Y después de que seáis bautizados con agua, he aquí que yo os bautizaré con fuego y con el Espíritu Santo.*

47. *"Por lo tanto, benditos sois si creéis en mí y sois bautizados después de haberme visto y sabido que Yo Soy."*

48. *"Y además, más bienaventurados son los que creerán en vuestras palabras porque testificaréis que me habéis visto y que sabéis que Yo Soy;"*

49. *Sí, bienaventurados los que creerán en vuestras palabras y descenderán a las profundidades de la humildad y serán bautizados, Porque serán visitados con fuego y con el Espíritu Santo y recibirán la remisión de sus pecados.*

50. *"Sí, bienaventurados los pobres de espíritu que vienen a Mí, porque de ellos es el reino de los cielos."*

51. *"Y además, bienaventurados todos los que lloran, porque ellos serán consolados."*

52. *"Y bienaventurados los mansos, porque ellos heredarán la tierra."*

53. *"Y bienaventurados todos los que tienen hambre y sed de justicia, porque ellos serán llenos del Espíritu Santo."*

54. *"Y bienaventurados los misericordiosos, porque ellos alcanzarán misericordia."*

55. *"Y bienaventurados todos los puros de corazón, porque ellos verán a Dios."*

56. *"Y bienaventurados todos los pacificadores, porque ellos serán llamados hijos de Dios."*

57. "Y bienaventurados todos los perseguidos por causa de mi nombre, porque de ellos es el reino de los cielos."

58. "Y bienaventurados seréis cuando los hombres os injurien y os persigan y digan toda clase de mal contra vosotros falsamente por mi causa,

59. pues tendréis gran gozo y os alegraréis sobremanera, porque grande será vuestra recompensa en los cielos; porque así persiguieron a los profetas que fueron antes de vosotros.

60. "De cierto os digo y os doy que seáis la sal de la tierra, Pero si la sal pierde su sabor, ¿con qué se salará la tierra? La sal ya no servirá para nada, sino para ser echada fuera y pisoteada por los hombres.

61. "De cierto os digo que os doy para que seáis la luz de este pueblo; una ciudad asentada sobre un monte no se puede esconder;

62. He aquí, ¿Enciende los hombres una vela y la ponen debajo de un celemín? No, sino sobre un candelero y alumbra a todos los que están en la casa;

63. Así alumbre vuestra luz delante de este pueblo, para que vean vuestras buenas obras y glorifiquen a vuestro Padre que está en los cielos.

64. "No penséis que he venido para abrogar la ley o los profetas; no he venido para abrogar, sino para cumplir;

65. Porque de cierto os digo que ni una jota ni una tilde ha pasado de la ley, sino que en mí todo se ha cumplido.

66. "Y he aquí, os he dado la ley y los mandamientos de mi Padre, para que creáis en Mí, y os arrepintáis de vuestros pecados y vengáis a Mí con el corazón quebrantado y el espíritu contrito;

67. He aquí, tenéis los mandamientos delante de vosotros y la ley se ha cumplido, Por tanto, venid a Mí y sed salvos;

68. Porque de cierto os digo, que a menos que guardéis Mis mandamientos que os he mandado en este tiempo, en ningún caso entraréis en el reino de los cielos.

69. "Habéis oído que ha sido dicho por los de antaño -y también está escrito ante vosotros- que: 'No matarás y quienquiera que mate estará en peligro del juicio de Dios';

70. Pero yo os digo que cualquiera que se enoje con su hermano, correrá peligro del juicio de Dios; y cualquiera que diga a su hermano: '¡Raca!', correrá peligro del consejo; y cualquiera que diga: '¡Necio!', correrá peligro del fuego del infierno; por tanto, si venís a Mí, o deseáis venir a Mí, y recordáis que vuestro hermano tiene algo contra vosotros,

71. Ve hacia tu hermano y reconcíliate primero con tu hermano y luego ven a Mí con pleno propósito de corazón y Yo te recibiré.

72. "Ponte pronto de acuerdo con tu adversario mientras estés en el camino con él, no sea que en cualquier momento te alcance y seas echado en la cárcel;

73. De cierto os digo que de ninguna manera saldréis de allí hasta que hayáis pagado hasta el último senino;

74. Y mientras estéis en prisión, ¿Podréis pagar siquiera un senino? De cierto os digo: No.

75. "He aquí, está escrito por los antiguos que: 'No cometerás adulterio';

76. Pero yo os digo que cualquiera que mira a una mujer para codiciarla, ya ha cometido adulterio en su corazón.

77. "He aquí, os doy un mandamiento para que no permitáis que ninguna de estas cosas entre en vuestro corazón, pues es mejor que os neguéis a vosotros mismos estas cosas, en las que tomaréis vuestra cruz, a que seáis arrojados al infierno.

78. "Escrito está: 'El que repudie a su mujer, que le dé carta de divorcio';

79. De cierto os digo que cualquiera que repudie a su mujer, salvo por causa de fornicación, la hace cometer adulterio, Y cualquiera que se case con la repudiada comete adulterio.

80. "Y además, está escrito: 'No te jurarás a ti mismo, sino que cumplirás al Señor tus juramentos';

81. De cierto os digo que no juréis en absoluto, ni por el cielo, porque es el trono de Dios, ni por la tierra, porque es el escabel de sus pies, Ni juréis por vuestra cabeza, porque no podéis hacer blanco ni negro un solo cabello;

82. Sino que tu comunicación sea: 'Sí, sí'; 'No, no'; Porque todo lo que viene de más es malo.

83. "Y he aquí, está escrito: 'Ojo por ojo y diente por diente';

84. Pero yo os digo que no resistiréis al mal, sino que a cualquiera que te hiera en la mejilla derecha, vuélvele también la otra;

85. Y si algún hombre te demandare ante la ley y te quitare tu túnica, déjale también tu manto;

86. Y a quien te obligare a ir una milla, ve con él dos;

87. Da al que te pida, Y al que quiera pedirte prestado, no se lo niegues.

88. "Y he aquí que también está escrito: Amarás a tu prójimo y odiarás a tu enemigo;

89. Pero he aquí, yo os digo: Amad a vuestros enemigos, bendecid a los que os maldicen, haced bien a los que os odian, y orad por los que os ultrajan y os persiguen,

90. para que seáis hijos de vuestro Padre que está en los cielos, que hace salir su sol sobre malos y buenos. "Por lo tanto, las cosas que eran de antaño, que estuvieron sujetas a la ley en mí, todas se han cumplido;

91. Las cosas viejas pasaron, y todas son hechas nuevas, Por tanto, quisiera que fuerais perfectos como yo o vuestro Padre que está en los cielos es perfecto."

92. "De cierto os digo que quiero que hagáis limosna a los pobres; Pero mirad que no hagáis vuestra limosna delante de los hombres para ser vistos de ellos, De otra manera no tendréis recompensa de vuestro Padre que está en los cielos;

93. Por tanto, cuando hagáis vuestra limosna, no toquéis trompeta delante de vosotros como harán los hipócritas en las sinagogas y en las calles, para tener gloria de los hombres; de cierto os digo que ya tienen su recompensa;

94. Pero cuando hagas limosna, que tu mano izquierda no sepa lo que hace tu mano derecha,

95. para que tu limosna sea en secreto; y tu Padre que ve en secreto, él mismo te recompensará en público.

96. "Y cuando ores, no harás como los hipócritas, Porque ellos aman orar de pie en las sinagogas y en las esquinas de las calles, para ser vistos por los hombres; De cierto os digo que ya tienen su recompensa;

97. Pero tú, cuando ores, entra en tu aposento, Y cerrada tu puerta, ora a tu Padre que está en lo secreto, Y tu Padre, que ve en lo secreto, te recompensará en público;

98. Pero cuando oréis, no uséis vanas repeticiones como los paganos, Porque piensan que serán oídos por su mucho hablar;

99. No seáis, pues, como ellos, porque vuestro Padre sabe de qué cosas tenéis necesidad antes de que se lo pidáis.

100. "Así pues, orad:

101. 'Padre nuestro que estás en los cielos, santificado sea tu nombre.

102. Hágase tu voluntad, así en la tierra como en el cielo.

103. Y perdónanos nuestras ofensas, como también nosotros perdonamos a quienes nos ofenden.

104. Y no nos dejes caer en la tentación, y líbranos del mal.

105. Tuyo es el reino y el poder y la gloria por siempre. Amén".

106. "Porque si perdonáis a los hombres sus ofensas, también os perdonará a vosotros vuestro Padre celestial, Pero si no perdonáis a los hombres sus ofensas, tampoco vuestro Padre os perdonará vuestras ofensas.

107. "Además, cuando ayunéis, no seáis como los hipócritas, de semblante triste, pues desfiguran sus rostros para parecer a los hombres que ayunan; de cierto os digo que ya tienen su recompensa;

108. Pero tú, cuando ayunes, perfuma tu cabeza y lava tu rostro, Para que no aparentes a los hombres que ayunas, Sino a tu Padre, que ve en lo secreto, y te recompensará abiertamente.

109. "No os hagáis tesoros en la tierra, donde la polilla y el orín corrompen y los ladrones entran y roban,

110. sino haceos tesoros en el cielo, donde ni la polilla ni el orín corrompen y donde los ladrones no penetran ni roban;

111. Porque donde esté vuestro tesoro, allí estará también vuestro corazón.

112. "La luz del cuerpo es el ojo; Si, pues, tu ojo es bueno, todo tu cuerpo estará lleno de luz;

113. Pero si tu ojo es malo, todo tu cuerpo estará lleno de tinieblas; Si por tanto la luz que hay en ti es tinieblas, ¡Cuán grandes son esas tinieblas!

114. "Ningún hombre puede servir a dos señores, O aborrecerá a uno y amará al otro, O se aferrará a uno y despreciará al otro; No podéis servir a Dios y al dinero".

3 Nefi 6

1. Y sucedió que cuando Jesús hubo dicho estas palabras, miró a los doce que había elegido y les dijo: "Acordaos de las palabras que os he dicho,

2. Porque he aquí, vosotros sois los que he escogido para ministrar a este pueblo.

3. "Por eso os digo que no os preocupéis por vuestra vida, por lo que habéis de comer o por lo que habéis de beber, ni por vuestro cuerpo, por lo que habéis de vestir; ¿No es la vida más que el alimento y el cuerpo más que el vestido?

4. Mirad las aves del cielo, que no siembran, ni siegan, ni juntan en graneros, Pero vuestro Padre celestial las alimenta; ¿No sois vosotros mucho mejores que ellas?

5. "¿Quién de vosotros puede, añadir un codo a su estatura?

6. ¿Y por qué os preocupáis por el vestido? Mirad los lirios del campo, cómo crecen- no se afanan, ni hilan-.

7. Y sin embargo os digo que ni siquiera Salomón en toda su gloria se vistió como uno de éstos;

8. Por tanto, si Dios viste así a la hierba del campo, que hoy es y mañana se echa en el horno, así también os vestirá a vosotros, si no sois de poca fe.

9. "Por tanto, no os preocupéis diciendo: "¿Qué comeremos?" o "¿Qué beberemos?" o "¿Con qué nos vestiremos?".

10. Porque vuestro Padre celestial sabe que tenéis necesidad de todas estas cosas;

11. Pero buscad primero el reino de Dios y su justicia, Y todas estas cosas os serán añadidas;

12. No os afanéis, pues, por el día de mañana, Porque el día de mañana se afanará por las cosas de sí mismo; Suficiente es el día para su mal".

13. Y sucedió que cuando Jesús hubo dicho estas palabras, se volvió de nuevo a la multitud y les abrió de nuevo la boca, diciendo: "En verdad, de cierto os digo: No juzguéis para que no seáis juzgados;

14. Porque con el juicio con que juzguéis, seréis juzgados, Y con la medida con que midáis, os será medido de nuevo;

15. ¿Y por qué miras la paja que está en el ojo de tu hermano, Pero no consideras la viga que está en tu propio ojo?

16. ¿O cómo dirás a tu hermano: "Déjame sacar la paja de tu ojo", y he aquí que hay una viga en tu propio ojo?

17. ¡Hipócrita! Saca primero la viga de tu propio ojo, Y entonces verás claro para sacar la paja del ojo de tu hermano.

18. "No deis lo santo a los perros, ni echéis vuestras perlas delante de los cerdos, no sea que las pisoteen y se revuelvan y os despedacen.

19. "Pedid, y se os dará; buscad, y hallaréis; llamad, y se os abrirá;

20. Porque todo el que pide, recibe, Y el que busca, encuentra, Y al que llama, se le abrirá.

21. "¿O qué hombre hay de vosotros que, si su hijo le pide pan, le dé una piedra?

22. O si le pide un pez, ¿Le dé una serpiente?

23. Pues si vosotros, siendo malos, sabéis dar cosas buenas a vuestros hijos, ¡Cuánto más vuestro Padre que está en los cielos dará cosas buenas a los que se las pidan!

24. Por tanto, todas las cosas que queráis que los hombres hagan con vosotros, así también haced vosotros con ellos, Porque esto es la ley y los profetas.

25. "Entrad por la puerta estrecha, Porque ancha es la puerta y espacioso el camino que lleva a la perdición, Y muchos son los que entran por ella;

26. Porque estrecha es la puerta y angosto el camino que lleva a la vida, Y pocos son los que la encuentran.

27. "Guardaos de los falsos profetas que vienen a vosotros con vestidos de ovejas, pero por dentro son lobos rapaces;

28. Por sus frutos los conoceréis- ¿Acaso los hombres recogen uvas de los espinos, o higos de los cardos?

29. Así, todo buen árbol da buenos frutos, pero el árbol corrompido da frutos malos;

30. Un árbol bueno no puede dar frutos malos, ni un árbol corrompido dar frutos buenos;

31. Todo árbol que no da buen fruto es cortado y echado al fuego;

32. Así pues, por sus frutos los conoceréis.

33. "No todo el que me dice: 'Señor, Señor', entrará en el reino de los cielos, sino el que hace la voluntad de mi Padre que está en los cielos;

34. Muchos me dirán en aquel día: 'Señor, Señor, ¿Acaso no hemos profetizado en Tu nombre? ¿Y en Tu nombre hemos echado fuera demonios? ¿Y en Tu nombre hemos hecho muchas obras maravillosas?'.

35. Y entonces les diré: 'Nunca os conocí; apartaos de mí, obradores de iniquidad'.

36. "Por tanto, al que oiga estas palabras mías y las ponga en práctica, lo compararé a un hombre prudente que edificó su casa sobre una roca; y descendió la lluvia y vinieron las inundaciones, y soplaron los vientos y azotaron aquella casa, y no se derrumbó, porque estaba fundada sobre una roca;

37. Y todo el que oiga estas palabras mías y no las ponga en práctica, será semejante a un hombre insensato que edificó su casa sobre la arena- Y descendió la lluvia y vinieron las inundaciones, Y soplaron los vientos y azotaron aquella casa, Y se derrumbó y grande fue su ruina."

3 Nefi 7

1. Y sucedió que cuando Jesús hubo terminado estas palabras, puso sus ojos alrededor de la multitud y les dijo: "Mirad, habéis oído las cosas que he enseñado antes de subir a mi Padre;

2. Por tanto, al que recuerde estos dichos míos y los ponga en práctica, yo lo resucitaré en el último día".

3. Y aconteció que cuando Jesús hubo dicho estas palabras, se dio cuenta de que había algunos entre ellos que se maravillaban y se preguntaban lo que Él quería acerca de la ley de Moisés, porque no entendían aquello de que las cosas viejas habían pasado y que todas se habían hecho nuevas;

4. Y El les dijo "No os maravilléis de que os dijera que las cosas viejas habían pasado y que todas las cosas se habían hecho nuevas-

5. "He aquí, os digo que se ha cumplido la ley que fue dada a Moisés;

6. He aquí, Yo Soy el que dio la ley, Y Yo Soy el que hizo el pacto con Mi pueblo Israel; Por lo tanto, la ley en Mí se ha cumplido, Porque Yo he venido a cumplir la ley, Por lo tanto, ésta tiene un fin.

7. "He aquí, Yo no destruyo a los profetas, Porque cuantos no se han cumplido en Mí, de cierto os digo que todos se cumplirán;

8. Y porque os dije que las cosas viejas pasaron, no destruyo lo que se ha dicho acerca de las cosas que han de venir;

9. Porque he aquí, los pactos que he hecho con Mi pueblo no se han cumplido todos, Pero la ley que fue dada a Moisés tiene un fin en Mí.

10. "He aquí, Yo Soy la ley y la luz; Miradme y perseverad hasta el fin y viviréis, Porque al que persevere hasta el fin le daré la vida eterna.

11. "He aquí, Yo os he dado los mandamientos, Por tanto, guardad Mis mandamientos-.

12. Y esta es la ley y los profetas, porque ellos verdaderamente dan testimonio de Mí."

13. Y sucedió que cuando Jesús hubo dicho estas palabras, dijo a aquellos doce que había elegido: "Vosotros sois mis discípulos y sois una luz para este pueblo, que es un remanente de la casa de José;

14. Y he aquí, ésta es la tierra de vuestra herencia y el Padre os la ha dado;

15. Y en ningún momento el Padre me ha dado mandamiento para que lo cuente a vuestros hermanos en Jerusalén, Ni en ningún momento el Padre me ha dado mandamiento para que les cuente acerca de las otras tribus de la casa de Israel que el Padre ha sacado de la tierra.

16. "Esto me mandó el Padre que les dijese: Que tengo otras ovejas que no son de este redil; A ellas también debo traer, Y oirán mi voz, Y habrá un rebaño y un Pastor."

17. "Pero a causa de la dureza de cerviz y la incredulidad, no entendieron mi palabra, Por lo tanto, se me ordenó que no les dijera más del Padre acerca de esto;

18. Pero de cierto os digo que el Padre me ha ordenado, y yo os lo digo, que fuisteis separados de entre ellos a causa de su iniquidad; Por lo tanto, es a causa de su iniquidad que no saben de vosotros.

19. "Y de cierto os digo otra vez, que a las otras tribus el Padre las ha separado de ellos, Y es a causa de su iniquidad que no saben de ellos.

20. "Y de cierto os digo que vosotros sois aquellos de quienes dije: 'Tengo otras ovejas que no son de este redil; A ésas también debo traer, Y oirán mi voz, Y habrá un rebaño y un Pastor'-.

21. Y no me entendieron, porque supusieron que habían sido los gentiles, Porque no comprendieron que los gentiles se convertirían por medio de su predicación;

22. Y no me entendieron que yo dijera que oirían mi voz; Y no me entendieron que los gentiles no oirían en ningún momento mi voz, Que yo no me manifestaría a ellos, a no ser por el Espíritu Santo.

23. "Pero he aquí, vosotros habéis oído Mi voz y Me habéis visto, Y sois Mis ovejas, Y estáis contados entre los que el Padre Me ha dado;

24. Y de cierto, os digo que tengo otras ovejas que no son de esta tierra, Ni de la Tierra de Jerusalén, Ni en ninguna parte de aquella tierra alrededor de la cual he estado para ministrar;

25. Porque aquellas de las que hablo son las que hasta ahora no han oído mi voz, Ni yo me he manifestado a ellas jamás,

26. Pero he recibido un mandamiento del Padre de que vaya a ellos, Y que oigan mi voz y sean contados entre mis ovejas, para que haya un rebaño y un Pastor; Por tanto, voy a manifestarme a ellos.

27. "Y os ordeno que escribáis estas cosas después que yo me haya ido, Para que si acaso mi pueblo en Jerusalén -los que me han visto y han estado conmigo en mi ministerio- no pidan al Padre en mi nombre que reciban un conocimiento de vosotros por el Espíritu Santo, y también de las otras tribus que ellos no conocen,

28. Para que estos dichos que escribiréis sean guardados y sean manifestados a los gentiles, Para que a través de la plenitud de los gentiles, el remanente de su simiente-que será esparcido sobre la faz de la tierra a causa de su incredulidad-pueda ser traído, o pueda ser traído al conocimiento de Mí, su Redentor;

29. Y entonces los reuniré de los cuatro puntos cardinales de la tierra; y entonces cumpliré la alianza que el Padre ha hecho con todo el pueblo de la casa de Israel.

30. "Y bienaventurados los gentiles a causa de su creencia en Mí, en y del Espíritu Santo, que les da testimonio de Mí y del Padre;

31. 'He aquí, a causa de su creencia en Mí', dice el Padre, 'y a causa de la incredulidad de vosotros, oh casa de Israel, En el último día vendrá la verdad a los gentiles, para que la plenitud de estas cosas les sea dada a conocer.

32. Pero ¡Ay, dice el Padre, de los incrédulos de entre los gentiles! Porque a pesar de que han salido sobre la faz de esta tierra y han dispersado a Mi pueblo que es de la casa de Israel, Y Mi pueblo que es de la casa de Israel ha sido arrojado de en medio de ellos y ha sido pisoteado por ellos,

33. Y a causa de las misericordias del Padre para con los gentiles, y también de los juicios del Padre sobre Mi pueblo que es de la casa de Israel- De cierto os digo que después de todo esto- Y he hecho que Mi pueblo que es de la casa de Israel sea herido, y afligido, y muerto, y echado de en medio de ellos, y llegado a ser aborrecido por ellos, y llegado a ser un silbido y un refrán entre ellos-.

34. "Y así ordena el Padre que yo os diga: 'En aquel día en que los gentiles pecarán contra mi evangelio, Y rechazarán la plenitud de mi evangelio, Y se ensoberbecerán en la soberbia de sus corazones sobre todas las naciones y sobre todos los pueblos de toda la tierra, Y se llenarán de toda clase de mentiras, y de engaños, y de maldades, y de toda clase de hipocresías y de asesinatos, y de sacerdocios y de fornicaciones, y de abominaciones secretas-.

35. Y si hicieren todas estas cosas, y rechazaren la plenitud de mi evangelio, he aquí -dice el Padre- yo sacaré de en medio de ellos la plenitud de mi evangelio;

36. Y entonces me acordaré de Mi pacto que he hecho con Mi pueblo, oh casa de Israel, Y les traeré Mi evangelio;

1. Y os mostraré, oh casa de Israel, que los gentiles no tendrán poder sobre vosotros, sino que recordaré mi pacto con vosotros, oh casa de Israel, y llegaréis al conocimiento de la plenitud de mi evangelio.

2. 'Pero si los gentiles se arrepienten y vuelven a Mí', dice el Padre, 'He aquí, serán contados entre Mi pueblo, oh casa de Israel;

3. Y no permitiré que Mi pueblo, que es de la casa de Israel, pase entre ellos y los pisotee', dice el Padre;

4. 'Pero si no se vuelven a Mí y escuchan Mi voz, Yo los sufriré -sí, Yo sufriré a Mi pueblo, oh casa de Israel- que pasen entre ellos y los pisoteen,

5. y serán como la sal que ha perdido su sabor, que ya no sirve para nada sino para ser arrojada y pisoteada por Mi pueblo, oh casa de Israel'.

6. "En verdad, de cierto os digo que así me ha ordenado el Padre que le dé a este pueblo esta tierra como herencia;

7. Y cuando se cumplan las palabras del profeta Isaías que dice: 'Tus centinelas alzarán la voz, Con voz unida cantarán; Porque verán ojo a ojo cuando el Señor haga volver a Sión.

8. ¡Prorrumpid en júbilo! ¡Cantad juntos, desiertos de Jerusalén! Porque el Señor ha consolado a su pueblo, ha redimido a Jerusalén.

9. El Señor ha desnudado Su santo brazo a los ojos de todas las naciones; ¡Y todos los confines de la tierra verán la salvación de Dios!"

<u>3 Nefi 8</u>

1. Sucedió que cuando Jesús hubo dicho estas palabras, miró de nuevo alrededor a la multitud, y les dijo: "He aquí, Mi tiempo está cerca;

2. Percibo que sois débiles, que no podéis entender todas Mis palabras que el Padre me ha ordenado que os diga en este momento;

3. Por tanto, id a vuestras casas y meditad sobre las cosas que os he dicho, Y pedid al Padre en Mi nombre, que podáis entender y preparar vuestras mentes para mañana; Y Yo volveré a vosotros;

4. Pero ahora voy al Padre, y también a mostrarme a las tribus perdidas de Israel, porque no están perdidas para el Padre, pues Él sabe adónde las ha llevado".

5. Y sucedió que cuando Jesús hubo hablado así, volvió a mirar a la multitud, y he aquí que estaban llorando y le miraban fijamente como si quisieran pedirle que se quedara un poco más con ellos;

6. Y El les dijo: "He aquí, mi corazón está lleno de compasión hacia vosotros: ¿Tenéis entre vosotros algún enfermo? Traedlos aquí.

7. "¿Tenéis alguno que sea cojo, ciego, paralítico, manco o leproso? ¿O que estén marchitos? ¿O que sean sordos? ¿O que estén afligidos de alguna manera? Traedlos aquí y los sanaré, porque tengo compasión de vosotros.

8. "Mi corazón está lleno de misericordia, porque percibo que deseáis que os muestre lo que he hecho con vuestros hermanos en Jerusalén, porque veo que vuestra fe es suficiente para que yo os sane".

9. Y sucedió que cuando hubo hablado así, toda la multitud unánime salió con sus enfermos y sus afligidos y sus cojos y con sus ciegos y con sus mudos y con todos los que estaban afligidos de alguna manera; Y Él los sanaba a cada uno a medida que se los traían;

10. Y todos ellos -tanto los que habían sido sanados como los que estaban sanos- se postraron a sus pies y le adoraron;

11. Y cuantos pudieron venir, por la multitud, besaron sus pies, hasta bañar sus pies con sus lágrimas.

12. Y sucedió que Él ordenó que trajeran a sus niños pequeños,

13. Así que trajeron a sus niños pequeños y los sentaron en el suelo alrededor de Él, Y Jesús se puso en medio y la multitud cedió hasta que todos hubieron sido traídos a Él.

14. Y aconteció que cuando todos hubieron sido traídos y Jesús se puso en medio, mandó a la multitud que se arrodillase en tierra.

15. Y sucedió que cuando se hubieron arrodillado en tierra, Jesús gimió en su interior y dijo: "Padre, estoy turbado a causa de la maldad del pueblo de la casa de Israel".

16. Y cuando hubo dicho estas palabras, El mismo también se arrodilló sobre la tierra, Y he aquí, oró al Padre, Y las cosas que oró no pueden ser escritas, Y la multitud dio testimonio que le oyó.

17. Y de esta manera dan testimonio: "¡Nunca vio el ojo ni oyó antes el oído cosas tan grandes y maravillosas como las que vimos y oímos que Jesús hablaba al Padre!"

18. Y ninguna lengua puede hablar, ni puede ser escrita por hombre alguno, ¡Ni el corazón de los hombres puede concebir cosas tan grandes y maravillosas como las que vimos y oímos hablar a Jesús!

19. Y nadie puede concebir la alegría que llenó nuestras almas en el momento en que le oímos orar por nosotros al Padre!"

20. Y sucedió que cuando Jesús hubo terminado de orar al Padre, se levantó; pero fue tan grande el gozo de la multitud que quedaron sobrecogidos.

21. Y sucedió que Jesús les habló y les ordenó que se levantaran,

22. Y ellos se levantaron de la tierra; Y El les dijo: "¡Benditos seáis por vuestra fe! Y ahora he aquí, mi alegría es plena".

23. Y cuando hubo dicho estas palabras, lloró y la multitud dio testimonio de ello; Y tomó a sus hijitos, uno por uno, y los bendijo y oró al Padre por ellos.

24. Y cuando hubo hecho esto, lloró de nuevo; Y habló a la multitud y les dijo: "¡Contemplad a vuestros pequeños!"

25. Y mientras miraban, pusieron los ojos en el cielo, Y vieron los cielos abiertos, Y vieron ángeles que descendían del cielo, como en medio del fuego; Y descendieron y rodearon a aquellos pequeños,

26. Y los rodearon de fuego, Y los ángeles les servían. Y la multitud vio y oyó y dio testimonio; Y saben que su testimonio es verdadero, porque todos ellos vieron y oyeron, cada hombre por sí mismo;

27. Y eran en número como dos mil quinientas almas; Y consistieron en hombres, mujeres y niños.

28. Y aconteció que Jesús mandó a sus discípulos que le trajesen pan y vino;

29. Y mientras iban por pan y vino, mandó a la multitud que se sentara en tierra;

30. Y cuando los discípulos vinieron con el pan y el vino, tomó del pan, lo partió y lo bendijo; y dio a los discípulos y mandó que comiesen;

31. Y cuando hubieron comido y se saciaron, mandó que dieran a la multitud.

32. Y cuando la multitud hubo comido y se sació, dijo a los discípulos: "He aquí, uno será ordenado entre vosotros, Y a él daré poder para que parta el pan y lo bendiga y lo dé al pueblo de mi iglesia, a todos los que crean y sean bautizados en mi nombre;

33. Y esto procuraréis hacer siempre, como yo he hecho, como yo he partido el pan y lo he bendecido y os lo he dado;

34. Y esto haréis en memoria de Mi cuerpo que os he mostrado;

35. Y será testimonio al Padre de que siempre os acordáis de Mí;

36. Y si siempre os acordáis de Mí, tendréis Mi Espíritu que estará con vosotros".

37. Y sucedió que cuando hubo dicho estas palabras, ordenó a sus discípulos que tomaran del vino de la copa y bebieran de él, y que dieran también a la multitud para que bebieran de él.

38. Y sucedió que así lo hicieron y bebieron de él y se saciaron; Y dieron a la multitud y bebieron y se saciaron.

39. Y cuando los discípulos hubieron hecho esto, Jesús les dijo: "Benditos seáis por esto que habéis hecho, porque esto es cumplir mis mandamientos, Y esto da testimonio al Padre de que estáis dispuestos a hacer lo que os he mandado;

40. Y esto haréis siempre con los que se arrepientan y sean bautizados en Mi nombre; Y lo haréis en memoria de Mi sangre que he derramado por vosotros, para que seáis testigos ante el Padre de que siempre os acordáis de Mí;

41. Y si os acordáis siempre de Mí, tendréis Mi Espíritu para estar con vosotros.

42. "Y os doy mandamiento de que hagáis estas cosas,

43. Y si hacéis siempre estas cosas, benditos sois, porque estáis edificados sobre Mi Roca;

44. Pero quien de vosotros haga más o menos que éstos, no está edificado sobre mi Roca, sino sobre cimientos de arena;

45. Y cuando descienda la lluvia y vengan las inundaciones y los vientos soplen y golpeen sobre ellos, caerán, y las puertas del infierno ya están abiertas para recibirlos.

46. "Por lo tanto, benditos seréis si guardáis mis mandamientos que el Padre me ordenó que os diera;

47. De cierto os digo que debéis velar y orar siempre, no sea que seáis tentados por el diablo y seáis llevados cautivos por él;

48. Y como he orado entre vosotros, así oraréis en mi iglesia entre mi pueblo que se arrepiente y es bautizado en mi nombre;

49. He aquí, Yo Soy la luz: he dado ejemplo delante de vosotros".

50. Y sucedió que cuando Jesús hubo dicho estas palabras a sus discípulos, se volvió de nuevo a la multitud y les dijo: "He aquí, de cierto os digo que debéis velar y orar siempre, para que no entréis en tentación;

51. Porque Satanás os desea para zarandearos como a trigo; Por tanto, debéis orar siempre al Padre en mi nombre; Y todo lo que pidiereis al Padre en mi nombre, que es justo, creyendo que lo recibiréis- Así os será dado;

52. Orad en vuestras familias al Padre, siempre en Mi nombre, para que vuestras esposas y vuestros hijos sean bendecidos.

53. "Y contemplad que os reuniréis a menudo, Y no prohibiréis a ningún hombre que venga a vosotros cuando os reunáis, Sino que les permitiréis que vengan a vosotros y no se lo prohibiréis;

54. Sino que oraréis por ellos y no los expulsaréis; Y si sucede que vienen a vosotros a menudo, oraréis por ellos al Padre en mi nombre. "Por tanto, alzad vuestra luz para que brille al mundo;

55. He aquí, Yo Soy la luz que sostendréis. "Lo que me habéis visto hacer,

56. habéis visto que he orado al Padre, Y todos vosotros habéis presenciado y veis que he ordenado que ninguno de vosotros se vaya, Sino que he ordenado que vengáis a Mí para que sintáis y veáis-.

57. Así haréis vosotros con el mundo; y cualquiera que quebrante este mandamiento, se dejará llevar a la tentación".

58. Y sucedió que cuando Jesús hubo dicho estas palabras, volvió de nuevo los ojos a los discípulos que había elegido y les dijo:

59. "He aquí, de cierto os digo, que os doy otro mandamiento, Y luego tengo que ir a mi Padre, para cumplir otros mandamientos que me ha dado.

60. "Éste es el mandamiento que os doy: Que no permitáis a nadie, a sabiendas, que participe indignamente de mi carne y de mi sangre cuando la ministréis, Porque el que come y bebe indignamente mi carne y mi sangre, come y bebe condenación para su alma."

61. "Por tanto, si sabéis que un hombre es indigno de comer y beber de mi carne y de mi sangre, se lo prohibiréis; sin embargo, no lo expulsaréis de entre vosotros, sino que le ministraréis y oraréis por él al Padre en mi nombre;

62. Y si se arrepiente y es bautizado en Mi nombre, entonces lo recibiréis y le ministraréis de Mi carne y de Mi sangre;

63. Pero si no se arrepiente, no será contado entre Mi pueblo, para que no destruya a Mi pueblo, Porque he aquí, Yo conozco a Mis ovejas y están contadas;

64. Sin embargo, no lo expulsaréis de vuestras sinagogas ni de vuestros lugares de culto, Porque a los tales seguiréis ministrando;

65. Porque no sabéis sino que volverán y se arrepentirán y vendrán a Mí con pleno propósito de corazón y Yo los sanaré, Y vosotros seréis el medio de traerles la salvación."

66. "Guardad, pues, estas palabras que os he mandado, para que no seáis condenados, Porque ¡ay de aquel a quien el Padre condene!

67. "Y os doy estos mandamientos a causa de las disputas que ha habido entre vosotros antes,

68. Y benditos seáis si no tenéis disputas entre vosotros.

69. "Y ahora voy al Padre, porque conviene que yo vaya al Padre por vosotros."

70. Y sucedió que cuando Jesús hubo terminado estas palabras, tocó con la mano a los discípulos que había elegidos-uno por uno, hasta que los hubo tocado a todos-y les habló mientras los tocaba;

71. Y la multitud no oyó las palabras que Él habló, Por lo tanto, no dejaron constancia; Pero los discípulos dejan constancia de que Él les dio poder para dar el Espíritu Santo,

72. Y os mostraré más adelante que este registro es verdadero.

73. Y sucedió que cuando Jesús los hubo tocado a todos, vino una nube y cubrió con su sombra a la multitud, de modo que no podían ver a Jesús;

74. Y mientras estaban eclipsados, Él se apartó de ellos y ascendió al cielo;

75. Y los discípulos vieron y dieron testimonio de que había ascendido de nuevo al cielo.

3 Nefi 9

1. Y sucedió que cuando Jesús hubo ascendido al cielo, la multitud se dispersó y cada hombre tomó a su mujer y a sus hijos y regresó a su casa;

2. E inmediatamente, antes de que oscureciera, se difundió entre la gente que la multitud había visto a Jesús y que Él les había servido y que también se mostraría al día siguiente a la multitud;

3. Sí, y aun durante toda la noche se corrió la voz acerca de Jesús; y de tal manera enviaron a la gente, que había muchos -sí, un número sumamente grande trabajó intensamente toda esa noche- para que estuvieran al día siguiente en el lugar donde Jesús se mostraría a la multitud.

4. Y sucedió que al día siguiente cuando la multitud estaba reunida, He aquí Nefi y su hermano a quien había resucitado de entre los muertos, cuyo nombre era Timoteo, y también su hijo, cuyo nombre era Jonás, y también Mathoni y Mathonihah, su hermano, y Kumen y Kumenonhi y Jeremías y Shemnon y Jonás y Sedequías e Isaías- Ahora bien, estos eran los nombres de los discípulos que Jesús había elegido-.

5. Y sucedió que ellos salieron y se pusieron en medio de la multitud;

6. Y he aquí, la multitud era tan grande que hicieron que se separaran en doce cuerpos,

7. Y los doce enseñaban a la multitud; pero he aquí, ellos hicieron que la multitud se arrodillara sobre la faz de la tierra y orara al Padre en el nombre de Jesús,

8. Y los discípulos oraron también al Padre en el nombre de Jesús.

9. Y sucedió que se levantaron y ministraron a la gente;

10. Y cuando hubieron ministrado las mismas palabras que Jesús había dicho, sin variar nada de las palabras que Jesús había dicho, He aquí, se arrodillaron de nuevo y oraron al Padre en el nombre de Jesús; Y oraron por lo que más deseaban, Y pidieron que les fuera dado el Espíritu Santo;

11. Y cuando hubieron orado así, descendieron a la orilla del agua y la multitud los siguió.

12. Y sucedió que Nefi descendió al agua y fue bautizado,

13. Y salió del agua y comenzó a bautizar, Y bautizó a todos los que Jesús había escogido.

14. Y aconteció que cuando todos fueron bautizados y hubieron salido del agua, el Espíritu Santo cayó sobre ellos, Y fueron llenos del Espíritu Santo y de fuego;

15. Y he aquí, fueron rodeados como si fuera fuego; Y descendió del cielo y la multitud lo presenció y dio testimonio; Y ángeles descendieron del cielo y les ministraron.

16. Y sucedió que mientras los ángeles estaban ministrando a los discípulos, he aquí, Jesús vino y se puso en medio y les ministró.

17. Y sucedió que Él habló a la multitud y les ordenó que se arrodillaran de nuevo sobre la tierra, y también que sus discípulos se arrodillaran sobre la tierra.

18. Y sucedió que cuando todos se hubieron arrodillado sobre la tierra, Él ordenó a Sus discípulos que oraran;

19. Y he aquí, ellos comenzaron a orar, Y oraron a Jesús, llamándole su Señor y su Dios.

20. Y sucedió que Jesús se apartó de en medio de ellos y se alejó un poco de ellos y se postró en tierra, Y dijo: "Padre, te doy gracias porque has dado el Espíritu Santo a estos que he elegido, y es por su fe en mí por lo que los he elegido del mundo;

21. Padre, te ruego que des el Espíritu Santo a todos los que crean en sus palabras;

22. Padre, Tú les has dado el Espíritu Santo porque creyeron en Mí, Y Tú ves que ellos creen en Mí porque Tú los oyes y ellos oran a Mí; Y ellos oran a Mí porque Yo estoy con ellos;

23. Y ahora, Padre, te ruego por ellos, y también por todos los que crean en sus palabras, para que crean en Mí, para que yo esté en ellos como Tú, Padre, estás en Mí, para que seamos uno".

24. Y sucedió que cuando Jesús hubo orado así al Padre, se acercó a sus discípulos, Y he aquí que ellos seguían sin cesar orándole; Y no multiplicaban muchas palabras, porque les era dado lo que debían orar, Y estaban llenos de deseo.

25. Y sucedió que Jesús los miró mientras le oraban, Y su semblante les sonrió, Y la luz de su semblante brilló sobre ellos; Y he aquí, eran tan blancos como el semblante y también las vestiduras de Jesús;

26. Y he aquí, su blancura excedía a toda blancura; sí, incluso no podía haber nada sobre la tierra tan blanco como su blancura.

27. Y Jesús les dijo: "Seguid orando"; Sin embargo, ellos no cesaron de orar.

28. Y Él se apartó de nuevo de ellos y se alejó un poco y se postró en tierra, Y oró de nuevo al Padre, diciendo: "Padre, te doy gracias porque has purificado a estos que he elegido a causa de su fe;

29. Y oro por ellos, y también por los que creerán en sus palabras, para que sean purificados en Mí por la fe en sus palabras, así como ellos son purificados en Mí;

30. Padre, no ruego por el mundo, sino por los que me has dado del mundo a causa de su fe, para que sean purificados en mí, para que yo esté en ellos como tú, Padre, estás en mí, para que seamos uno, para que yo sea glorificado en ellos".

31. Y aconteció que cuando Jesús hubo dicho estas palabras, vino otra vez a Sus discípulos; Y he aquí, ellos oraban sin cesar a Él; Y Él les sonrió otra vez; Y he aquí, ellos estaban blancos como Jesús.

32. Y sucedió que Él se alejó de nuevo un poco y oró al Padre; Y la lengua no puede decir las palabras que Él oró, Ni pueden ser escritas por el hombre las palabras que Él oró;

33. Y la multitud oyó y da testimonio, Y sus corazones estaban abiertos, Y entendieron en sus corazones las palabras que Él oró;

34. Sin embargo, tan grandes y maravillosas eran las palabras que Él oraba, que no pueden ser escritas, Ni pueden ser pronunciadas por hombre alguno.

35. Y sucedió que cuando Jesús terminó de orar, vino de nuevo a los discípulos y les dijo: "Nunca he visto tanta fe entre todos los judíos, Por eso no pude mostrarles tan grandes milagros a causa de su incredulidad;

36. De cierto os digo que no hay ninguno de ellos que haya visto cosas tan grandes como las que vosotros habéis visto, Ni que haya oído cosas tan grandes como las que vosotros habéis oído."

37. Y sucedió que ordenó a la multitud que cesaran de orar, y también a sus discípulos,

38. Y les mandó que no cesaran de orar en sus corazones;

39. Y les mandó que se levantaran y se pusieran en pie, Y ellos se levantaron y se pusieron en pie.

40. Y aconteció que partió de nuevo el pan, lo bendijo y dio a comer a los discípulos;

41. Y cuando hubieron comido, les mandó que partieran el pan y dieran a la multitud;

42. Y cuando hubieron dado a la multitud, les dio también a beber vino y les mandó que dieran a la multitud.

43. Ahora bien, ni los discípulos ni la multitud habían traído pan ni vino, Pero Él les dio verdaderamente pan para comer y también vino para beber;

44. Y Él les dice: "El que come de este pan, come de Mi cuerpo para su alma, Y el que bebe de este vino, bebe de Mi sangre para su alma, Y su alma nunca tendrá hambre ni sed, sino que será saciada."

45. Y cuando toda la multitud hubo comido y bebido, he aquí que estaban llenos del Espíritu; y clamaban a una voz y daban gloria a Jesús, a quien veían y oían.

46. Y sucedió que cuando todos habían dado gloria a Jesús, Él les dijo: "He aquí, ahora termino el mandamiento que el Padre me ha ordenado acerca de este pueblo que es un remanente de la casa de Israel.

47. "Recordáis que os hablé y dije que cuando se cumplieran las palabras de Isaías- He aquí, están escritas, las tenéis ante vosotros; por tanto, escudriñadlas-.

48. Y de cierto os digo que cuando se cumplan, Entonces se cumplirá el pacto que el Padre ha hecho a su pueblo,

49. Oh casa de Israel; Y entonces serán reunidos los remanentes que estarán esparcidos sobre la faz de la tierra- desde el oriente y desde el occidente, y desde el sur y desde el norte; Y serán llevados al conocimiento del Señor su Dios que los ha redimido;

50. Y el Padre me ha ordenado que les dé esta tierra como herencia.

51. "Y os digo que si los gentiles no se arrepienten después de la bendición que recibirán después de haber dispersado a mi pueblo, entonces vosotros, que sois un remanente de la casa de Jacob, saldréis en medio de ellos;

52. Y estaréis en medio de ellos, que serán muchos; y seréis entre ellos como león entre las bestias de la selva, y como cachorro de león entre los rebaños de ovejas, el cual, si pasa, hollará y despedazará, y nadie podrá librar.

53. Tu mano se alzará sobre tus adversarios, Y todos tus enemigos serán eliminados.

54. "Y reuniré a mi pueblo como el hombre reúne sus gavillas en el suelo, porque haré de mi pueblo con el que el Padre ha pactado: haré de hierro tu cuerno, y de bronce tus pezuñas;

55. Y despedazarás a muchos pueblos; Y consagraré su ganancia al Señor, Y su sustancia al Señor de toda la tierra; Y he aquí, Yo Soy el que lo hace.

56. "'Y sucederá', dice el Padre, 'que la espada de mi justicia penderá sobre ellos en aquel día; y a menos que se arrepientan, caerá sobre ellos', dice el Padre, 'sí, incluso sobre todas las naciones de los gentiles'.

57. "Y sucederá que estableceré a mi pueblo, oh casa de Israel.

58. Y he aquí, a este pueblo estableceré en esta tierra, para que se cumpla el pacto que hice con vuestro padre Jacob, Y será una Nueva Jerusalén.

59. Y las potencias del cielo estarán en medio de este pueblo, Sí, incluso yo estaré en medio de vosotros.

60. "He aquí, Yo Soy Aquel de quien habló Moisés, diciendo: 'Un Profeta os levantará el Señor vuestro Dios de entre vuestros hermanos como yo; a él oiréis en todo lo que os diga.

61. Y sucederá que toda alma que no escuche a ese Profeta, será cortada de entre el pueblo'.

62. "De cierto os digo- Sí, y todos los profetas desde Samuel y los que le siguen, cuantos han hablado, han testificado de Mí-.

63. Y he aquí, vosotros sois los hijos de los profetas; Y vosotros sois de la casa de Israel; Y vosotros sois del pacto que el Padre hizo con vuestros padres, diciendo a Abraham: 'Y en tu Simiente serán benditas todas las estirpes de la tierra'-.

64. El Padre habiéndome levantado a vosotros primero y habiéndome enviado para bendeciros apartando a cada uno de vosotros de sus iniquidades, Y esto porque sois los hijos del pacto.

65. "Y después de que fuisteis bendecidos, entonces cumple el Padre el pacto que hizo con Abraham diciendo: 'En tu simiente serán benditas todas las estirpes de la tierra', Hasta el derramamiento del Espíritu Santo por medio de Mí sobre los gentiles, Cuya bendición sobre los gentiles los hará poderosos sobre todos, Hasta la dispersión de mi pueblo, oh casa de Israel; Y serán un azote para los pueblos de esta tierra.

66. "Sin embargo, cuando hayan recibido la plenitud de mi evangelio, si endurecen su corazón contra mí, 'volveré sus iniquidades sobre sus propias cabezas', dice el Padre;

67. 'Y me acordaré de la alianza que he hecho con Mi pueblo, Y he pactado con ellos que los reuniría a Mí debido tiempo,

68. Que les volvería a dar como herencia la tierra de sus padres, que es la Tierra de Jerusalén, que es para ellos la Tierra Prometida para siempre', dice el Padre.

69. "Y sucederá que llegará el tiempo en que se les predicará la plenitud de mi evangelio, y creerán en mí, que soy Jesucristo, el Hijo de Dios, y orarán al Padre en mi nombre.

70. 'Entonces sus atalayas alzarán su voz, Y con voz unida cantarán; Porque verán ojo a ojo.

71. Entonces el Padre los reunirá de nuevo, Y les dará Jerusalén por tierra de heredad.

72. Entonces prorrumpirán en júbilo. ¡Cantad juntos, desiertos de Jerusalén! Porque el Padre ha consolado a Su pueblo, Ha redimido a Jerusalén.

73. El Padre ha desnudado Su santo brazo a los ojos de todas las naciones; Y todos los confines de la tierra verán la salvación del Padre; Y el Padre y yo somos uno'.

74. "Y entonces se cumplirá lo que está escrito: '¡Despierta! Despierta de nuevo, y vístete de tu fuerza, oh Sión! ¡Vístete con tus hermosas vestiduras, oh Jerusalén, ciudad santa! Porque de ahora en adelante no entrarán más en ti los incircuncisos y los impuros.

75. Sacúdete del polvo: ¡Levántate! ¡Siéntate, oh Jerusalén! Suéltate de las ataduras de tu cuello, ¡oh cautiva hija de Sión!

76. Porque así dice el Señor "Os habéis vendido por nada; Y seréis redimidos sin dinero".

77. En verdad, de cierto os digo que Mi pueblo conocerá Mi nombre; Sí, en ese día sabrán que Yo Soy el que habla.

78. Y entonces dirán: "¡Qué hermosos son sobre los montes los pies del que les trae buenas nuevas, del que publica la paz, del que les trae buenas nuevas de bien, del que publica la salvación, del que dice a Sión: 'Tu Dios reina'!".

79. 'Y entonces se oirá un grito: ¡Apartaos! ¡Apartaos! Salid de allí. No toquéis lo inmundo; Salid de en medio de ella; Sed limpios los que lleváis los vasos del Señor.

80. Porque no saldréis de prisa, ni iréis huyendo; Porque el Señor irá delante de vosotros, Y el Dios de Israel será vuestra retaguardia.

81. 'He aquí que mi siervo actuará con prudencia; será exaltado y ensalzado y estará muy en alto.

82. Como muchos se asombraron de ti; Su semblante era tan marrado, más que el de cualquier hombre, Y su forma más que la de los hijos de los hombres;

83. Así Él rociará a muchas naciones. Los reyes cerrarán la boca ante Él; Porque verán lo que no se les había dicho, Y considerarán lo que no habían oído.'

84. "De cierto os digo, que todas estas cosas ciertamente vendrán, así como el Padre me ha ordenado;

85. Y entonces se cumplirá este pacto que el Padre ha pactado con Su pueblo; Y entonces Jerusalén será habitada de nuevo con Mi pueblo, Y será la tierra de su herencia.

86. "Y de cierto os digo que os doy una señal para que conozcáis el tiempo en que estas cosas están a punto de suceder, Que reuniré de su larga dispersión a Mi pueblo, oh casa de Israel, Y estableceré de nuevo entre ellos a Mi Sión.

87. "Y he aquí, esto es lo que os daré por señal: "Porque de cierto os digo que cuando estas cosas que os comunico -y que os comunicaré en adelante por Mí mismo y por el poder del Espíritu Santo que os será dado del Padre- sean dadas a conocer a los gentiles,

88. para que sepan concerniente a este pueblo que es un remanente de la casa de Jacob, Y concerniente a este Mi pueblo que será dispersado por ellos-

89. "De cierto os digo, que cuando estas cosas les sean dadas a conocer por el Padre, Y salgan de ellos hacia vosotros- Porque es sabiduría del Padre que se establezcan en esta tierra

90. y se establezcan como un pueblo libre por el poder del Padre, Para que estas cosas salgan de ellos a un remanente de tu simiente, Para que se cumpla el pacto del Padre que Él ha pactado con Su pueblo, oh casa de Israel-.

91. "Por lo tanto, cuando estas obras, y la obra que se llevará a cabo entre vosotros de aquí en adelante, salgan de los gentiles a vuestra descendencia, que menguará en la incredulidad a causa de la iniquidad-.

92. Porque así le conviene al Padre que salga de los gentiles, Para mostrar Su poder a los gentiles por esta causa: Para que los gentiles -si no endurecen sus corazones- se arrepientan y vengan a Mí y sean bautizados en Mi nombre y conozcan los puntos verdaderos de Mi doctrina, Para que sean contados entre Mi pueblo, oh casa de Israel-

93. "Y cuando sucedan estas cosas, que tu descendencia comience a conocer estas cosas, les será una señal para que sepan que la obra del Padre ya ha comenzado, Hasta el cumplimiento del pacto que ha hecho con el pueblo que es de la casa de Israel.

94. "Y cuando llegue ese día, sucederá que los reyes cerrarán sus bocas, Porque lo que no se les había dicho, verán, Y lo que no habían oído, considerarán;

95. Porque en aquel día, por causa de Mí, el Padre obrará una obra que será grande y maravillosa entre ellos; Y habrá entre ellos quienes no lo creerán, aunque un hombre se lo anuncie.

96. "Pero he aquí que la vida de mi siervo estará en mi mano; por lo tanto, no le harán daño, aunque quede desfigurado a causa de ellos,

97. sin embargo, yo lo sanaré, porque les mostraré que mi sabiduría es mayor que la astucia del diablo.

98. "Por tanto, sucederá que cualquiera que no crea en mis palabras -que soy Jesucristo- que el Padre le hará dar a conocer a los gentiles, y le dará poder para que las dé a conocer a los gentiles, se hará como dijo Moisés: Serán cortados de entre mi pueblo que es del pacto.

99. 'Y Mi pueblo que es un remanente de Jacob estará entre los Gentiles, Sí, en medio de ellos, como un león entre las bestias del bosque, como un león joven entre los rebaños de ovejas, Quien, si pasa, tanto pisa como destroza, Y nadie puede librar.

100. Su mano se alzará sobre sus adversarios, Y todos sus enemigos serán eliminados'.

101. "¡Sí, ay de los gentiles, a menos que se arrepientan! 'Porque acontecerá en aquel día', dice el Padre, 'Que cortaré tus caballos de en medio de ti, Y destruiré tus carros, Y talaré las ciudades de tu tierra Y derribaré todas tus fortalezas.

102. Y cortaré de tu mano las hechicerías, Y no tendrás más adivinos.

103. Tus esculturas también cortaré, Y tus imágenes de pie de en medio de ti; Y nunca más adorarás las obras de tus manos;

104. Y arrancaré tus arboledas de en medio de ti: así destruiré tus ciudades.

105. Y se acabarán todas las mentiras, los engaños, las envidias, las contiendas, los sacerdocios y las fornicaciones.

106. Porque acontecerá -dice el Padre- que en aquel día, a cualquiera que no se arrepienta y venga a mi Hijo amado, a ése lo cortaré de entre mi pueblo, oh casa de Israel, y ejecutaré sobre él venganza y furor -como sobre el brezo- tales que no ha oído.'

3 Nefi 10

1. "Pero si se arrepienten y escuchan mis palabras y no endurecen su corazón, estableceré mi iglesia en medio de ellos; y entrarán en el pacto y serán contados entre éste, el remanente de Jacob, a quienes he dado esta tierra como herencia, y ayudarán a mi pueblo, el remanente de Jacob-.

2. Y también a todos los de la casa de Israel que vengan- Para que construyan una ciudad que se llamará la Nueva Jerusalén;

3. Y entonces ayudarán a Mi pueblo para que sea reunido, que está disperso sobre toda la faz de la tierra, en la Nueva Jerusalén;

4. Y entonces los poderes del cielo descenderán entre ellos, Y yo también estaré en medio; Y entonces comenzará la obra del Padre en aquel día, cuando este evangelio sea predicado entre el remanente de este pueblo.

5. "De cierto os digo que en aquel día comenzará la obra del Padre entre todos los dispersos de mi pueblo; sí, aun entre las tribus perdidas que el Padre apartó de Jerusalén.

6. Sí, la obra comenzará entre todos los dispersos de Mi pueblo, con el Padre, Para preparar el camino por el que puedan venir a Mí, para que puedan invocar al Padre en Mi nombre.

7. "Sí, y entonces comenzará la obra del Padre entre todas las naciones para preparar el camino por el cual Su pueblo pueda ser reunido en casa a la tierra de su herencia;

8. Y saldrán de todas las naciones, Y no saldrán de prisa ni irán huyendo; 'Porque yo iré delante de ellos', dice el Padre, 'Y seré su retaguardia'. "Y entonces se cumplirá lo que está escrito:

9. '¡Canta, oh yerma, tú que no has dado a luz! ¡Prorrumpe en cánticos y grita con fuerza, tú que no diste a luz! Porque más son los hijos de la desolada que los hijos de la esposa casada', dice el Señor.

10. 'Ensancha el lugar de tu tienda, Y extiende las cortinas de tus moradas; No escatimes; Alarga tus cuerdas y refuerza tus estacas.

11. Porque irrumpirás a diestra y siniestra, Y tu descendencia heredará a los gentiles, Y hará que las ciudades desoladas sean habitadas.

12. 'No temas, porque no te avergonzarás; Ni te confundas, porque no serás avergonzada; Porque olvidarás la vergüenza de tu juventud, Y no recordarás más el oprobio de tu viudez.

13. Porque tu Hacedor, tu esposo, el Señor de los Ejércitos es su nombre; Y tu Redentor, el Santo de Israel, el Dios de toda la tierra será llamado;

14. Porque el Señor te ha llamado como a una mujer abandonada y afligida de espíritu, Y como a una esposa de juventud cuando fuiste rechazada', dice tu Dios.

15. 'Por un pequeño momento te desamparé, Pero con gran misericordia te recogeré.

16. Con ira escondí mi rostro de ti por un momento; Pero con misericordia eterna tendré piedad de ti', dice el Señor tu Redentor.

17. Porque así como juré que las aguas de Noé no pasarían más sobre la tierra, Así juré que no me enojaría contigo.

18. Porque los montes se apartarán, Y las colinas serán removidas, Pero Mi bondad no se apartará de ti, Ni el pacto de Mi paz será removido', dice el Señor que tiene misericordia de ti.

19. 'Oh tú, afligida, sacudida por tempestades y no consolada, He aquí que yo colocaré tus piedras con hermosos colores y pondré tus cimientos con zafiros.

20. Y haré tus ventanas de ágatas y tus puertas de carbunclos, Y todos tus bordes de piedras agradables.

21. Y todos tus hijos serán enseñados por el Señor, Y grande será la paz de tus hijos.

22. En justicia te afirmarás; Estarás lejos de la opresión, porque no temerás; Y del terror, porque no se acercará a ti.

23. 'He aquí que ciertamente se reunirán contra ti, no por mí. Cualquiera que se reúna contra ti caerá por tu causa.

24. 'He aquí que he creado al herrero que sopla las brasas en el fuego, Y que saca un instrumento para su trabajo; Y he creado al devastador para destruir.

25. Ningún arma que se forme contra ti prosperará, Y toda lengua que te injurie en juicio condenarás. Esta es la herencia de los siervos del Señor, Y su justicia procede de Mí', dice el Señor.

26. "Y ahora he aquí, os digo que debíais escrutar estas cosas-.

27. Sí, un mandamiento os doy para que investigueis estas cosas diligentemente, porque grandes son las palabras de Isaías,

28. Porque ciertamente él habló en cuanto a todas las cosas concernientes a Mi pueblo que es de la casa de Israel; Por lo tanto, debe ser necesario que él hable también a los Gentiles;

29. Y todas las cosas que habló han sido y serán, conforme a las palabras que habló.

30. "Por tanto, prestad atención a mis palabras; Escribid las cosas que os he dicho, Y según el tiempo y la voluntad del Padre, saldrán a los gentiles;

31. Y todo aquel que escuche Mis palabras, se arrepienta y sea bautizado, será salvo.

32. "Consultad a los profetas, porque son muchos los que dan testimonio de estas cosas ".

33. Y sucedió que cuando Jesús hubo dicho estas palabras, les dijo de nuevo - después de haberles expuesto todas las Escrituras que habían recibido- les dijo: "He aquí, quisiera que escribieseis otras Escrituras que no tenéis."

34. Y sucedió que Él dijo a Nefi: "Traed los registros que habéis guardado".

35. Y cuando Nefi hubo traído los registros y los puso ante El, El puso sus ojos sobre ellos y dijo:

36. "En verdad os digo que ordené a mi siervo Samuel el Lamanita que testificara a este pueblo, que en el día en que el Padre glorificara su nombre en mí, que había muchos santos que se levantarían de entre los muertos y se aparecerían a muchos y les ministrarían".

37. Y Él les dijo: "¿No fue así?".

38. Sus discípulos le respondieron y dijeron "Sí, Señor, Samuel profetizó según tus palabras, y todas se cumplieron".

39. Y Jesús les dijo "Sin embargo, ¿No habéis escrito esto: que muchos santos se levantaron y se aparecieron a muchos y les ministraron?".

40. Y sucedió que Nefi recordó que esta cosa no había sido escrita.

41. Y sucedió que Jesús ordenó que se escribiera, Por lo tanto, se escribió según Él ordenó.

3 Nefi 11

1. Y sucedió que cuando Jesús hubo expuesto todas las Escrituras en una que habían escrito, les ordenó que enseñaran las cosas que les había expuesto.

2. Y sucedió que Él les ordenó que escribieran las palabras que el Padre había dado a Malaquías, las cuales Él les diría.

3. Y sucedió que después que fueron escritas, Él las expuso;

4. Y estas son las palabras que Él les dijo, diciendo: "Así dijo el Padre a Malaquías: 'He aquí, yo enviaré a mi mensajero, y él preparará el camino delante de mí, y el Señor, a quien vosotros buscáis, vendrá súbitamente a su templo, el Mensajero de la alianza a quien deseáis vosotros... He aquí, que él vendrá', dice el Señor de los ejércitos.

5. 'Pero, ¿Quién podrá resistir el día de Su venida? ¿Y quién resistirá cuando Él aparezca? Porque Él es como fuego de refinador y como jabón de batán.

6. Y Él se sentará como un refinador y purificador de plata; Y Él purificará a los hijos de Leví y los purificará como oro y plata, Para que puedan ofrecer al Señor una ofrenda en justicia.

7. 'Entonces la ofrenda de Judá y de Jerusalén será agradable al Señor, Como en los días de antaño, Y como en los años pasados.

8. Y me acercaré a vosotros para juzgaros; Y seré veloz testigo contra los hechiceros, Y contra los adúlteros, Y contra los que juran en falso, Y contra los que oprimen al jornalero en su salario, a la viuda y al huérfano, Y que desprecian al extranjero y no me temen', dice el Señor de los Ejércitos.

9. 'Porque Yo soy el Señor, no cambio; Por tanto, vosotros, hijos de Jacob, no habéis sido consumidos.

10. Incluso desde los días de vuestros padres os habéis alejado de Mis mandamientos y no los habéis guardado. Volved a Mí, y Yo volveré a vosotros, 'dice el Señor de los Ejércitos. 'Pero vosotros decís: "¿Adónde volveremos?".

11. '¿Robará un hombre a Dios? Sin embargo, ¡Vosotros Me habéis robado! Pero vosotros decís: "¿En qué Te hemos robado?" En diezmos y ofrendas.

12. Vosotros sois malditos por haberme robado, incluso esta nación entera.

13. 'Traed todos los diezmos al alfolí, para que haya alimento en Mi casa, Y probadme ahora con esto', dice el Señor de los Ejércitos, 'Si no os abriré las ventanas del cielo Y derramaré sobre vosotros una bendición tal que no habrá lugar suficiente para recibirla.

14. 'Y reprenderé al devastador por vosotros: No destruirá los frutos de vuestra tierra, Ni vuestra vid echará su fruto antes de tiempo en el campo', dice el Señor de los Ejércitos;

15. 'Y todas las naciones te llamarán bienaventurada, Porque serás tierra de delicias', dice el Señor de los Ejércitos.

16. 'Vuestras palabras han sido duras contra Mí', dice el Señor, 'Sin embargo, decís: "¿Qué hemos hablado contra Ti?".

17. Vosotros habéis dicho: "Es vano servir a Dios; ¿Y de qué sirve que hayamos guardado Sus mandamientos, Y que hayamos andado lamentándonos ante el Señor de los Ejércitos?

18. Y ahora llamamos felices a los soberbios, Sí, los que obran la maldad son puestos en pie; Sí, los que tientan a Dios son incluso liberados".

19. 'Entonces los que temían al Señor hablaron a menudo unos con otros, Y el Señor escuchó y oyó; Y un libro de memoria fue escrito ante Él para los que temían al Señor y que pensaban en Su nombre.

20. 'Y serán Míos', dice el Señor de los Ejércitos, 'en aquel día en que yo confeccione Mis joyas. Y los perdonaré como un hombre perdona a su propio hijo que le sirve.

21. Entonces volveréis y discerniréis entre el justo y el impío; entre el que sirve a Dios y el que no le sirve.

22. Porque he aquí, viene el día que arderá como un horno; Y todos los soberbios, sí, y todos los que obran impíamente, serán estopa. Y el día que viene los quemará,' dice el Señor de los Ejércitos, 'Que no les dejará ni raíz ni rama.

23. 'Pero a vosotros que teméis mi nombre se levantará el Hijo de la Justicia con sanación en sus alas; Y saldréis y creceréis como terneros de establo.

24. Y hollaréis a los impíos, pues serán ceniza bajo las plantas de vuestros pies el día en que yo haga esto', dice el Señor de los Ejércitos.

25. 'Acordaos de la ley de Moisés mi siervo, que yo le mandé en Horeb para todo Israel con los estatutos y decretos.

26. He aquí, yo os envío al profeta Elijah antes de la venida del día grande y terrible del Señor.

27. Y él hará volver el corazón de los padres hacia los hijos y el corazón de los hijos hacia sus padres, no sea que yo venga y hiera la tierra con una maldición'".

28. Y sucedió que cuando Jesús hubo dicho estas cosas, las expuso a la multitud, Y les expuso todas las cosas, grandes y pequeñas;

29. Y El dijo: "Estas escrituras que no teníais con vosotros, el Padre ordenó que yo os las diera, Porque fue sabiduría en Él que fueran dadas a las generaciones futuras".

30. Y El expuso todas las cosas, desde el principio hasta el tiempo en que El viniera en Su gloria;

31. Sí, incluso todas las cosas que vendrían sobre la faz de la tierra, hasta que los elementos se derritieran con ardiente calor, y la tierra se envolviera como un pergamino, y el cielo y la tierra pasaran;

32. Y hasta el gran día y postrero en que todos los pueblos y todas las razas y todas las naciones y lenguas comparecerán ante Dios para ser juzgados por sus obras, sean buenas o sean malas-.

33. Si son buenos, a la resurrección de vida eterna, Y si son malos, a la resurrección de condenación, Siendo en un paralelismo, los unos por un lado, y los otros por el otro- Según la misericordia y la justicia y la santidad que hay en Cristo, que era antes del principio del mundo.

3 Nefi 12

1. Y ahora no puede haber escrito en este libro ni siquiera una centésima parte de las cosas que Jesús verdaderamente enseñó al pueblo; Pero he aquí, las planchas de Nefi contienen la mayor parte de las cosas que Él enseñó al pueblo;

2. Y estas cosas he escrito que son una parte menor de las cosas que Él enseñó al pueblo, Y las he escrito con el propósito de que sean traídas de nuevo a este pueblo de los gentiles de acuerdo con las palabras que Jesús ha hablado.

3. Y cuando hayan recibido esto, lo cual es conveniente que tengan primero para probar su fe, Y si fuere así que crean estas cosas, Entonces se les manifestarán las cosas mayores;

4. Y si sucede que no creen estas cosas, entonces las cosas mayores les serán negadas para su condenación.

5. He aquí, yo estaba a punto de escribirles todo lo que fue grabado en las planchas de Nefi, Pero el Señor lo prohibió, diciendo: "Probaré la fe de Mi pueblo"; Por lo tanto, yo, Mormón, escribo las cosas que me han sido ordenadas por el Señor.

6. Y ahora yo, Mormón, pongo fin a mis dichos y procedo a escribir las cosas que me han sido ordenadas; Por lo tanto, quisiera que vierais que el Señor verdaderamente enseñó al pueblo por espacio de tres días; Y después de eso, se mostró a ellos muchas veces y partió el pan muchas veces y lo bendijo y se lo dio a ellos.

7. Y sucedió que Él enseñó y ministró a los hijos de la multitud de la que se ha hablado; y desató sus lenguas, y ellos hablaron a sus padres cosas grandes y maravillosas -aún mayores de las que Él había revelado al pueblo- y desató sus lenguas para que pudieran hablar.

8. Y sucedió que después de haber ascendido al cielo por segunda vez, que se mostró a ellos, Y se fue al Padre después de haber sanado a todos sus enfermos y sus cojos, Y abrió los ojos de los ciegos, Y destapó los oídos de los sordos, Y aun había hecho toda clase de curaciones entre ellos, Y resucitó a un hombre de entre los muertos, Y les había mostrado Su poder, Y había ascendido al Padre-.

9. He aquí, aconteció que al día siguiente se reunió la multitud, Y vieron y oyeron a estos niños, sí, aun los niños de pecho abrieron la boca y dijeron cosas maravillosas; Y las cosas que dijeron fueron prohibidas para que nadie las escribiera.

10. Y aconteció que los discípulos que Jesús había escogido comenzaron desde entonces a bautizar y a enseñar a cuantos venían a ellos, Y cuantos eran bautizados en el nombre de Jesús eran llenos del Espíritu Santo;

11. Y muchos de ellos vieron y oyeron cosas indecibles que no es lícito escribir; Y enseñaban y ministraban unos a otros; Y tenían todas las cosas en común entre ellos, tratando cada hombre justamente con los demás.

12. Y sucedió que hicieron todas las cosas, tal como Jesús les había mandado.

13. Y los que fueron bautizados en el nombre de Jesús fueron llamados la iglesia de Cristo.

14. Y sucedió que mientras los discípulos de Jesús viajaban y predicaban las cosas que habían visto y oído y bautizaban en el nombre de Jesús, sucedió que los discípulos se reunieron y se unieron en poderosa oración y ayuno;

15. Y Jesús se mostró de nuevo a ellos, porque estaban orando al Padre en su nombre; Y Jesús vino y se puso en medio de ellos y les dijo: "¿Qué queréis que os dé?"

16. Y le dijeron "Señor, queremos que nos digas el nombre con el que llamaremos a esta iglesia, porque hay disputas entre el pueblo sobre este asunto".

17. Y el Señor les dijo "De cierto os digo: ¿Por qué murmura y discute el pueblo a causa de este asunto?

18. ¿Acaso no han leído las Escrituras que dicen: 'Debéis tomar sobre vosotros el nombre de Cristo', que es mi nombre? Porque por este nombre seréis llamados en el último día, Y el que tome sobre sí mi nombre y persevere hasta el fin, ése será salvo en el último día.

19. "Por lo tanto, todo lo que hagáis, lo haréis en mi nombre; Por lo tanto, llamaréis a la iglesia en mi nombre; E invocaréis al Padre en mi nombre, para que bendiga a la iglesia por mi causa; ¿Y cómo es que mi iglesia no se llamará en mi nombre?

20. Porque si una iglesia es llamada en el nombre de Moisés, entonces es la iglesia de Moisés; O si es llamada en el nombre de un hombre, entonces es la iglesia de un hombre; Pero si es llamada en Mi nombre, entonces es Mi iglesia- siempre y cuando sean edificados sobre Mi evangelio.

21. "De cierto os digo que estais edificados sobre Mi evangelio, Por lo tanto, llamareis cualquier cosa que llameis en Mi nombre; Por lo tanto, si invocais al Padre por la iglesia, si es en Mi nombre, el Padre os oira;

22. Y si es que la iglesia es edificada sobre Mi evangelio, entonces el Padre mostrará Sus propias obras en ella.

23. "Pero si no está edificada sobre Mi evangelio y está edificada sobre las obras del hombre o sobre las obras del diablo, De cierto os digo que se regocijan en sus obras por un tiempo; Y de vez en cuando viene el fin, Y son cortados y echados en el fuego de donde no hay retorno;

24. Porque sus obras los siguen, Porque es a causa de sus obras que son derribados; Por lo tanto, recuerden las cosas que les he dicho.

25. "He aquí, os he dado Mi evangelio, Y este es el evangelio que os he dado: Que vine al mundo para hacer la voluntad de Mi Padre, porque Mi Padre me envió;

26. Y Mi Padre me envió para que yo fuera levantado en la cruz; Y para que después de haber sido levantado en la cruz, atrajera a todos los hombres hacia Mí;

27. Para que así como Yo he sido levantado por los hombres, así también los hombres sean levantados por el Padre para que comparezcan ante Mí para ser juzgados por sus obras, sean buenas o sean malas;

28. Y por esta causa he sido levantado; por tanto, según el poder del Padre, atraeré a todos los hombres hacia Mí, para que sean juzgados según sus obras.

29. "Y sucederá que todo aquel que se arrepienta y sea bautizado en Mi nombre, será saciado; y si persevera hasta el fin, he aquí que yo lo declararé inocente ante Mi Padre en aquel día en que me pondré de pie para juzgar al mundo;

30. Y el que no persevere hasta el fin, ése es también el que será cortado y echado en el fuego, de donde ya no podrá volver a causa de la justicia del Padre. "Y esta es la palabra que Él ha dado a los hijos de los hombres;

31. Y por esto cumple las palabras que ha dado, Y no miente, sino que cumple todas sus palabras; Y ninguna cosa impura puede entrar en su reino;

32. Por lo tanto, nada entra en Su reposo, Salvo aquellos que han lavado sus vestiduras en Mi sangre a causa de su fe y el arrepentimiento de todos sus pecados y su fidelidad hasta el fin.

33. "Este es el mandamiento: Arrepentíos, todos los confines de la tierra, y venid a Mí, y sed bautizados en Mi nombre. Para que seáis santificados por la recepción del Espíritu Santo, ¡Para que estéis sin mancha ante Mí en el último día!

34. "De cierto os digo que este es Mi evangelio. "Y sabéis las cosas que debéis hacer en Mi iglesia, Porque las obras que me habéis visto hacer, esas haréis también vosotros;

35. Porque lo que me habéis visto hacer, eso también haréis vosotros; Por tanto, si hacéis estas cosas, benditos seréis, Porque seréis levantados en el último día.

3 Nefi 13

1. "Escribid las cosas que habéis visto y oído, salvo las que están prohibidas; Escribid las obras de este pueblo, que serán como se ha escrito de lo que ha sido;

2. Porque he aquí, de los libros que han sido escritos, y que serán escritos, será juzgado este pueblo, Porque por ellos sus obras serán conocidas de los hombres.

3. "Y he aquí, todas las cosas están escritas por el Padre; Por tanto, de los libros que serán escritos será juzgado el mundo.

4. "Y sabed que vosotros seréis jueces de este pueblo, según el juicio que yo os daré, el cual será justo;

5. Por tanto, ¿qué clase de hombres debéis ser? De cierto os digo que como yo soy. Y ahora voy al Padre.

6. "Y de cierto os digo que todo lo que pidiereis al Padre en mi nombre, os será dado; Por tanto, pedid y recibiréis, Llamad y se os abrirá; Porque el que pide, recibe, Y al que llama, se le abrirá.

7. "Y ahora he aquí, Mi gozo es grande, hasta la plenitud, por vosotros, y también por esta generación; Sí, y hasta el Padre se regocija, y también todos los santos ángeles, por vosotros y por esta generación, Porque ninguno de ellos se ha perdido.

8. "He aquí, yo quisiera que vosotros comprendierais; Porque me refiero a los que ahora viven de esta generación; Y ninguno de ellos se ha perdido; Y en ellos tengo plenitud de gozo.

9. "Pero he aquí, me aflige la cuarta generación de esta generación, Porque son llevados cautivos por él, como lo fue el hijo de perdición; Porque me venderán por plata y por oro, Y por aquello que la polilla corrompe y que los ladrones pueden traspasar y robar;

10. Y en aquel día los visitaré, haciendo recaer sus obras sobre sus propias cabezas".

11. Y sucedió que cuando Jesús terminó estas palabras, dijo a sus discípulos: "Entrad por la puerta estrecha, Porque estrecha es la puerta y angosto el camino que lleva a la vida, Y pocos son los que la encuentran; Pero ancha es la puerta y ancho el camino que lleva a la muerte, Y muchos son los que transitan por ella, hasta que llega la noche en que ningún hombre puede trabajar."

12. Y sucedió que cuando Jesús hubo dicho estas palabras, habló a sus discípulos uno por uno, diciéndoles: *"¿Qué es lo que deseáis de mí después que me haya ido al Padre?".*

13. Y todos hablaron, salvo tres, diciendo: "Deseamos que después de que hayamos vivido hasta la edad de los hombres, que nuestro ministerio al que nos has llamado llegue a su fin, que podamos venir pronto a Ti en Tu reino".

14. Y El les dice: "Bienaventurados sois porque deseáis esto de Mí; Por tanto, después que hayáis cumplido setenta y dos años, vendréis a Mí en Mi reino; Y conmigo hallaréis descanso".

15. Y cuando les hubo hablado, se volvió hacia los tres y les dijo: "¿Qué queréis que os haga cuando me haya ido al Padre?".

16. Y ellos se entristecieron en su corazón, porque no se atrevían a decirle lo que deseaban.

17. Y El les dice "He aquí, conozco vuestros pensamientos; y habéis deseado lo que deseaba de mí Juan, mi amado, que estaba conmigo en mi ministerio antes de que yo fuera levantado por los judíos;

18. Por lo tanto, más bienaventurados sois, porque nunca experimentaréis el sabor de la muerte, Sino que viviréis para contemplar todas las obras del Padre para los hijos de los hombres, Hasta que todas las cosas se cumplan según la voluntad del Padre, cuando Yo venga en Mi gloria con los poderes del cielo;

19. Y nunca sufriréis los dolores de la muerte; Pero cuando Yo venga en Mi gloria, seréis convertidos en un abrir y cerrar de ojos de la mortalidad a la inmortalidad; Y entonces seréis benditos en el reino de Mi Padre.

20. "Y además, no tendréis dolor mientras habitéis en la carne, Ni tristeza, a no ser por los pecados del mundo;

21. Y todo esto haré a causa de lo que habéis deseado de Mí, Porque habéis deseado traerme las almas de los hombres mientras el mundo subsista; Y por esta causa tendréis plenitud de gozo y os sentaréis en el reino de Mi Padre;

22. Sí, vuestro gozo será pleno, así como el Padre Me ha dado plenitud de gozo; Y seréis como Yo soy; Y Yo soy como el Padre, Y el Padre y Yo somos uno,

23. Y el Espíritu Santo da testimonio del Padre y de Mí; Y el Padre da el Espíritu Santo a los hijos de los hombres por Mí".

24. Y aconteció que cuando Jesús hubo dicho estas palabras, tocó a cada uno de ellos con el dedo, excepto a los tres que habían de quedarse; y luego se fue.

25. Y he aquí, los cielos se abrieron, Y fueron arrebatados al cielo y vieron y oyeron cosas indecibles;

26. Y les fue prohibido que hablaran, Ni les fue dado poder para que pudieran decir las cosas que vieron y oyeron;

27. Y si estaban en el cuerpo o fuera del cuerpo, no podían decirlo; Porque les pareció como una transfiguración de ellos, Que fueron cambiados de este cuerpo de carne a un estado inmortal para que pudieran contemplar las cosas de Dios.

28. Pero sucedió que volvieron a ministrar sobre la faz de la tierra; Sin embargo, no ministraron de las cosas que habían oído y visto a causa del mandamiento que les fue dado en el cielo.

29. Y ahora bien, si eran mortales o inmortales desde el día de su transfiguración, no lo sé; Pero esto es lo que sé, según el registro que ha sido dado: Ellos salieron sobre la faz de la tierra y ministraron a todo el pueblo, uniendo a la iglesia a cuantos quisieron creer en su predicación, bautizándolos,

30. Y todos los que fueron bautizados recibieron el Espiritu Santo; Y fueron echados en la carcel por los que no eran de la iglesia,

31. Y las prisiones no pudieron retenerlos, pues se partieron en dos; Y fueron arrojados a la tierra,

32. Pero golpearon la tierra con la palabra de Dios, de tal manera que por su poder fueron liberados de las profundidades de la tierra; Y por lo tanto, no pudieron cavar fosas suficientes para contenerlos;

33. Y tres veces fueron arrojados a un horno y no recibieron daño alguno;

34. Y dos veces fueron arrojados a una guarida de fieras, Y he aquí que jugaron con las fieras como un niño con un cordero lechal y no recibieron daño alguno.

35. Y sucedió que así salieron entre todo el pueblo de Nefi y predicaron el evangelio de Cristo a todos los pueblos sobre la faz de la tierra;

36. Y se convirtieron al Señor y se unieron a la iglesia de Cristo; Y así la gente de esa generación fue bendecida según la palabra de Jesús.

CONCLUSIÓN

Hemos visto que la Palabra de Dios nos dice que Él proveerá dos o más testigos para establecer la verdad de un asunto (2 Corintios 13:1), ¡Y lo ha hecho! La Biblia, especialmente el Nuevo Testamento, no es más que un testigo de una sociedad, la Casa de Judá. El Libro del Mormón es un claro segundo testigo de la divinidad de Jesucristo. Nos llega de la tribu de José, como se profetiza en la Biblia. Nos habla de una sociedad separada de sus hermanos y, muchos creen, traída por Dios a las Américas. Cuanto más estudia una persona el Libro del Mormón, más improbable resulta que el casi analfabeto Joseph Smith, hijo, pudiera haberlo inventado.

Ahora bien, ¿Qué piensa usted? Después de leer este libro, ¿Puede encontrar aunque sea un pequeño lugar en su corazón para permitir la verdad del Libro del Mormón? Si es así, le pido que siga el consejo de Alma:

Alma 16:151 RCE, Alma 32:27 LDS:

Pero he aquí, si despertáis y despertáis vuestras facultades, incluso a un experimento sobre mis palabras, y ejercitáis una partícula de fe, Sí, incluso si no podéis más que desear creer, dejad que este deseo trabaje en vosotros, Incluso hasta que creáis de tal manera que podáis dar lugar a una porción de mis palabras.

¿Está dispuesto a recibir la confirmación del Espíritu Santo a lo que ha meditado? Si es así, entonces lea el Libro del Mormón en oración, pidiéndole a Dios que le manifieste la verdad del mismo. El profeta Moroni explica cómo hacerlo:

Moroni 10:4-9 RCE, Moroni 10:4-8 LDS:

Y cuando recibáis estas cosas, os exhorto a que preguntéis a Dios Padre Eterno, en el nombre de Cristo, si estas cosas no son verdad; Y si preguntáis con corazón sincero, con verdadera intención, teniendo fe en Cristo, Y [entonces] Él os manifestará la verdad de ello por el poder del Espíritu Santo; Y por el poder del Espíritu Santo, podreis conocer la verdad de todas las cosas; Y cualquier cosa que sea buena, es justa y verdadera; Por lo tanto, nada que sea bueno niega al Cristo, sino que reconoce que Él es. Y podéis saber que Él es por el poder del Espíritu Santo;

Por tanto, os exhorto a que no neguéis el poder de Dios; Porque Él obra por el poder según la fe de los hijos de los hombres, el mismo hoy, mañana y siempre. Y de nuevo os exhorto, hermanos míos, a que no neguéis los dones de Dios, porque son muchos y proceden del mismo Dios; Y hay diferentes maneras en que estos dones son administrados, Pero es el mismo Dios el que obra todo en todos; Y son dados por las manifestaciones del Espíritu de Dios a los hombres para provecho de ellos.

Puede que no haya proporcionado pruebas absolutas de que el Libro del Mormón procede de Dios, pero creo que he mostrado una clara preponderancia de pruebas de que no fue obra de Joseph Smith; es más, que su autor fue un hombre muy instruido sobre el que descansó la mano del Señor. Puesto que usted necesita su propio testimonio en cuanto a su validez, le pediría que sometiera el Libro del Mormón a una prueba más y siguiera el consejo del apóstol Juan:

1 Juan 4:1-2:
"Amados, no creáis a todo espíritu, sino probad los espíritus si son de Dios; porque muchos falsos profetas han salido por el mundo. En esto conoced el Espíritu de Dios: Todo espíritu que confiesa que Jesucristo ha venido en carne, es de Dios;" (Énfasis añadido)

En otras palabras, debemos estar lo suficientemente familiarizados con la actuación del Espíritu Santo como para reconocer esa vocecita apacible cuando nos habla y nos dice la verdad. Sin embargo, recuerde que si le pide a Dios que le dé un testimonio, pero usted ya ha decidido la respuesta, Él no le responderá. ¿Por qué? Porque usted ya lo ha decidido. Así que pídalo con un espíritu de humildad, con la mente abierta.

Si aún tiene problemas para darle a Dios la oportunidad de testificar que Él dirigió a los escritores del Libro del Mormón, entonces permítame plantearle una pregunta. Consideremos una situación hipotética: Dios le envía a uno de sus santos mensajeros, Moisés por ejemplo, y le da un libro, y él y el Espíritu Santo le dicen que es la escritura. Ahora no hay duda en su mente sobre si lo es o no. Después de todo, Moisés le dijo y el Espíritu Santo de Dios le confirmó que el libro es escritura.

Así que ahora, ellos se han ido, y usted se sienta a leerlo. Responda a la siguiente pregunta: **¿Qué esperaría encontrar en este nuevo libro?** Antes de continuar, escriba su respuesta. Tómese todo el tiempo que necesite y luego compárela con lo que yo creo que habría en el libro. Voy a hacer ciertas suposiciones y le pido que las utilice al considerar su respuesta:

1. Este nuevo libro trata de un grupo que partió de Jerusalén en la época de su destrucción.
2. Este pueblo estaba dirigido por un profeta de Dios
3. Tenían acceso a todas las escrituras anteriores hasta el momento de su partida.
4. En algún momento debieron viajar sobre una gran masa de agua.
5. Luego llegan a su destino final, y ese lugar debe tener restos arqueológicos que prueben que alguien vivió allí.
6. Debe haber profecías en este nuevo libro sobre la Biblia y en la Biblia sobre este libro y su gente.
7. Debe ser un fuerte testimonio de Jesucristo.

Esto es lo que yo esperaría que esta escritura enseñara:

1. El éxodo de Jerusalén y el viaje a una nueva patria.
2. Una historia desde el éxodo hasta los años 300 a 400 d.C.
3. Las promesas de Dios a Abraham sobre las Doce Tribus de Israel.
4. Los pactos de Dios con las Doce Tribus de Israel.
5. Amplias citas de los cinco primeros libros de Moisés.
6. Apoyo a la Biblia como escritura.
7. El amor de Dios por los israelitas.
8. Enseñanza sobre la fe.
9. El plan de Dios para el arrepentimiento.
10. Bautismo por inmersión en agua y por el Espíritu.
11. La experiencia de nacer de nuevo.
12. Los dones del Espíritu.
13. La gracia de Dios.
14. El plan de redención de Dios.
15. El plan de Salvación de Dios.
16. Sobre la divinidad de Jesucristo.
17. Sobre la sangre expiatoria de Cristo.
18. Señales dadas en el nacimiento de Jesucristo.
19. Señales que se dieron en la muerte de Jesucristo.
20. El ministerio de Cristo en su ubicación como se prometió en la Biblia (oveja perdida).
21. Cristo nombrando a doce discípulos para ministrar a su pueblo.
22. Escritos proféticos sobre:
    - La concepción virginal.
    - El nacimiento de Cristo.
    - El bautismo de Cristo.
    - La crucifixión de Cristo.

- El papel de Juan el Bautista.
- Los últimos días.
- La reunión final de las Doce Tribus de Israel.

23. Incluida en esto estaría su historia.

Bien, ahora que ha visto mi lista, ¿Cómo se compara con la suya? ¿Incluye la suya todo lo que hay en la mía? No hay una respuesta completamente buena o mala. Pero lo importante es que consiga un Libro del Mormón y lo lea por completo, buscando cada una de sus expectativas. Creo que no faltará ni una sola de ellas. Verá que contiene todo lo que usted esperaría que tuviera un libro que le fue dado por Moisés.

Los profetas/escritores del Libro del Mormón eran hombres de gran fe, y debido a que literalmente vieron nuestros días, uno de ellos, Moroni, nos advirtió con voz de advertencia.

Mormón 4:45-47, 52-53 RCE, Mormón 8:34-36, 26-28 LDS:

He aquí, el Señor me ha mostrado grandes y maravillosas cosas concernientes a lo que debe venir en breve en aquel día cuando estas cosas surjan entre vosotros. He aquí, os hablo como si estuvierais presentes, Y sin embargo no lo estáis; Pero he aquí, Jesucristo os ha mostrado a mí y conozco vuestro hacer, Y sé que andáis en la soberbia de vuestros corazones. ...¿Por qué os avergonzáis de tomar sobre vosotros el nombre de Cristo? ¿Por qué no pensáis que es mayor el valor de una felicidad sin fin que esa miseria que nunca muere, por la alabanza del mundo??

En cierto modo, siento que soy alguien que "habla desde el polvo". Me pregunto, ¿qué le ha ocurrido a nuestra cultura? Temo que la misma destrucción que les ocurrió a los nefitas a causa de su iniquidad y orgullo esté a punto de caer sobre Estados Unidos. Debemos unirnos y luchar contra nuestro verdadero enemigo, satanás. Tenemos que acabar con su influencia; esto incluye, pero no se limita a: el aborto, la discriminación ilegal (todas las leyes discriminan de alguna manera), la violencia, la desviación sexual, el abuso y las restricciones gubernamentales sobre nuestros derechos y libertades, especialmente nuestras libertades religiosas, todas ellas tan comunes hoy en día. Proverbios nos dice que:

Proverbios 14:12:

"Hay camino que al hombre le parece derecho; Pero su fin es camino de muerte."

Vivimos en una nación cristiana; se supone que sabemos cuáles son estos valores. Todos estos pecados son nuestra responsabilidad conjunta, y recaen sobre nosotros porque hemos hecho poco o nada para acabar con las políticas que permiten que prosperen. Me preocupan las horribles consecuencias de estas elecciones equivocadas si no elegimos la vida a través del amor de Dios y la guía de su Espíritu Santo.

El testimonio del Deuteronomio es absolutamente claro:

Deuteronomio 30:19:

"A los cielos y a la tierra llamo por testigos hoy contra vosotros, que os he puesto delante la vida y la muerte, la bendición y la maldición; escoge, pues, la vida, para que vivas tú y tu descendencia;"

El Libro del Mormón está totalmente de acuerdo y se sostiene por sus propios méritos, independientemente de cualquier iglesia confesional. Dejemos que nos hable como individuos y como nación. Dejemos que nos recuerde que somos el pueblo de Dios, un pueblo del pacto y una parte de las Tribus Perdidas de Israel que ahora están dispersas por toda la faz de la tierra. No somos mejores que otras personas, pero se nos han concedido grandes bendiciones. ¿Quién puede dudar de que hemos recibido una "doble porción"? Por lo tanto, ¿No tenemos una mayor responsabilidad? Si ahora no hablamos y defendemos lo que sabemos que es vale, ¿Quién lo hará?

Oro para que usted haya experimentado el impulso del Espíritu Santo de Dios al leer este libro. Si lee el Libro del Mormón y le pide a Dios su propio testimonio, Él se lo dará. Él está ansioso por responder. Así que abra su corazón para recibir el ministerio de Su Espíritu y acepte la respuesta que Él le dé. Para animarle, le ofrezco las palabras de Alma:

Alma 16:143-144 RCE, Alma 32:21-22 LDS:

Y ahora como he dicho acerca de la fe, Fe, no es tener un conocimiento perfecto de las cosas; Por lo tanto, si ustedes tienen fe, ustedes esperan cosas que no se ven, que son verdaderas. Y ahora he aquí os digo, y quisiera que recordarais que Dios es misericordioso con todos los que creen en Su nombre; Por lo tanto, Él desea en primer lugar que creáis, sí, incluso en Su palabra.

No todos estamos en el mismo lugar espiritualmente, pero sin embargo estamos en el mismo viaje, buscando al mismo Dios y la misma plenitud espiritual. Como dije al principio, creo que las Escrituras son lo que el Espíritu Santo da testimonio de que son. Para aclarar aún más esa afirmación, terminaré con la siguiente instrucción:

Sabiendo que el Espíritu Santo participó activamente en la formación de las Escrituras mediante la entrega de la verdad (revelación) y el registro de la verdad (inspiración); y sabiendo que el Espíritu Santo funciona hoy en el papel de ayudarnos a comprender esa verdad, que ha sido revelada y registrada (iluminación); deberíamos sentirnos impulsados a dedicar tiempo a leer, memorizar y estudiar la verdad de la palabra de Dios. (Biblia del Valle 8)

Que Dios le bendiga; estaré orando por usted.

OBRAS CITADAS

Black, Susan Easton. "Names of Christ in the Book of Mormon." *Ensign.* July, 1978: 60-61. Print.

Bancroft, Hubert Howe. *The Native Races.* Vol. 5. San Francisco. The History Co., Publishers 1886: 279. Print.

Board of Publication. *The History of the Reorganized Church of Latter Day Saints.* Vol. 1. Independence: Herald House. 1951: 7-10. Print.

Brown, Kent S. "New Light from Arabia on Lehi's Trail." *Echoes and Evidences of the Book of Mormon.* ed. Parry, Donald W, Daniel C. Peterson, John Welch. Provo: FARMS, 2002: 61, 78. Print.

Clark, John E. "Archaeological Trends and Book of Mormon Origins." *BYU Studies.* 44/4 April, 1944: 84-85. Print.

Crowell, Angela M. "Biblical Hebrew Poetry in the Book of Mormon." Handout. (1,4) Print.

Foster, Lynn. "Handbook to Life in the Ancient Maya World." New York: Oxford University Press. 2002:278. Print.

Hattaway, Paul. "The Heavenly Man." Grand Rapids: Monarch. 2002. Print.

Hamblin, William J. "Sacred Writings on Metal Plates in the Ancient Mediterranean" article 16 pages, Provo Utah, Vol 19 Issue 1. Neal A. Maxwell Institute 2007: 37-54. <http://maxwellinstitute.byu.edu/publications/   review/?vol=19&num=1&id=637/>. Web. 09/25/2012.

Heater, Shirley. "Mesoamerican & Book of Mormon Timelines Compared: With Selected Old World & Biblical Added" *Quetzal Codex.* Issue 3. 2012: Centerfold. Print.

"How Accurate are Carbon-14 and Other Radioactive Dating Methods?"

<http://www.answering-christianity.com/lost_books.htm. Web. 09/25/2012.

<http://wiki.answers.com/q/When_was_crucifixion_invented>. Web. 09/25/2012.

http://wiki.answers.com/q/When was the Book of Psalms written. Web.09/25/2012.

<http://www.cbcherokee.org>. Web. 23 Jan, 2008. centralbandofcherokee@gmail.com, 931-242-6398, June Lytespirit Hurd email.

<http://www.smilegodlovesyou.org/names.html>. Web. 09/25/2012.

"Israel's Symbols and Heraldry." <http://asis.com/stag/symbols.html>.Web June 3, 2012.

Jessee, Dean C. *Personal Writings of Joseph Smith*. Salt Lake City: Deseret Book. 1984: 243. Print.

Jones, David. "The British (Covenant) Church" 6 pages <http:www.ensignmessage.com/archives/britchurch.html>. Web. 09/25/2012.

Lindsay, Jeff. "Nugget #10: Hiding Sacred Records like the Golden Plates: A Well Established Ancient Practice." *Book of Mormon Nuggets*. <http://www.jefflindsay.com/bme10.shtml>. Web. 09/25/2012.

Maxwell, Neal A. "By the Gift and Power of God." *Echoes and Evidences of the Book of Mormon*.ed. Parry, Donald W, Daniel C. Peterson, John Welch. Provo: FARMS, 2002: 8, 11. Print.

"Mayan Agriculture Diet." <http://www.crystalinks.com/mayanagriculture.html/>. Web. 09/21/2012.

Meakin, John. "Will the United Kingdom Break Apart?" *Tomorrow's World*. Sept.-Oct. 2012: 14. Print.

Noah Webster's 1828 American Dictionary. <http://1828-dictionary.com/d/search/word,white>. Web.

Palmer, David. "Cement in America." *BMAF: 137 Cement in Ancient America*. 15 May 2012. <http://groups.google.com/d/msg/bmaf/-/G1lDqEezuSUJ>. Web. 09/25/2012.

Parry, Donald W. "Hebraisms and Other Ancient Peculiarities in the Book of Mormon." *Echoes and Evidences of the Book of Mormon*. ed. Parry, Donald W, Daniel C. Peterson, John Welch. Provo: FARMS. 2002: 159-80. Print.

Pearse, Colonel R.G. "The Pass of Israel." *The National Message*. 23 Oct. 1937: 676. Print.

Reynolds, Noel B. "By Objective Measures: Old Wine into Old Bottles" *Echoes and Evidences of the Book of Mormon.*ed. Parry, Donald W, Daniel C. Peterson, John Welch. Provo: FARMS. 2002: 128-29, 133,135. Print.

Richardson, Paul. "Lost Books of the Bible" Full Gospel of Christ Fellowship <http://www. icwseminary.org/lostbooks.htm>. Web. 09/25/2012.

Ross, Hugh. "Fulfilled Prophecy: Evidence for the Reliability of the Bible." 08/22/2003. *Reasons to Believe.* http://www. reasons.org/articles/fulfilled-prophecy-evidence-for-the-reliability-of-the-bible/. Web. 09/26/2012.

Rupe, Richard E. *The Book of Mormon: An Inconvenient Truth.* Lamar: Little Eagle Publ. 2009: 71-74. Print.

Smith, Joseph. *Times and Seasons.* 15 Sept. 1842: 862 Print.

Smith, Lucy M. "History of Joseph Smith" 1853: Chapter 18, Page 31.

<http://prophetjosephsmith.org/history/history_mother_menu>. Web. 09/25/2012.

Stoddard, Ted Dee. "Implications of Radiocarbon Dating for the Credibility of the Book of Mormon and the Validity of Book of Mormon Geography Models." *Book of Mormon Archaeological Forum.* <http://www.bmaf.org/node/474>. Web. 2012.

The New Compact Dictionary. Grand Rapids: Zondervan. 1967: 598. Print

"They Went Thattaway: Migrations of the House of Israel." <http://asis.com/users/stag/migratio.html>. Web. 09/25/2012.

Treat, Ray. Summarizing his personal knowledge of the Book of Mormon. Aug. 2012. Personal interview.

Valley Bible Church Theology Studies. "The Work of the Holy Spirit in Relation to Scriptures" http://www.valleybible.net/Adults/ClassNotes/TheologySurvey/HolySpirit/TheHoly Spirit- Scripture.pdf. Web. 09/25/2012.

Weldon, Roy E. *Other Sheep.* Independence: Price Publishing. 1999: 7, 11, 13, 16, 18-19, 23, 37, 57- 58, 80, 92-93. Print.

Wirth, Diane E. "Quetzalcoatl, The Maya God, and Jesus Christ." *Journal of the Book of Mormon Studies.* Vol 11, Issue 1. 2002: 4-15. 009/21/2012.

ACERCA DEL

Joseph Dean DeBarthe es miembro de la cuarta generación de la Iglesia Reorganizada de Jesucristo de los Santos de los Últimos Días, o Comunidad de Cristo. Es licenciado en Administración de Empresas y Sistemas Informáticos por la Central State University, Warrensburg Mo. El Sr. DeBarthe sirvió en la Marina estadounidense durante ocho años y nueve meses y trabajó como miembro civil del ejército durante veintitrés años. Se retiró del servicio gubernamental en 2008. Durante su empleo, el Sr. DeBarthe vivió en Alemania durante tres años. Viajó por toda Europa, incluidos los siguientes países: Alemania, Holanda, Francia, España, Austria, Suecia, Italia y Checoslovaquia. Mientras estuvo en la Marina visitó Japón, Corea, Filipinas, Guam y el Polo Norte. También visitó muchos países centroamericanos como Honduras, México, Guatemala y Costa Rica. Actualmente vive en Independence, Missouri, con su esposa, María, que es enfermera diplomada de ascendencia maya.